“十四五”国家重点出版物出版规划项目

第二卷

中国高铁技术自主创新实践

中国国家铁路集团有限公司　中国工程院　本书编委会　著

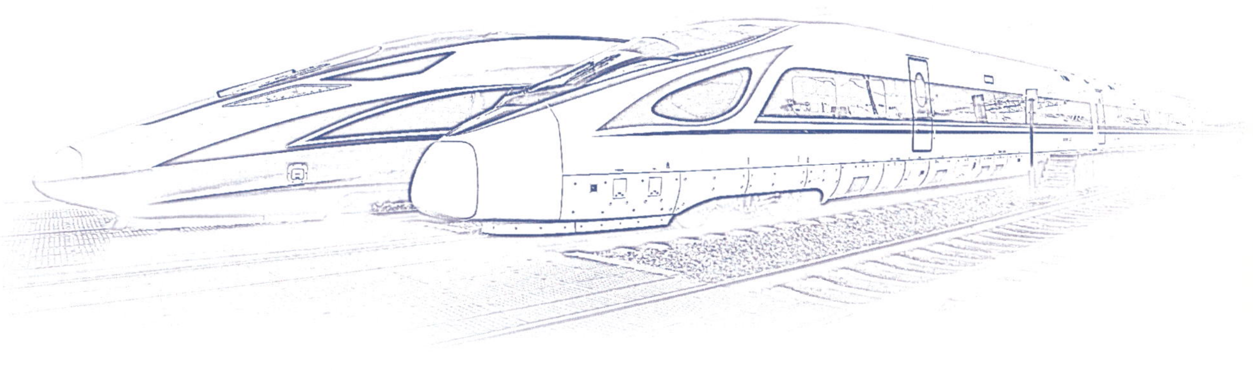

中国铁道出版社有限公司
CHINA RAILWAY PUBLISHING HOUSE CO., LTD.
北　京

内 容 简 介

党的十八大以来,我国高铁发展取得显著成就。中国国家铁路集团有限公司与中国工程院联合对中国高铁技术的自主创新成果开展全面、深入的研究,广泛凝聚中国铁路行业内外权威专家的智慧和力量,集合铁路行业内外超300人参与分析、梳理、总结,根据研究成果撰写了《中国高铁技术自主创新实践》。本专著由成就、经验、贡献、发展共四篇构成。第二卷包括经验篇和贡献篇。

经验篇聚焦坚持党的领导、坚持目标导向、坚持用户牵引、坚持自立自强、坚持双链融合、坚持责任驱动,系统总结中国高铁技术自主创新经验。以习近平新时代中国特色社会主义思想为根本遵循,借鉴国内外技术创新相关理论,凝练中国高铁技术自主创新的基本特点,构建中国高铁技术自主创新理论框架,形成自主创新的追赶模式、动力模式、路径模式、组织模式、运作模式和绩效模式等,集中体现了中国高铁技术自主创新的内在逻辑和本质规律,并以此为基础提炼高铁技术创新典型事例。

贡献篇围绕对铁路行业自身发展和对经济社会发展的带动促进作用,深入分析了高铁技术创新的突出贡献和影响。

本书可供铁路领域从业者全面了解行业发展情况并以此坚定科技自信、持续自主创新,同时可为同类行业提供形式多样、理论与实践相结合、更有借鉴价值的创新发展路径参考,亦可供广大读者全面了解中国高铁技术自主创新成就及亮点。

图书在版编目(CIP)数据

中国高铁技术自主创新实践. 第二卷 / 本书编委会著. —北京:中国铁道出版社有限公司,2024.10

ISBN 978-7-113-30983-1

Ⅰ.①中… Ⅱ.①本… Ⅲ.①高速铁路-技术革新-中国 Ⅳ.①U238

中国国家版本馆CIP数据核字(2023)第254276号

书　　名:中国高铁技术自主创新实践　第二卷
作　　者:本书编委会

策　　划:赵　静　傅希刚
责任编辑:王明容　侯跃文　李润华　袁文东
装帧设计:崔丽芳　尚明龙
责任校对:安海燕
责任印制:高春晓

出版发行:中国铁道出版社有限公司(100054,北京市西城区右安门西街8号)
网　　址:https://www.tdpress.com
印　　刷:北京盛通印刷股份有限公司
版　　次:2024年10月第1版　2024年10月第1次印刷
开　　本:889 mm×1 194 mm 1/16　**印张:**14.5　**字数:**268千
书　　号:ISBN 978-7-113-30983-1
定　　价:150.00元
审 图 号:GS京(2024)1112号

编 委 会

编写组

卢春房　周　黎　高战军　罗庆中

中国国家铁路集团有限公司：

钱征宇　苗　蕾　曲云腾　邓建兵　刘文宪　鲍忠庆　单　巍　孙明智

阎永光　孟凡栋　申宏楠　张润宝　马芝仪　金　辉　郭福成　齐　壮

中国工程院：

黎青山　聂淑琴　郑文江　乔英俊

中国铁道科学研究院集团有限公司：

史天运　齐向春　贾光智　刘　剑　王镠莹　刘渤海　沈　通　戎　佳

曾祥坤　张　波　冯仲伟　李　刚　王万齐　李　博　白　鑫　李秋芬

魏世斌　赵　隽　郭　犇　阚佳钰

中国铁路经济规划研究院有限公司：

郭树东　郑文臻　杨华峰　陆　瑶　田亚明　李玉生

中国铁路设计集团有限公司：

胡叙洪　龙许友

中国铁路信息科技集团有限公司：

刘建军　高明星

中国铁路工程集团有限公司：

伍　军　谢　毅

中国铁道建筑集团有限公司：

代敬辉　光振雄

中国中车集团有限公司：

王　军　于跃斌

中国铁路通信信号集团有限公司：

周　炜　江　明

北京交通大学：

赵　鹏　王洪伟

国家发展和改革委员会综合运输研究所：

李连成　樊　桦

前言

铁路是国家战略性、先导性、关键性重大基础设施，是国民经济大动脉、重大民生工程和综合交通运输体系骨干，在国民经济和社会发展中的地位和作用至关重要。党的十八大以来，在以习近平同志为核心的党中央坚强领导下，在习近平新时代中国特色社会主义思想的科学指引下，我国铁路事业取得历史性成就、发生历史性变革，其中最具代表性、最集中的体现就是高铁。目前，我国已建成世界上规模最大的高速铁路网，成功实现世界上商业运营速度最高、运营场景最复杂、运营强度最大的高铁网安全高效运营，中国高铁已成为国家的一张亮丽名片。习近平总书记对铁路科技创新特别是高铁技术创新工作高度重视、极为关怀，多次在中央重要会议、国内外重要场合对高铁技术创新成果给予高度评价，指出“高铁已成为中国装备制造一张亮丽的名片”“复兴号奔驰在祖国广袤的大地上”“复兴号高速列车迈出从追赶到领跑的关键一步”；在视察京张高铁时指出，“我国自主创新的一个成功范例就是高铁，从无到有，从引进、消化、吸收再创新到自主创新，现在已经领跑世界。要总结经验，继续努力，争取在‘十四五’期间有更大发展”；今年“复兴号高速列车”项目荣获国家科学技术进步奖特等奖，习近平总书记在全国科技大会、国家科学技术奖励大会、两院院士大会上的讲话中称赞“高铁技术树起国际标杆”，给予了全体铁路人和广大铁路科技工作者以巨大鼓舞和鞭策，为高铁创新发展提供了根本遵循和强大动力。

科技兴则民族兴，科技强则国家强。我国高铁发展取得的巨大成就，离不开科技创新的有力支撑。从20世纪90年代开始，我国铁路坚持瞄准世界一流水平，矢志不渝开展高铁技术的科学探索、试验验证和运用实践。党的十八大以来，以习近平同志为核心的党中央高度重视科技创新，从党和国家发展全局的高度对科技创新进行了顶层谋划和系统部署，提出"创新是引领发展的第一动力"重大论断，围绕坚持党对科技事业的全面领导、坚持走中国特色自主创新道路、充分发挥新型举国体制优势、加快推进高水平科技自立自强、加快发展新质生产力等作出了一系列重要论述，为新时代我国高铁技术自主创新工作提供了根本遵循和行动指南。

中国国家铁路集团有限公司（以下简称国铁集团）认真学习贯彻习近平总书记关于科技创新的重要论述和对铁路工作的一系列重要指示批示精神，深入落实创新驱动发展战略，坚定不移走自主创新道路，联合行业内外相关企业、高校、研究机构，形成了以复兴号系列动车组为代表的一大批创新成果，构建了涵盖高铁工程建设、装备制造、运营管理三大领域的成套高铁技术体系，我国铁路总体技术水平迈入世界先进行列，高铁技术达到世界领先水平。

中国高铁技术自主创新的成功实践，是始终坚持党的领导，坚决扛起重大使命和责任，充分发挥新型举国体制优势的结果；是始终坚持目标导向，紧密服务国家重大战略、全面服务最广大人民群众、矢志瞄准世界一流水平的结果；是始终坚持发挥国铁集团铁路科技创新领军企业作用，统筹国际国内市场资源开展一体化创新的结果；是始终坚持自立自强、守正创新，牢牢把握战略主动、夯实技术创新根基、推进系统迭代创新的结果；是始终坚持创新链产业链双链融合，将技术创新贯穿产业发展始终，有效带动高铁全产业及上下游相关产业迭代升级的结果。

中国高铁技术自主创新具有基于全域全过程的系统创新、基于丰富实践的渐进式迭代创新、基于高效组织的体系化创新等鲜明特征。中国铁路广泛借鉴系统工程理论和国内外先进的技术创新理论，构建了新型举国体制下以行业领军企业为主导的高铁技术自主创新体系。该体系由政府部门、国铁集团、产业企业、科研机构、高等院校、国外机构、市场等七大相互关联的系统要素构成，通过与宏观政策、技术发展、经济社会、内外市场等四大环境要素的交互作用，实现创新要素资源集聚、创新主体协同攻关、创新链产业链资金链人才链融合效应等系统功能。

围绕推进中国高铁技术自主创新，形成了用产学研深度协同、开放合作的全过程体系化系统迭代自主创新模式，具体包括追赶模式、动力模式、路径模式、组织模式、运作模式和绩效模式。通过持续开展技术创新，中国高铁涌现出一大批特色鲜明的自主创新典型事例，例如：攻克哈大高寒区冻土路基建造关键技术，突出体现了"问题导向、持续创新"；创新沪苏通长江大桥千米级超大跨度桥梁建造关键技术，突出体现了"目标导向、融合创新"；攻克新八达岭隧道及八达岭长城站深埋地下车站等一系列世界性技术难题，突出体现了“绿色引领、追求卓越”；构建世界上交易规模最大的票务系统——12306铁路互联网售票系统，突出体现了“需求导向、迭代创新”；研制具有自主知识产权的CR400复兴号动车组，突出体现了“自立自强、系统创新”；研发适应世界上最大高速铁路网成网运营要求的CTCS-3级列控系统，突出体现了“自主可控、协同创新”；建成世界第一条智能高铁——京张高铁，突出体现了“文化传承、智能引领”。

经过多年自主创新探索实践，特别是党的十八大以来我国成功构建了在世界上具有独特优势的高速铁路技术体系。一是全面系统，形成覆盖高铁建设运营各专业领域、全产业链各个环节、全生命周期不同阶段的成套技术。二是先进成熟，形成覆盖不同速度等级、不同编组型式的复兴号高速列车系列化产品；建成12306铁路互联网售票系统，高峰日售票量超过2 600万张；成功研发列车调度指挥系统，指挥全路每日1万余列客运列车、2万余列货运列车安全运行。三是覆盖度广，全面掌握不同地质条件和气候环境下建设和运营高铁的技术，并实现安全运营。四是适应性好，吸收了ISO、UIC、IEC等国际先进标准，并且能够适应我国复杂多样的高铁建设运营环境，形成了具有中国特色的高铁技术标准体系。

当前，随着新一轮科技革命从蓄势待发到群体迸发，信息、新材料、新能源等技术快速发展并广泛渗透到几乎所有领域，带动了以绿色、智能、泛在为特征的群体性重大技术变革，推动社会生产和消费从工业化向自动化、智能化转变。世界科技快速更迭将为高铁技术发展注入新的活力，推动人工智能、虚拟现实、量子通信、增材制造等新技术在高铁研发与应用，引领高铁发展新的潮流。面向世界高速铁路发展前沿，综合考虑我国高速铁路技术发展现状及我国特有的国情、路情，坚持问题导向与目标导向相结合，坚持源于需求、服务需求、高于需求，从而引领世界铁路发展，未来我国高速铁路技术将朝着更高速、更安全、更智能、更高效、更绿色、更经济的方向发展，为建设交通强国、科技强国提供有力支撑。

党的二十大报告指出，“教育、科技、人才是全面建设社会主义现代化国家的基础性、战略性支撑。必须坚持科技是第一生产力、人才是第一资源、创新是第一动力”“坚持创新在我国现代化建设全局中的核心地位”“加快实施创新驱动发展战略”“坚决打赢关键核心技术攻坚战”“加快实现高水平科技自立自强”。为此，在以中国式现代化全面推进强国建设、民族复兴伟业的关键时期，国铁集团和中国工程院决定联合开展中国高铁技术自主创新实践研究，以总结过去、展望未来为契机，深入扎实推进中国高铁自主创新工作，更好地服务和支撑中国式现代化。

开展中国高铁技术自主创新实践研究，是铁路坚持守正创新的重要举措。全面回顾中国高铁技术自主创新历程，特别是党的十八大以来高铁科技创新所取得的巨大成就，对于我们更加深刻领悟“两个确立”的决定性意义，进一步增强“四个意识”、坚定“四个自信”、做到“两个维护”，以坚持守正创新来更好地推动高铁创新发展具有重要意义。坚持“守正”，就是要始终坚持党的全面领导，坚守中国特色社会主义制度的优势，坚守中国特色自主创新道路，坚守人民铁路为人民的宗旨，确保高铁科技创新的正确方向；坚持“创新”，就是要顺应时代要求，瞄准世界铁路强国目标，发扬斗争精神，持续深化关键核心技术攻关，勇当服务和支撑中国式现代化的“火车头”。

开展中国高铁技术自主创新实践研究，是新征程下推动高铁持续自主创新的重要任务。党的二十大擘画了以中国式现代化全面推进中华民族伟大复兴的宏伟蓝图，明确了新时代新征程全面建设社会主义现代化国家的战略安排，对科技创新工作提出了一系列新论断、新要求，并作出具体部署。系统总结高铁创新成就与经验，展望提出未来一个时期中国高铁自主创新的使命任务、总体目标、基本原则和重点方向，必将对我国铁路在未来发展中更好发挥新型举国体制优势和国铁集团领军企业作用、加快构建现代化铁路科技创新体系、助力中国高铁持续开展新的创新实践提供有力支撑。

开展中国高铁技术自主创新实践研究，是讲好中国高铁故事、彰显中国高铁形象的现实需要。中国高铁创新发展成绩举世瞩目，境内外舆论和社会各界关注度高。国铁集团是中国高铁创新发展的牵头组织者，中国工程院是国家重要战略科技力量和中国高铁创新发展的重要参与者、支持者，由国铁集团和中国工程院共同牵头组织开展中国高铁创新实践研究，旨在更加完整、准确、客观地总结高铁自主创新的成就和经验，深入阐释背后蕴含的理论逻辑和实践逻辑，更好地讲述新时代中国高铁故事，进一步提升中国高铁的国际影响力和话语权，生动展示中国铁路科技工作者自强自立、科技报国的奋斗精神，汇聚铁路现代化建设的磅礴力量。

国铁集团和中国工程院高度重视本书研究编写工作，共同牵头成立了领导组、编写组和专家咨询组。国铁集团党组书记、董事长刘振芳和中国工程院副院长、院士钟志华共同担任领导组组长，在国铁集团科技和信息化部、中国工程院工程管理学部、中国工程院战略咨询中心的统筹推进下，会同国铁集团有关部门，以中国铁道科学研究院集团有限公司为主要编纂单位，联合中国铁路经济规划研究院有限公司、中国铁路设计集团有限公司、中国铁路信息科技集团有限公司、中国铁路工程集团有限公司、中国铁道建筑集团有限公司、中国中车集团有限公司、中国铁路通信信号集团有限公司等行业企业，北京交通大学等高校、国家发展和改革委员会综合运输研究所等研究机构共同组建了300多人的编写队伍，汇集了强大的智力资源。同时，邀请了亲历我国高铁发展的铁路行业相关院士，有关政府部门领导专家，国铁集团及行业相关企业、科研机构、高校等单位的专家组成高层次专家咨询团队，共同为本书的研究和编写工作提供了许多宝贵的咨询建议。

经过深入系统的研究和精心编写、修改，历经数十轮的深入研讨，广泛凝聚中国铁路行业内外权威专家和智库的智慧和力量，编写组最终形成了这部沉甸甸的专著。本专著由成就篇、经验篇、贡献篇、发展篇构成。

成就篇。因循历史发展脉络，系统回顾中国高铁技术从无到有、引进消化吸收再创新再到自主创新的发展历程；全面总结中国高铁在规划设计、工程建造、关键装备、运输组织、安全保障、运营维护、信息化等各方面开展的科技攻关及取得的自主创新成就，以及在科技创新平台、人才队伍、科技管理等创新能力建设方面取得的成效，并重点对京沪高铁、复兴号系列动车组等一系列代表性重大技术创新亮点成果进行了系统介绍。经过多年的接续努力，中国高铁技术不断取得新的突破，实现了从追赶、并跑到领跑的历史性转变，为我国高铁发展提供了强有力的科技支撑。

经验篇。聚焦坚持党的领导、坚持目标导向、坚持用户牵引、坚持自立自强、坚持双链融合、坚持责任驱动，系统总结中国高铁技术自主创新经验。以习近平新时代中国特色社会主义思想为根本遵循，借鉴国内外技术创新相关理论，凝练中国高铁技术自主创新的基本特点，构建中国高铁技术自主创新理论框架，形成自主创新的追赶模式、动力模式、路径模式、组织模式、运作模式和绩效模式等，集中体现了中国高铁技术自主创新的内在逻辑和本质规律，并以此为基础提炼高铁技术自主创新典型事例。

贡献篇。围绕对铁路行业自身发展和对经济社会发展的带动促进作用，深入分析高铁技术创新的突出贡献和影响。高铁技术自主创新，全面提升了铁路基础设施水平、技术装备能力、运输服务品质、经营管理活力和人才队伍素质，对铁路自身高质量发展发挥了关键引领作用；在构建现代化经济体系、服务国家重大发展领域、助力人与自然和谐共生、加强国际开放合作等方面，高铁技术自主创新也发挥了非常重要的支撑作用。

发展篇。围绕中国式现代化的特点，研判服务和支撑中国式现代化对高铁技术自主创新发展的内在要求；把握世界高铁技术创新发展的主要趋势，分析提出未来高铁技术主要领域发展趋势。以2030年为重点，提出中国高铁技术自主创新具体目标，并远景展望2035年发展总体目标；围绕更高速、更安全、更智能、更高效、更绿色、更经济，分析提出中国高铁自主创新的重点方向和实施路径。

本书力求全面、翔实地展现中国高铁技术自主创新的过去、现在和未来，通过客观审视和理性思考，凝练提出充分体现中国高铁技术发展实际的创新理论模式，揭示中国高铁创新发展的客观规律，以期形成一套可遵循、可借鉴的模式，不仅为铁路行业更好发挥新型举国体制优势和领军企业作用、推进中国高铁持续深入开展创新实践、加快实现铁路高水平科技自立自强提供有力支撑，也希望可以为我国其他行业、其他领域技术自主创新提供有益的参考和借鉴。

本书编委会

2024年6月

目录

经验篇

贡献篇

经验篇

长期以来，我国铁路行业始终坚持锚定目标，持之以恒推进高铁技术自主创新。特别是党的十八大以来，在习近平新时代中国特色社会主义思想和习近平关于科技创新的重要论述指引下，我国铁路行业围绕高铁技术系统开展了大量卓有成效的创新实践，积累了丰富的宝贵经验，探索形成了具有中国铁路特色的高铁技术自主创新理论体系和创新模式，走出了一条具有中国铁路特色的技术自主创新道路。在这一过程中，涌现出一大批特色鲜明的高铁技术自主创新典型事例。

第一章 中国高铁技术自主创新实践经验

我国高铁技术自主创新过程中，中国铁路始终坚持在党中央集中统一领导下，充分发挥举国体制优势和中国国家铁路集团有限公司（以下简称国铁集团）用户牵引、科技创新领军企业作用，紧紧锚定目标任务，坚持自主创新、自立自强，树立使命意识，发扬担当精神，探索出了一条举国体制下具有中国铁路特色的高铁技术自主创新之路。

第一节 坚持党的领导

中国共产党是领导我们事业的核心力量。中国高铁之所以能够从无到有，从"追赶"到"领跑世界"，成为我国自主创新成功的一个范例，最根本的是有党的坚强领导。党的领导是中国高铁技术自主创新不断前进的根本政治保证。党中央高度重视科技创新工作，坚持把创新作为引领发展的第一动力，把科技创新摆在国家发展全局的核心位置，牢牢把握科技创新正确方向，全面谋划科技创新工作，为我国高铁技术自主创新提供了根本遵循和行动指南，指明了前进方向。

一、始终坚持党的统一领导

几十年来，我国高铁技术自主创新事业蓬勃发展，特别是党的十八大以来，以习近平同志为核心的党中央高度重视科技创新工作，并围绕科技创新作出一系列重要部署。坚持和加强党的全面领导为探索实践中国特色高铁技术自主创新道路提供了坚强政治保证，指引我国高铁技术自主创新取得了一系列突破性成就。

（一）牢牢把握我国科技创新的正确方向

长期以来，党中央在我国科技事业发展的每一个关键节点都作出重大战略部署，制定方针政策，始终牢牢把握我国科技创新的正确方向，为我国高铁技术自主创新指明了工作方向。

20世纪90年代，在“科学技术是第一生产力”重要思想指引下，党中央进一步明确提出要把发展科技和教育放在重要战略地位，并提出要把“客运高速技术”作为重要研发方向。这一时期，我国开始高铁技术探索之路。1990年12月，党的十三届七中全会审议并通过的《中共中央关于制定国民经济和社会发展十年规划和“八五”计划的建议》，将铁路高速客运技术作为我国科技攻关的重点课题。随后，铁道部发布了《铁路今后十年和“八五”科技发展纲要》，提出要大力推动铁路技术进步，把铁路发展真正转移到以现代技术装备和管理方法为基础的轨道上。明确将提高客运装备水平、进行客运高速技术的研究开发作为之后十年的重要主攻方向。1992年10月，党的十四大提出继续把发展科学技术和教育事业放在重要战略地位，必须把经济建设转移到依靠科技进步和提高劳动者素质的轨道上来。同年，铁道部正式提出“科技兴路”的发展战略和目标任务，并专门对《铁路主要技术政策》进行修订，强调要突出科技进步在铁路发展中的战略地位，为适应和促进经济发展，铁路应超前发展，同时要贯彻“安全第一”的原则，提出要大力修建新线，逐步建成四通八达、安全可靠的现代化路网，在繁忙干线修建第二双线，实行客货分线运输，明确提出发展高速客运专线。1995年，党中央、国务院颁布《关于加速科学技术进步的决定》，提出将重点依靠科技和教育来推动经济发展和社会进步，随后党中央召开全国科技大会，首次正式提出实施科教兴国战略。同年，铁道部党组印发《关于加速铁路科学技术进步的决定》，提出科教兴路战略，明确要把科学技术和教育摆在铁路发展的重要位置，把铁路的发展转移到真正依靠科技进步和提高全体铁路职工科技文化素质的轨道上来，建立有利于科技进步的管理体制、运行机制和激励机制，调动全路各方面的积极性，并提出把客运高速技术的开发应用取得重大突破、建成一段试验性高速铁路和繁忙干线旅客列车最高速度提高到 140～160 km/h 等作为到 2000 年铁路科技进步的重要目标。1999 年，党中央、国务院召开全国技术创新大会，发布《关于加强技术创新，发展高科技，实现产业化的决定》，提出要深化体制改革，促进技术创新和高新科技成果商品化、产业化。2000 年，铁道部党组印发《关于加强铁路技术创新的决定》，明确将加强高速铁路关键技术的自主创新，积极吸取国外成熟技术，博采众长，形成符合中国实际的高速铁路配套技术，实现我国铁路发展的跨越，作为我国铁路技术创新的方向和重点之一；提出要加强技术创新，加快铁路产业升级，确立铁路企业技术创新主体地位，全面提高企业技术创新能力，铁路科研机构和设计单位实行企业化转制，建设行业技术开发基地，加强产学研联合，采取有效措施，营造良好的铁路技术创新环境。同年，铁道部再次修订《铁路主要技术政策》，明确将"客运高速快速化"作为铁路技术的发展方向之一，提出要在经济发达、客流集中的运输通道，修建速度为 300 km/h 左右的客运专线；高速铁路和以客运为主的快速铁路，建设时应一次铺设无缝线路，研究开发无砟轨道结构技术；高速铁路、快速铁路、繁忙干线应采用大型养路机械养护线路，加速大型养路机械国产化；以客运为主的快速铁路与高速铁路应建立相应的综合调度系统等技术发展目标。

进入 21 世纪后，我国高铁技术创新探索积累取得了显著成就。通过以"中华之星"为代表的自主动车组研制，初步搭建了动车组研发制造和试验平台。通过既有线提速和秦沈客运专线技术攻关，初步建立时速 200～250 km 的高铁设计技术标准。这一时期，党中央强调要增强自主创新能力，构建中国特色国家创新体系。我国高铁技术创新进入了快速发展阶段。2004 年，铁道部再次修订《铁路主要技术政策》，强调铁路要服从国家发展的需要，根据国家经济结构调整铁路发展框架，在引进世界铁路先进技术的情况下，突出中国特色，实现可持续发展，并提出要在大中城市间发展客运专线，研发 200 km/h 及以上旅客列车及动车组。2006 年，党中央、国务院召开全国科学技术大会，发布《国家中长期科学和技术发展规划纲要(2006—2020 年)》，确定以增强自主创新能力为主线，以"自主创新、重点跨越、支撑发展、引领未来"的指导方针，努力建设创新型国家，并提出支持企业成为技术创新主体。2007 年，铁道部党组发布《关于增强铁路自主创新能力，推进和谐铁路建设的决定》和《铁路科技发展"十一五"规划》，提出以建设创新型铁路为目标，以增强自主创新能力为核心，要系统掌握客运专线建设和运营管理技术，加快建立我国铁路客运专线建设和运营管理的成套技术体系，要大力推进核心技术和主要配套技术攻关，加快建立我国铁路动车组和大功率交流传动机车的技术体系，要完善我国铁路既有线提速技术成套技术体系。2009 年，全国铁路科技工作会议强调，以提高自主创新能力为核心，牢固树立学习型、开放型、全球型的理念，全面推进京沪高速铁路和其他客运专线技术攻关，形成具有世界一流水平的成套高速铁路工程技术，加快研制新一代高速列车，使我国动车组技术具有世界领先水平。2012 年 9 月，党中央、国务院召开全国科技创新大会，发布《关于深化科技体制改革加快国家创新体系建设的意见》，提出建设适应社会主义市场经济体制、符合科技发展规律的中国特色国家创新体系。随后，铁道部深入贯彻落实全国科技创新大会会议精神，把工程建设和运输经营需要作为铁路科研的主战场和主攻方向，把握铁路行业发展趋势，不断完善政府推动、行业主导、企业主体、产学研相结合的铁路技术创新体系，坚持世界一流标准，合作、开放搞科研。

（二）深入贯彻新时代科技创新工作的根本遵循和行动指南

党的十八大以来，以习近平同志为核心的党中央把科技创新摆在国家发展全局的核心位置，提出"创新是引领发展的第一动力"重大论断，作出实施创新驱动发展战略、开启建设世界科技强国新征程、围绕"四个面向"部署重大创新任务、坚持科技创新与体制机制创新"双轮驱动"、坚持自主创新与开放创新协同共进、坚持创新驱动实质是人才驱动、强化企业创新主体地位等一系列重大举措，为新时代我国高铁技术自主创新工作提供了根本遵循和行动指南。

提出"创新是引领发展的第一动力"重大论断。党的十八届五中全会提出"创新、协调、绿色、开放、共享"的新发展理念，并明确提出"创新是引领发展的第一动力"。党的十九大报告明确提出"创新是引领发展的第一动力，是建设现代化经济体系的战略支撑"。党的二十大报告中提出，必须坚持科技是第一生产力、人才是第一资源、创新是第一动力，坚持创新在我国现代化建设全局中的核心地位。党中央把创新发展作为五大新发展理念之首，发挥科技创新在全面创新中的核心引领作用，体现了我们党把创新驱动发展作为国家发展战略的主脉络。在"创新是引领发展的第一动力"这一重要论断的指引下，国铁集团在《中国国家铁路集团有限公司"十四五"发展规划》中强调，要突出创新驱动，增强做强做优做大国铁企业科技支撑，要把科技自立自强作为发展的战略支撑，深入实施创新驱动发展战略，完善科技创新体系，发挥新型举国体制优势，发挥科技创新的关键性作用，全面塑造铁路发展新优势。

明确建设世界科技强国的奋斗目标。2016 年 5 月，党中央、国务院召开全国科技创新大会，习近平总书记向全党全国发出了建设世界科技强国的号召，党中央、国务院发布实施《国家创新驱动发展战略纲要》，提出科技创新"三步走"的战略目标，明确了今后一个时期的战略任务和战略举措。党的十九大提出要加快建设创新型国家。党的二十大强调要加快建设科技强国。深入贯彻落实中央有关部署要求，国铁集团《"十四五"铁路科技创新发展规划》中提出，必须要充分发挥科技创新关键性作用，站在更高起点、坚持更高标准、采取更大力度推进铁路科技创新，持续拓展科技创新的广度和深度，全面增强铁路科技自立自强能力，为建设交通强国、科技强国当好先行；提出要围绕更高速度高铁建设运营，推动 CR450 动车组和时速 400 km 基础设施关键技术攻关，巩固扩大我国高铁领跑优势，要深化智能铁路技术创新，推动智能铁路 1.0 向 2.0 发展，努力引领智能铁路发展。

围绕“四个面向”部署重大创新任务。2020 年 9 月，习近平总书记在科学家座谈会上强调：“希望广大科学家和科技工作者肩负起历史责任，坚持面向世界科技前沿、面向经济主战场、面向国家重大需求、面向人民生命健康，不断向科学技术广度和深度进军。”这既是对全体科技工作者发出的行动号召，也是科技界未来奋斗进取的行动指南。深入贯彻落实习近平总书记关于“四个面向”的重要论述精神，国铁集团《“十四五”铁路科技创新发展规划》中，面向世界科技前沿，提出要组织推进“CR450 科技创新工程”，深化轮轨关系、弓网关系、空气动力学、减振降噪等基础理论，以及信息新技术、新能源、新材料、新型轨道交通等前瞻性研究，协调推进基础芯片、软件、元器件等关键共性技术研究；面向经济主战场，提出推进关键装备自主攻关，发展完善铁路技术装备体系，加强运输经营技术创新；面向国家重大需求，提出要推进川藏铁路重大科技攻关，有力支撑工程高质量建设；面向人民生命健康，提出要深化高铁运营安全规律研究，加强设备设施检测监测技术攻关，深入推进防灾减灾和应急救援技术研究，持续提升安全技防水平。

坚持科技创新与体制机制创新“双轮驱动”。2015 年，党中央、国务院出台《深化科技体制改革实施方案》，围绕建立技术创新市场导向机制、构建更加高效的科研体系、改革人才培养评价和激励机制、促进科技成果转化、促进科技和金融结合等方面作出详细部署。2018 年 5 月，习近平总书记在中国科学院第十九次院士大会、中国工程院第十四次院士大会上强调：“全面深化科技体制改革，提升创新体系效能，着力激发创新活力。”为深入贯彻落实党中央、国务院关于深化科技领域改革的决策部署，进一步优化铁路科技管理体制和运行机制，2019 年，国铁集团党组印发《关于深化铁路科技领域改革的指导意见》，围绕优化科研项目和经费管理制度、赋予科研人员更大的研究路线选择权、扩大科研经费使用自主权、健全科技创新和成果转化激励机制等进行部署。

坚持自主创新与开放创新协同共进。习近平总书记指出：“要矢志不移自主创新，坚定创新信心，着力增强自主创新能力。”习近平总书记强调：“自主创新是开放环境下的创新，绝不能关起门来搞，而是要聚四海之气、借八方之力。”党的二十大提出，要“加快实现高水平科技自立自强”，“增强自主创新能力”，要“扩大国际科技交流合作，加强国际化科研环境建设，形成具有全球竞争力的开放创新生态”。深入贯彻落实中央有关要求，牢记习近平总书记的嘱托，2013 年中国铁路总公司修订发布的《铁路主要技术政策》明确提出要增强铁路科技持续创新能力，构建具有中国铁路特点的技术体系。2018 年 5 月，中国铁路总公司制定了《关于实施“复兴号”品牌战略的指导意见》，提出要建成以核心技术自主化、配套技术产业化、基础理论系列化、技术标准体系化为主要标志的中国高速动车组技术体系。2019 年，国铁集团科技创新大会指出，必须保持战略定力，坚定不移走具有中国铁路特色的自主创新之路，集中力量在关键领域、“卡脖子”的地方下功夫，全面掌握铁路关键核心技术，牢牢把握我国铁路科技创新的主导权和主动权；同时提出，要深化国际科技交流合作，拓展与国际铁路组织及有关国家铁路企业的合作，加强在规划研究、技术咨询、工程设计、建设管理、人才培训、标准和计量互认等领域的交流，全面参与并承担一批重要国际标准制订修订项目，不断提升中国铁路的国际话语权。

坚持创新驱动实质是人才驱动。习近平总书记指出：“人才是创新的根基，是创新的核心要素。创新驱动实质上是人才驱动。”习近平总书记在 2020 年科学家座谈会上强调：“人才是第一资源。国家科技创新力的根本源泉在于人。”党的二十大报告进一步提出要加强人才国际交流，用好用活各类人才。党的十八大以来，党中央围绕改革完善科研活动和人才评价机制、在重大科技创新实践中培养造就优秀人才、激发科技创新人才活力、聚天下英才而用之等方面作出一系列重要部署。深入贯彻习近平总书记重要论述精神和中央有关部署要求，国铁集团明确了“人才强路”战略，启动实施“百千万人才”工程，在 16 个重点专业领域，培养造就百名左右专业领军人物、千名左右专业带头人、万名左右专业拔尖人才。2021 年，全国铁路科技创新工作会议提出，要着力打造铁路领域世界重要人才中心和创新高地。2022 年，国铁集团在《中国国家铁路集团有限公司“十四五”发展规划》提出要深化人才发展体制机制改革，着力培养造就更多高能级的铁路战略科技人才、科技领军人才和高水平的创新团队，鼓励优秀科技青年人才承担重点科研项目，加强铁路技术咨询型、研究咨询型高端智库建设，加强铁路国际化人才培养，建立健全国际铁路组织人才输送机制，大力弘扬科学精神和科学家精神。

强化企业创新主体地位。2016 年，习近平总书记在全国科技创新大会、两院院士大会、中国科协第九次全国代表大会上指出：“企业是科技和经济紧密结合的重要力量，应该成为技术创新决策、研发投入、科研组织、成果转化的主体。”党的十九届四中全会对完善科技创新体制机制，建立以企业为主体、市场为导向、产学研深度融合的技术创新体系等作出重要部署。2021 年，习近平总书记在中国科学院第二十次院士大会、中国工程院第十五次院士大会、中国科协第十次全国代表大会上强调：“创新链产业链融合，关键是要确立企业创新主体地位。”深入贯彻落实中央有关决策部署和习近平总书记有关重要论述精神，2020 年，国铁集团印发《新时代交通强国铁路先行规划纲要》，提出要强化国铁集团的主导作用，完善以企业为主体、用产学研深度融合的创新体系，构建高效开放的创新联合体，形成跨学科、跨领域的协同攻关机制。2023 年，国铁集团牵头 12 家行业内外单位以及5家国铁集团所属科技型单位，共同组建铁路科技创新联盟，实现产学研深度融合。

二、充分发挥举国体制优势

举国体制蕴藏着社会主义集中力量办大事的独特政治优势和制度优势，是中国特色社会主义取得举世瞩目成就的秘诀之一。举国体制有利于建立高效、正确的决策机制，通过采用民主集中制，把充分的民主和正确的集中有机结合起来，更能作出科学的、正确的决策。举国体制具有强大的资源整合能力，可以迅速、高效地调动各方面优势力量，聚焦一个主要目标，系统性地攻坚克难、破解难题。举国体制能够超越局部利益、短期效益的纷争，为国家利益、长远价值谋篇布局、蓄积势能。我国高铁发展过程中，在党中央、国务院的正确领导和统一部署下，国家有关部委及地方有关省市的大力支持下，国铁集团最大限度地把有限的人力、物力、财力集中起来，统筹路内外产业企业、高等院校、科研院所等单位和广大科研工作者，相互支持，群策群力，凝聚为强大合力，推动我国高铁技术自主创新在较短的时间取得举世瞩目的历史性成就。

（一）充分发挥社会主义集中力量办大事的独特优势

依托中国特色社会主义制度优势，在党中央统一领导下，在政府部门顶层设计和引导支持下，我国铁路坚持全国"一张网"、全路"一盘棋"，更广泛地调动、组织和协调各种资源，尊重市场经济规律，发挥市场在资源配置中的决定性作用和企业在关键核心技术攻关中的主体作用，自上而下推进高铁技术自主创新，构建形成用产学研深度融合的技术创新体系，积极开展国际合作，形成推动协同科技创新的强大合力，集中实施一批高铁关键技术自主攻关项目，在较短时间内形成了一批重大标志性技术成果。

党中央、国务院着眼我国经济社会发展的战略和全局，及时作出发展高铁的决策部署，从一开始就制定了清晰的发展规划，明确了发展目标任务，坚持一张蓝图干到底，有力引领了高铁的快速发展与技术创新。1991年3月发布的《中华人民共和国国民经济和社会发展十年规划和第八个五年计划纲要》，将铁路高速技术作为我国科技攻关的重点课题，同年6月国家《中长期科学技术发展纲要》明确提出，2020年前在特别繁忙的铁路干线建成高速客运专线。2004年国务院审议通过了我国铁路史上第一个《中长期铁路网规划》，2008年批准调整，提出建设以"四纵四横"客运专线为骨架的快速铁路网。2016年国务院通过了新的《中长期铁路网规划》，提出要形成以"八纵八横"主通道为骨架、区域连接线衔接、城际铁路补充的高速铁路网。2019年，党中央、国务院印发《交通强国建设纲要》,提出要打造一流设施、一流技术、一流管理、一流服务,建成人民满意、保障有力、世界前列的交通强国。2021 年,党中央、国务院印发《国家综合立体交通网规划纲要》,提出到2035 年要建成包含7 万 km 高速铁路的国家综合立体交通网实体线网。这些重大战略部署和顶层设计,为我国高铁技术创新发展指明了行动方向。国家有关部委也给予了高铁技术自主创新大力支持。20 世纪 90 年代,国家计划委员会和国家科学技术委员会在“八五”和“九五”国家科技攻关计划中安排了准高速、高速方面一系列攻关项目。2008 年,科技部与铁道部共同签署《中国高速列车自主创新联合行动计划合作协议》,提出要在消化吸收相关技术的基础上,推动动车组自主技术攻关和产业发展。2014 年,国家发改委将中国标准动车组纳入国家战略性新兴产业示范工程项目,专项安排了 8 亿元国家固定资产投入,支持中国标准动车组的研制和试验工作;在中国铁路总公司的组织下,2015 年 6 月成功完成两列动车组组装、调试并下线,为深化高铁自主化核心技术提供了重要支撑。2017 年,国家发改委立项“世界领先高速综合检测试验列车研制项目”,开展高铁综合检测试验新技术研发,成功研制具备先进水平的时速 350 km 高速综合检测试验列车。

用户是创新需求的最初发起者和创新成果的最终检验者和使用者,铁道部、中国铁路总公司以及国铁集团作为高铁技术创新最主要的需求方和创新成果的最大用户,是高铁技术创新资源最有力的集成者,能从最广大人民群众的需求出发,充分发挥自身线网资源、数据资源、专业知识、运营经验等优势,组织企业、科研机构、高校围绕高铁建设运营实际需求开展科技攻关选题、技术路线论证、联合科技攻关,积极向政府及有关部门协调争取相关技术发展的经济、政策支持,推进开展国际合作,促进协同创新体系不断完善。高铁技术创新过程中,我国铁路以国家战略和国家利益为己任,以国家重大项目为依托,科学统筹近期、中远期目标,以强大的组织号召力为保障,整合庞大的产业链上下游,构建了以企业为主体,科研院所和高校广泛参与,用产学研协同创新的高铁技术创新体系,实现了在统一目标下的有序分工协作和互利共赢,最终突破制约行业发展的重大关键技术难题。在路内,国铁集团支持中国铁道科学研究院集团有限公司(以下简称铁科院)、中国铁路经济规划研究院有限公司(以下简称经规院)等所属科研单位发挥创新主力军作用。在路外,与国家发改委、科技部、国家自然科学基金委等部门紧密对接,积极争取对重大铁路科研项目和基础理论研究的立项支持,构筑了一批国家级创新平台;与中国科学院、中国工程院等建立战略合作关系,充分利用国家战略科技力量,形成了合作开展重大基础研究和成果应用的工作机制;与中国中铁、中国铁建等工程建设单位,中国中车、中国通号等装备制造企业,北京交通大学、西南交通大学等高校密切协作,形成推动高铁技术创新不断取得突破的攻坚力量。

高铁产业链相关的工程建设、装备制造等企业，充分发挥在技术创新决策、研发投入、技术集成、成果产业化中的主体作用，始终围绕市场需求、用户需求开展技术研发和成果产业化，并随着市场变化不断在技术、产品上进行迭代创新。在党对全行业创新力量的统筹协调下，产业链上下游企业与用户、科研机构、高校等各类创新主体密切协作，突破了单个企业在资源、信息、技术等方面的局限，有效提高了全产业链的创新效能。

科研机构和高校作为基础研究和重大共性关键技术研究的骨干力量，为高铁技术创新作出了重要贡献。科研机构深刻把握国际铁路发展形势，紧盯技术创新、发展理念、前沿课题，主动作为、超前研究，紧紧围绕铁路行业发展重点领域，进一步强化重大科研任务的理论研究和科学实验，为高铁关键技术突破提供了有力支撑。高校在筑牢高铁基础理论研究基石的同时，大力培养并不断输送各类高铁相关专业人才，为高铁行业可持续发展提供了源源不断的人才支持。

（二）健全铁路关键核心技术攻关新型举国体制

党的十八大以来，党中央根据国内外环境形势发展，适时提出“健全社会主义市场经济条件下关键核心技术攻关新型举国体制”，赋予了“举国体制”新的使命和内涵。党的十九届四中全会提出要构建社会主义市场经济条件下关键核心技术攻关新型举国体制。党的十九届五中全会提出制定科技强国行动纲要，健全社会主义市场经济条件下新型举国体制，打好关键核心技术攻坚战，提高创新链整体效能。2022 年 9 月，中央全面深化改革委员会第二十七次会议审议通过《关于健全社会主义市场经济条件下关键核心技术攻关新型举国体制的意见》，强调要把政府、市场、社会有机结合起来，科学统筹、集中力量、优化机制、协同攻关。党的二十大报告明确提出“完善党中央对科技工作统一领导的体制，健全新型举国体制，强化国家战略科技力量”的重要任务，这是党的报告中首次提及新型举国体制概念。2022 年 12 月中央经济工作会议提出，布局实施一批国家重大科技项目，完善新型举国体制，发挥好政府在关键核心技术攻关中的组织作用，突出企业科技创新主体地位。党中央关于健全关键核心技术攻关新型举国体制的重要部署，对于新的更高起点继续推动我国高铁技术自主创新，加快实现高水平自立自强具有十分重要的意义。

为深入贯彻落实中央有关部署，2022 年，国铁集团与科技部共同签署《“高铁引领”科技攻关联合行动计划合作协议》，并安排重点研发计划攻关任务，启动了更高速度等级的 CR450 动车组研发工作，2022 年 4 月和 2023 年 7 月先后完成了 CR450 动车组研制技术条件参数试验和第二批次新技术部件换装科学研究试验，为“CR450 科技创新工程”的顺利实施打下了坚实基础。2023 年 2 月，为了更好发挥新型举国体制优势和国铁集团领军企业作用，统筹全社会各方优势力量和资源，不断提升铁路科技自立自强能力，巩固扩大我国铁路技术世界领跑优势，国铁集团发起成立了铁路科技创新联盟，涵盖铁路行业内外重点企业、高校和科研单位，实现产学研深度融合。联盟初期成员单位包括中国中车集团有限公司、中国铁路通信信号集团有限公司、中国铁路工程集团有限公司、中国铁道建筑集团有限公司、国家能源投资集团有限责任公司、中国电子信息产业集团有限公司、鞍钢集团有限公司、华为技术有限公司、北京交通大学、西南交通大学、中南大学、同济大学等 12 家行业内外单位，以及铁科院、经规院、中国铁路信息科技集团有限公司、中国铁路设计集团有限公司、国家川藏铁路技术创新中心等 5 家国铁集团所属科技型单位。联盟重点聚焦联合开展铁路关键核心技术攻坚、积极推进铁路创新成果产业化应用、共同开展铁路技术交流和人才培养等方面工作。2023 年 12 月，国铁集团印发《现代化铁路科技创新体系建设方案》，提出要聚焦铁路关键核心技术和零部件“卡脖子”薄弱环节，组织产业链上下游单位，加强责任分工和任务分解，实施分层分类推进。加强时速 400 km、300 km、200 km 系列化动车组关键零部件的国产替代，完成全要素自主化动车组样车研制，加快推进基于国产器件的信号控制设备测试验证，积极稳妥推进自主化产品试验试用、考核验证和批量应用，保障铁路产业体系自主可控和安全可靠。同时，强调要构建协同高效的铁路创新组织体系，发挥国铁集团对铁路科技创新的系统设计、全面推动作用，统筹部署实施全路科技创新重点工作任务；发挥铁路科技创新联盟协同创新作用，共同推动联合技术攻关；发挥国铁集团所属科研单位技术优势，引领支撑铁路重大科技创新；发挥铁路局集团公司高效运输、安全运营的支撑作用，保障创新成果落地应用；激发基层站段广大职工的创新动力，推动铁路全员创新创效。

历史和现实都证明，只有坚持党的全面领导特别是党中央集中统一领导，确保党始终总揽全局、协调各方，把党的领导落实到高铁技术自主创新各领域各方面各环节，充分发挥党的领导政治优势和集中力量办大事的制度优势，才能够确保高铁技术自主创新取得新的突破和成就。

第二节 坚持目标导向

目标是行动的指南，是突破的方向，坚持目标导向是党在建设和改革实践中始终秉持的重要工作方法，就是要以目标为着眼点，在统筹谋划、顶层设计上下功夫，以增强方向感、计划性。在中国高铁技术创新的过程中，我国铁路充分发挥科技创新引领作用，紧密围绕服务国家重大战略、人民群众美好生活、世界铁路前沿发展需要，明确创新工作重点，把握大势、抢占先机，直面问题、迎难而上，确保站在更高起点、坚持更高标准、以更大力度推进高铁自主创新，取得显著成效。

一、紧密服务国家重大战略

我国铁路坚持全国“一张网”、全路“一盘棋”，打破行业、区域的局限性，形成与国家重大战略相贯通、与区域发展需求相结合、与海外市场相对接的高铁发展规划与运营网络，在推动新型城镇化发展、保障区域协调发展、服务“走出去”中发挥了重要支撑作用，实现了高铁技术发展与经济社会发展相互促进、相得益彰。

（一）保障新型城镇化发展战略

我国地域广阔、人口众多，城镇化建设持续推进，且城镇布局和主要经济带格局呈现纵横交错的网格式特点。为更好应对我国人口城镇布局特点及加速的城镇化进程，我国高铁布局规划在保持总体稳定的基础上，始终坚持与以人为核心的新型城镇化和城市发展紧密契合，适应经济社会发展的新形势新要求。从 2004 年首版《中长期铁路网规划》提出建设“四纵四横”高铁网以及在部分城市群发展城际铁路、繁忙干线实现客货分线运输，到 2008 年版调整规划，在保持“四纵四横”高铁主通道的基础上适当扩充高铁网规模、拓展城际铁路建设范围，再到 2016 年的新一版规划中将高铁网主通道由“四纵四横”拓展到“八纵八横”，连接我国主要城市群，基本连接省会城市和其他 50 万人口以上大中城市，同时根据需要新增区域性高铁和城际铁路，进一步完善了高铁网布局。

高铁规划建设催生了高铁技术发展需求，我国高速铁路技术从最初的探索起步，逐步发展形成系统化的技术体系，支撑了我国高速铁路快速发展。随着“四纵四横”高铁网提前建成，“八纵八横”高铁网加密成型，与我国提出的“两横三纵”城镇化战略格局（以陆桥、沿江通道为横轴，以沿海、京哈京广、包昆通道为纵轴）相互呼应、相得益彰。高铁促进了“串珠状”“网络型”城镇空间，放大了中心城市的辐射作用，引导中心城市产业、资源和功能向周边转移，培育形成高铁新城、高铁小镇、卫星城。我国高铁的网络效应和拉动效应越来越突出，拉动了新兴城市的快速崛起和工业繁荣，创造了更多就业岗位，加速了农村人口向城镇转移，对新型城镇化建设发挥了强大的支撑和引领作用。特别是依托高铁车站规划建设的高铁新城，有力推动了城市格局重构、扩容提质，目前多个高铁新城已成为各地经济社会发展的新增长极。

在此基础上，统筹考虑人口城镇规模、经济发展实力等因素，我国规划建设多条城际铁路，主要服务城市群及都市圈内部高密度的通勤需求，发挥对高铁干线集散客流的功能，建成运营北京—雄安新区、上海—南京、郑州—开封、广州—东莞—深圳机场等城际铁路项目，京津冀、长三角、成渝地区等重点城市圈率先建成城际铁路网，其他城际铁路逐步成网，高效助力轨道上的城市群建设。

（二）支撑区域协调发展战略

我国幅员辽阔、内陆深广，各地区自然资源禀赋差别之大在世界上是少有的，区域发展不平衡的问题由来已久，东西部地区发展绝对差距仍然较大，北方部分地区经济发展活力不足，特殊类型地区振兴发展仍有困难，区域生产力布局调整任务艰巨。为了促进区域协调发展向更高水平和更高质量迈进，围绕推进西部大开发、东北全面振兴、中部地区崛起、东部率先发展，促进京津冀协同发展、雄安新区建设、长江经济带发展、长三角一体化发展、粤港澳大湾区建设、成渝地区双城经济圈建设、黄河流域生态保护和高质量发展等重大战略，我国系统掌握复杂应用场景下的高铁成套技术，已成为世界上高铁运营里程最长、在建规模最大、商业运营速度最高、高铁技术最全面、管理经验最为丰富的国家。

党的十八大以来，中国高铁技术创新进入发展快车道，持续深化高寒、风沙、湿热等复杂运营场景下的高铁成套技术攻关、工程建设和运营实践。2012 年 12 月，世界上第一条穿越高寒季节性冻土地区的哈尔滨至大连高铁建成运营，串联环渤海和东北工业基地两大重点经济区，为东北全面振兴发展带来新的契机。同年 12 月，世界上运营里程最长，跨越温带、亚热带、多种地形地质区域和众多水系的北京至广州高铁全线通车，把环渤海经济圈、中原城市群、关中城市群、武汉城市圈、长株潭城市群、长三角、珠三角等经济区紧密联系在一起，有效降低社会时间成本，给人员流动带来极大便利，对促进东部率先发展带来积极影响。2014 年 12 月，世界上一次性建设里程最长、穿越沙漠地带和大风区的兰州至乌鲁木齐高铁投入运营，在新疆、青海、甘肃三省区间架起了“高铁经济走廊”，在推动沿线城市经济发展、丝绸之路经济带建设、新时代乡村振兴和实现共同富裕目标中发挥了重要作用，成为促进西部发展新引擎。2015 年 12 月，世界上第一条穿越热带滨海地区的海南环岛高铁全线投入运营，牵引着海南自贸试验区进入经济腾飞的新时代。2018 年 9 月，广深港高铁香港段开通运营，为粤港两地居民开展商贸合作、旅游观光、探亲访友等提供了一条更加舒适便捷的通道，也为大湾区建设打下了更为坚实的基础。2023 年 8 月，挑战喀斯特岩溶建设禁区、破解瓦斯断层暗河等地质现象建成的贵南高铁建成通车,将黔桂两省区时空距离缩短至 3 h 内,推进西南与华南地区联系更加紧密,进一步丰富泛珠区域内粤桂黔滇川高铁经济带内容,对成渝贵地区与北部湾经济区之间的经贸往来具有重要意义。

我国高铁技术的创新发展,推动高铁成网规划建设,突破了地域对国民经济整体性的物理阻隔,加速了人才、资本、信息、技术等要素自由流动和优化配置,促进了更大范围分工协作,有效推进产业梯度转移和资源跨域调配,构建了经济发展的新动能新引擎。此外,2021 年 6 月复兴号高原内电双源动力集中动车组开进西藏、开到拉萨,历史性地实现了复兴号对 31 个省区市的全覆盖。全面联通的高铁网络有效补强了中西部地区、革命老区和脱贫地区交通基础设施短板,大幅拉近了欠发达地区与发达地区的时空距离,方便了人民群众出行和物资流通,为打赢脱贫攻坚战发挥了重要支撑作用,为新发展阶段脱贫地区全面实施乡村振兴战略、加快融入国家现代化进程奠定了坚实基础。

(三)推进落实"走出去"

随着中国特色社会主义进入新时代,国际经济合作和竞争局面正在发生深刻变化,全球经济治理体系和规则正在面临重大调整,中国坚持以高水平开放促进高质量发展,提出了"走出去"、"一带一路"倡议,推动构建人类命运共同体。高铁作为陆路联通的重要方式,是推动"走出去"、"一带一路"倡议加快实施的前沿阵地,成为推动共建"一带一路"国家和地区经济发展的新动能。习近平总书记指出:"高铁是我国装备制造的一张亮丽的名片,成为我国对外经济技术合作的'抢手货',要抓住机遇、乘势而上。"2014 年以来,在政府合作机制的推动下,由国铁集团牵头的中国企业联合体不断拓展海外市场,实现了印尼雅万高铁、匈塞铁路、中老铁路等铁路项目成功落地。通过积极参与规划、建设、运营、管理全过程,推进我国高铁从技术标准、勘察设计、工程施工、装备制造,到物资供应、运营管理和人才培训等全方位整体走出去,中国高铁技术"走出去"取得重大进展。

2023 年 10 月 17 日正式开通运营的时速 350 km 的印尼雅加达至万隆高速铁路,被习近平总书记称为"中印尼共建'一带一路'合作的'金字招牌'"。作为"一带一路"倡议和中印尼两国务实合作的标志性项目以及中国高铁在海外落地的首个典范工程,首次全系统、全要素、全产业链在海外建设,全线采用中国技术、中国标准,是我国高铁技术"走出去"的最新成果。动车组方面,雅万高铁以我国 CR400AF 型动车组技术为基础,充分考虑印尼当地的地理环境、人文需求、线路条件等因素,将列车总定员提升至 601 人,在列车安全性、耐腐蚀性等方面进行了高标准研发,在牵引控制、空调系统等方面进行了适应性设计。检测、维修装备方面,综合检测列车基于我国 CR400AF 平台,搭载专业检测系统,同时针对雅万高铁应用实际,采用国内顶尖的检测技术,通过采用数字式轨检系统传感器等做出了数项技术革新;维修装备以我国先进、成熟的动车组运用维修装备体系为基础,具有自动化程度高、集成度高、信息化程度高、节能、环保等特点;基础设施维修装备采用中国设计、中国制造且在我国铁路工务维修实践中广泛使用的线路捣固车、道岔捣固车等设备。四电系统设备方面,雅万高铁信号系统采用我国自主化的 CTCS-3 级列控系统设备;通信设备包括传输系统、电话交换系统、数据通信系统等基本采用国产化设备,并根据印度尼西亚地震高发特点,设置铁塔检测系统提高维护水平,同时在各系统设备界面增加印尼语、英语显示,适应海外项目的特殊需求;牵引变电系统为适应雅万高铁牵引变电所高压设备采用 150 kV 电压等级(我国为 220 kV 及以上),参照 IEC 相关标准对变压器、断路器等设备的绝缘配合参数进行调整。轨道设备方面,雅万高铁采用的钢轨、轨枕、扣件、道岔等均为中国成熟产品,完全按中国技术标准执行。技术标准方面,雅万高铁采用成套中国高速铁路技术标准体系,涵盖了铁路勘察、设计、施工、验收、装备制造及运营管理等各方面的技术要求。联调联试方面,由中国铁路国际有限公司牵头中国铁路北京局集团有限公司、铁科院参照国内标准共同开展逐级提速测试,充分印证轨道、供电、接触网、通信、信号、预警监测等系统功能。

目前部分路段开通运营的匈塞铁路,作为中国—中东欧合作的旗舰项目,应用了大量在我国高铁基础上优化升级适应欧盟标准及欧盟铁路互联互通技术规范(TSI)的技术和装备,为后续持续开拓欧盟市场奠定了坚实基础。目前高铁信号系统已在匈塞铁路匈牙利段取得联锁、RBC、CTC、应答器、LEU、道口控制系统等 6 项信号产品的欧盟 TSI 及匈牙利 DeBo 认证证书,并在当地搭建了信号系统实验室,满足了匈牙利(欧盟)轨交市场准入基本条件。同时,经过技术优化的接触网悬挂系统、牵引变压器、开关柜、综合自动化系统、调度集中系统、应答器、计算机联锁、无线通信系统等一大批中国技术和装备首次大规模在欧洲市场使用。2023 年 10 月第三届“一带一路”国际合作高峰论坛期间,塞尔维亚建设、交通和基础设施部与中国中车旗下中车长春轨道客车股份有限公司正式签署了塞尔维亚高速动车组车辆采购商务合同,签约采购 20 辆(5 列)高速动车组,这也成为中国高端轨道交通装备“走出去”的重大突破。

二、全面服务最广大人民群众

中国高铁技术发端于人民群众的根本需要,“人民铁路为人民”是铁路的根本宗旨,也是指导高铁技术创新各项工作的出发点和立足点。正是从满足人民群众最关心、最迫切的出行需求出发,中国铁路深入推进高铁技术创新探索与实践。几十年来,从一票难求到刷脸进站，从绿皮车到复兴号，我国铁路想旅客之所想、应旅客之所需，以创新驱动发展、以技术为服务赋能，推动高铁出行由“走得了”向“走得好”加快转变，让旅客出行有了更多获得感、幸福感。

（一）积极响应人民提速需求

改革开放后，铁路客货运量逐年大幅度上升，铁路运输能力严重短缺问题日益凸显，全国14条主要铁路干线的104个区段中，有三分之二以上已达到或超过设计运输能力，长途旅客列车平均超员率接近30%，买票难、乘车难成为普遍现象，铁路成为国民经济发展的“瓶颈”。到20世纪80年代末，铁路运能紧张更加严重。客运严重超员，1985年铁路日均客运量达到304万人，旅客列车超员50%以上，“热线”车次超员100%甚至更多，在每天发送的旅客中有63万人上车后“站火车”。列车运行速度慢，20世纪50年代我国铁路旅客列车的平均旅行速度为28.2 km/h，到1970年升至42.1 km/h，1980年为43.4 km/h，20世纪90年代提速后也只达到46.3 km/h。随着20世纪90年代以来中国城市化进程的加速和经济的快速发展，人口流动和交通需求大幅增加，铁道部加大线路改造力度，扩大运能，但仍跟不上国民经济的发展步伐，中国铁路必须加快发展，特别是提高旅客列车速度迫在眉睫，推动中国开启了高铁技术的创新之路。

以2008年我国第一条设计时速350 km的京津城际铁路建成运营为标准，一大批高铁相继建成投产，通过构建覆盖高速铁路各专业、全领域完备先进的技术体系、装备体系和标准体系，实现在较短的时间内，建成“四纵四横”、加密“八纵八横”高铁网。高铁开通前，北京—贵阳、北京—广州、北京—西安、上海—武汉旅行时间分别为27 h 52 min、20 h 31 min、11 h 15 min、9 h 48 min，开通后最快旅行时间分别压缩至8 h 19 min、7 h 38 min、4 h 11 min、3 h 30 min。“八纵八横”高铁网加密建成后，通达半径500 km的城市群形成1 ~2 h交通圈，可实现公交化开行；1 000 km跨区域大城市间4 h左右到达，实现当日往返；2 000 km跨区域大城市间8 h左右到达，实现朝发夕至，使客运能力实现重大跃升，全面保障了人民群众日常便利出行，基本解决了客运高峰期运力短缺的问题。在此基础上，复兴号在京沪、京津、京张、成渝、京广等高铁超3 000 km线路上，成功实现时速350 km运营，成为世界上唯一实现高铁时速350 km商业运营的国家。

（二）持续优化客运产品

随着高铁网的不断拓展，动车组列车逐渐成为铁路客运主力军，为适应不同市场需求，我国铁路充分发挥“一张网”优势，通过集约化、科学化的运用，实现了高铁客运供给产品结构的不断优化，满足了旅客的多样化出行需求。

以引进先进技术、联合设计生产的和谐号动车组为基础，我国铁路持续深化自主创新，突破技术瓶颈，成功研制拥有完全自主知识产权和世界先进水平的复兴号中国标准动车组，并形成了覆盖高速动车组、动车组、城际动车组 3 个系列的客运产品体系。其中，高速动车组列车冠以 G 字头，最高运行速度 300 ~ 350 km/h；动车组列车冠以 D 字头，最高运行速度 200 ~ 250 km/h；城际动车组列车冠以 C 字头，主要在京津、广深等城际高铁开行。在此基础上，我国铁路系统掌握并持续提高高铁成网运营技术能力，集中力量推进运输服务技术创新，全面掌握复杂路网条件下高铁长距离运营管理成套技术，实现 3 min 列车追踪间隔运行，最大程度提升运输供给能力，通过科学安排列车开行方案，统筹安排直达与途停列车、本线与跨线列车、长途与短途列车，适应不同距离、不同区段的出行需求。考虑旅客不同时段出行需求，适应平时和高峰客流规律，实行“一季一图”、春暑运图、“一日一图”，采用 8 辆短编组、16 辆长编组、17 辆超长编组列车灵活调整运力，最大程度便利旅客出行。同时，适应旅客出行习惯，夜间开行“夕发朝至”动车组卧铺列车，与白天高铁列车形成优势互补的产品供给格局。

在先进技术的支撑引领下，我国高速铁路在满足人民出行中发挥着越来越重要的作用。2023 年第四季度我国铁路动车组列车开行数量达到 9 994 列，约为 2012 年的 5 倍。2023 年，国家铁路完成旅客发送量 36. 8 亿人、同比增长 128. 8%，其中动车组完成旅客发送量 28. 9 亿人、占比 78. 5%。

（三）不断提升服务水平

随着生活水平的逐步提升，人民群众对更加舒适、便利、高效的高品质客运产品与服务需求日益迫切，我国铁路坚持以旅客需求为导向，围绕服务旅客出行全流程，持续从技术、运营角度提升运营服务水平，不断创新推出便民利民服务举措，持续提升高铁服务质量。

在线路建设方面，我国高铁采用无砟轨道，铺设重型超长钢轨和无缝线路，确保线路超高平顺性。在移动装备方面，复兴号动车组采用减振性能良好的高速转向架，车体振动加速度小、振幅低、噪声弱，平稳性指标达到国际优级标准，较好地解决了列车空气动力学、轮轨关系、车体气密强度等技术难题，提高了列车进出隧道、高速交会时的安全性和舒适度，车厢空调系统新风比其他国家高铁高 7% ~ 60%，车体横断面积达到 11. 2 m^2，比其他国家高铁多 14. 3%，为旅客提供了宽敞舒适的旅行环境。针对人民群众买票难问题，研发应用世界最大的铁路互联网售票系统 12306 平台，形成了 12306 网站售票、手机购票、电话订票、自助售取票等多种售票渠道和方式，12306 已经发展成为旅客购票的首选方式，售票比例达到 85%。2023 年中秋国庆假期（9 月 13 日至 24 日），全国铁路累计发售车票 2.35 亿张，其中 9 月 22 日铁路售票量达到 2 695.2 万张，创单日售票量历史新高，铁路 12306 系统访问量日均达到 514.4 亿次，候补购票兑现成功率达 75% 左右，昼夜排队、一票难求的现象已成过往。此外，持续迭代升级 12306 平台技术，推动高速铁路网与互联网“双网融合”，推出网络购票、移动支付、智能导航、刷脸进站、自助订餐、站车 Wi-Fi、高铁极速达等多样化服务新举措，旅客温馨出行、便捷出行的体验感不断提升。

（四）切实保障运营安全

习近平总书记强调“没有安全和稳定，一切都无从谈起”，党的二十大报告提出“必须坚定不移贯彻总体国家安全观，把维护国家安全贯穿党和国家工作各方面全过程”。在中国高铁技术的发展过程中，始终把确保安全作为首要政治任务、摆在一切工作的首要位置，牢牢守住红线底线目标，将确保高铁和旅客列车安全万无一失作为安全工作的最重要目标。

我国铁路在推进高铁高效运营的同时，在确保线上、线下设施设备安全可靠之外，不断强化科技保安全能力。成功研制应用高速综合检测列车、高速综合巡检车、车辆 5T、供电检测监测系统 6C 等先进装备，建立了由高速综合检测车、沿线检测传感装置等设备组成的高铁线路设备在线监测系统，实现对设施设备安全状态的全方位检测监测。在智能型复兴号动车组部署 2 700 余项监测点，开发了自我感知、健康管理、故障诊断等列车运行在途监测技术，实现了对列车运行的全方位实时监测。针对自然灾害、异物侵限等安全保障技术难题，推动高铁地震预警系统、风雨雪灾害监测系统等研发应用，有力提升了高铁防灾减灾智能化监控水平。探索把握高铁运营安全规律，深化故障预测与健康管理技术研究，完善设施设备养护维修技术，全方位构建了高铁安全保障技术体系，确保高铁网安全运行。

三、矢志瞄准世界一流水平

我国高铁技术的创新发展历程中，始终瞄准世界科技前沿和顶尖水平，夯实基础，储备长远。在国产化、自主化进程取得一定成就后，没有止步不前、故步自封，面对全球贸易摩擦升级与科技封锁打压的不确定性日益增加的严峻形势，选择直面问题、迎难而上，勇闯“无人区”、下好先手棋、打好主动仗，加强对关系根本和全局的重大科学问题部署，实现关键技术装备从追赶到领跑、工程建造技术世界领先、前瞻性基础研究取得重大突破，形成了一批独有独创的引领性高铁创新成果，在激烈的国际竞争中赢得战略主动。

（一）推进技术装备实现领跑

高铁是大国重器，掌握发展高铁的主动权，必须掌握其关键技术装备。我国铁路坚持以我为主，统筹国内国际科研资源，大力推进原始创新、集成创新和引进消化吸收再创新，实现了以复兴号高速列车为代表的高铁技术装备迈出从领先到领跑的关键一步。

我国自主研制的中国标准动车组于 2013 年 12 月完成总体技术条件制定，2017 年成功在京沪高铁以时速 350 km 商业运营，2019 年智能型复兴号动车组在京张高铁实现时速 350 km 商业运营，成为世界上唯一实现高铁时速 350 km 商业运营的国家。复兴号安全性、节能环保、舒适性、可靠性等主要性能指标达到世界一流水平，一批核心关键技术达到世界领先水平，自主制造的高速转向架在满足时速 350 km 持续高速运行基础上，实验室安全稳定实验速度已达时速 600 km，自主研发的高速列车网络技术在世界上首次实现不同平台相同速度等级高速列车的互联互通。

在组织开展动车组技术创新的同时，我国铁路适应高铁发展需求，瞄准世界领先水平，大力推进通信信号、牵引供电等技术装备创新，实现了高铁技术装备水平的整体提升。信号技术方面，研发了涵盖时速 200 ~ 350 km 不同速度等级和运行要求的高铁列车运行控制系统，攻克了 ATP 车载设备和 RBC 无线闭塞中心设备关键技术，成功研发了完全自主化的 CTCS-3 级列控系统。通信技术方面，构建了 GSM-R 铁路数字移动通信系统技术体系和标准体系，使高铁具备了功能强大、安全可靠的神经网络系统。牵引供电方面，成功研制了大容量供电、大张力接触网、高强度接触线、远程监控的成套装备，建成了世界上规模最大、布局最复杂的高铁供电调度控制系统。

（二）攻克工程设计建造达到领先

我国铁路建设环境十分复杂，东北地区气温变化从 -40 ℃到 40 ℃，东部河网纵横、淤泥质软土密布，西南地区山高谷深、地质条件恶劣，西北地区分布有大面积湿陷性黄土和戈壁沙漠。面对严峻挑战和考验，经过十几年的探索和实践，我国已经系统掌握了不同气候条件、不同地质条件下的高铁建造成套技术，修建了一大批世界级高铁桥梁、隧道和客站，一些高铁桥梁和隧道工程获得国际桥梁大会、国际隧道与地下空间协会颁布的行业最高奖项，使我国成为世界上唯一能在各种气候环境和复杂艰险地质条件下建设和运营高铁的国家。

桥梁建造方面，经过多年工程实践和持续科技攻关，相继攻克了大跨度、特殊结构桥梁建造等一系列关键技术难题，在桥梁设计理论、新型材料研发、桥梁建造技术、大型施工机械装备等方面取得一系列创新成果，成功建成了世界首座千米级公铁两用斜拉桥沪苏通长江公铁大桥、世界首座千米级公铁两用悬索桥五峰山长江大桥、世界海上最长平潭海峡大桥、世界级大跨度拱桥北盘江大桥等，我国高铁桥梁建造技术达到世界领先水平，实现了从桥梁大国向桥梁强国的转变。

隧道建造方面，相继攻克水下特长隧道、复杂地质等特殊环境条件下隧道施工，以及隧道挖掘机超长掘进、连续长大坡道隧道施工等关键技术难题，创造性提出了大变形隧道主动控制理念，形成了软岩大变形隧道支护设计体系、大断面机械化施工快速封闭、全断面水平旋喷前预加固等一系列施工新技术和新工法，高铁隧道施工技术达到世界领先水平。

路基技术方面，系统掌握复杂地质条件下路基设计、施工成套技术，特别是解决了刚性桩复合地基、路基填料制备与填筑施工精细化控制、路基调料含水量稳定保持等技术难题，保障了高铁路基状态的长期稳定。

轨道技术方面，自主研发了 CRTSⅢ型板式无砟轨道系统，掌握了百米定尺钢轨及焊接、高精度精测网和高强度轨道配件等关键技术，满足了高铁轨道高平顺、高稳定性和少维护需要。

（三）谋划基础前瞻技术取得突破

基础研究处于从研究到应用再到生产的科研链条起始端，能为创新发展提供基础理论支撑和技术源头供给，前瞻技术研究对于构筑先发优势、积蓄长远发展原动力具有重要战略意义。通过超前谋划、系统推进应用基础研究和前瞻技术研究，我国铁路紧密围绕补短板、强弱项，加大“卡脖子”核心技术攻关，实现高铁技术的新探索新突破。

长期以来，我国铁路都十分重视基础研究工作，20 世纪 90 年代在“先锋号”“中华之星”等国产准高速、高速动车组技术探索时期，我国就开展了空气动力学、轮轨关系、可靠性与轻量化、密封技术与气密强度、噪声传递等基础研究，初步掌握了高速动车组设计理论基础。近年来，我国铁路坚持需求导向，持续深化高速轮轨关系、振动噪声、空气动力学等高铁关键领域应用基础理论研究，不断夯实技术创新基础。高速轮轨关系领域，围绕轮轨型面及硬度匹配优化、轮轨关系检测监测技术、高速道岔优化设计、车线耦合仿真技术、车辆运行品质控制及轮轨减磨措施、高速轮轨黏着机理等方面开展系统研究，提出车轮硬度优化方向和减缓车轮多边形的具体措施，并在京沪、武广、贵广、哈大、兰新、丹大等典型高铁线路同步开展复兴号等多型列车的长期跟踪试验研究。振动噪声领域，开展复兴号中国标准动车组等高速列车车内与车外辐射噪声专项测试，形成高速动车组噪声指标分解理论框架和噪声指标分解方案，并对相关动车组和基础设施减振降噪技术措施进行深入研究。空气动力学领域,开展了防风设施过渡段流场分析及优化方案、隧道气动载荷谱以及车/线/隧空气动力学合理匹配关系、更高速度等级空气动力学、人体压力舒适度标准等研究,推进复兴号动车组高速交会试验,利用兰新二线大风环境开展动车组和普速列车试验、赣龙线高铁线间距速度适应性试验等。这些研究以实验室和现场试验研究为主要方法,通过各类对比分析和专题论证,积累了丰富数据,构建并不断完善了我国高铁基础理论体系。实践证明,这些长期积累的基础研究成果正是我国破解高铁技术"卡脖子"难题的关键开关。

我国铁路瞄准世界铁路科技前沿,围绕高铁勘察设计、工程施工、关键装备、运营维护等各个环节,深入研究并转化应用了北斗导航、5G、大数据等先进技术,取得了一系列重大原创性科研成果,构筑了中国高铁发展新优势。勘察设计领域,探索建立基于 BIM 的协同设计体系,形成系统性的铁路 BIM 标准,研发 BIM 设计参数化协同平台,自主开发多专业 BIM 协同设计软件,持续推进勘察设计多源数据融合和全专业协同设计;研发应用"天空地"工程地质综合勘察技术,显著提升了艰险复杂山区铁路勘察效率质量。工程建造领域,在路基建设中,集成运用北斗、图像识别、BIM 等技术,打造"智慧工地",填筑全过程实现碾压无人化、检测可视化,保证了路基的高稳定性;在隧道建设中,通过采用三维数字建模等技术,实现了施工过程数字化模拟、地质情况预测预报和可视化动态管理;在轨道施工中,积极运用基于北斗的数字化铺板、铺轨技术,保证了高铁线路的超高平顺性;在车站建造中,通过运用人工智能、物联网等技术,建设车站"智慧大脑",实现了对客运管理、智能服务、设备监测、环境感知等功能的系统整合;针对工程管理,构建了 BIM + GIS 铁路工程管理平台,攻克了基于 BIM + GIS 的多源数据融合和模型轻量化技术,实现了建设数据自动采集和信息互联,支撑了参建各方协同管理、辅助决策及建设质量的可追溯闭环管理,全面提升了数字化建设管理水平。关键装备领域,成功研制智能型复兴号动车组,全面提升自我感知、健康管理、故障诊断和安全决策能力,突破高铁 ATO 关键技术,在世界上首次实现时速 350 km 自动驾驶;研发应用无人值守的智能变电所管理系统,实现了数字化网络架构、信息共享、主动运维,显著提高了牵引供电运用维护效率。运营维护领域,研发了基于 BIM 的综合运维管理系统,实现了基础设施设备资产数据集中统一管理、生产调度一体化管理和一体化运维;为支撑中国高铁各专业系统高效稳定运行,建设了符合国家 A 级数据中心标准的武清主数据中心,搭建了包含数据服务、交易服务、北斗、GIS 等公共服务的一体化集成平台,实现信息资源集约利用、按需分配,为全面开展铁路大数据应用、智能铁路建设提供了强大数据支撑。

在中国高铁技术自主创新过程中,始终以服务国家重大战略、服务最广大人民群众、紧追世界铁路技术前沿为目标，努力实现高水平科技自立自强，不断在构建现代化铁路科技创新体系上取得新进展，推动高铁技术高质量发展取得新成效、实现新突破。

第三节 坚持用户牵引

用户是高铁技术自主创新成果的直接应用者，代表市场需求和导向，引导着产业的创新方向。国铁集团作为高铁建设和运营的责任主体，既是高铁技术创新的组织者，又是创新成果最大用户；作为最贴近市场、直接面向乘客的高铁服务提供方，也是最了解高铁技术创新需求的市场主体。在高铁技术自主创新过程中，铁路在创新链中的核心环节定位，决定了国铁集团需要充分发挥用户牵引作用，与此同时，国铁集团在创新实际中也始终紧扣高铁发展的实际需求，做到了从顶层设计到科研立项、科技攻关、成果评价、运用考核，再到大规模推广应用，全过程牵头引领高铁技术创新工作，统筹利用国内国外两个市场两种资源，通过统筹安排、系统推进，有效打通了高铁技术创新与产业化应用的“最先一公里”和“最后一公里”，稳步推动创新成果转化运用。

一、铁路具有发挥用户牵引的条件

铁路作为大规模、高效、安全的运输工具，具有广阔的客运市场基础；国铁集团作为创新链和产业链的核心环节，是连接上游技术开发商和下游人民群众的桥梁，是最懂需求和最能组织上游的企业，更在推动技术创新中扮演着至关重要的角色，这些均对铁路发挥用户牵引作用提出了需求。

（一）铁路是最贴近市场的服务提供方

铁路作为大网络、大能力的运输通道，是大众化、集约化的交通工具，具有大规模运输能力和覆盖面广的优势，铁路旅客周转量在全社会中的比重持续提高。2012 年—2022 年，铁路客运量占全社会比重由 4.98% 提升到 29.94%，铁路旅客周转量占全社会比重由 29.39% 提升到 50.90%，2024 年春运 15.9 万 km 铁路上平均每天有 1.27 万列旅客列车提供优质的运输服务。高铁更凭借其快捷舒适安全的服务体验成为广大人民群众优先选择的交通方式，拥有广阔的市场规模。国铁集团作为高铁运输产品的主要供应商，与下游作为产品消费者的人民群众之间有着紧密的联系和互动，最直接面向下游、最懂人民群众需求。为了提升客运市场的竞争力、提供更满足消费者需求的客运产品，国铁集团需要深入地了解消费者的需求和反馈，预测市场趋势和变化，及时解决消费者的问题和反馈，在高铁产品开发和技术创新中做出更准确的决策，及时制定调整技术研发目标、产品研发策略、企业发展战略，进而推动客运产品的更新迭代，提高市场占有率、消费者满意度和忠诚度，最终提升市场竞争力。

此外，铁路作为国家重要的基础设施，具有高度的社会性和公益性。这种社会性和公益性使得高铁在技术创新过程中需要更加注重广大人民群众的需求和反馈，通过与用户的紧密联系和互动，为技术创新提供更加精准的导向、更加广阔的市场空间和用户基础，充分发挥铁路大规模的运输能力和覆盖面广的优势，兼顾高度的社会性和公益性，从而促进铁路的可持续发展和整个创新链产业链的顺畅运行，提高自身的运输能力和服务质量，满足人民群众日益增长的出行和货物运输需求，促进地区和国家的经济发展和社会进步。

（二）铁路是最大的技术创新成果用户

作为国家铁路的建设和运营主体，国铁集团负责牵头执行高铁规划、负责高铁建设、经营高铁市场，既是最贴近市场客户的铁路运输服务最大供应商，也是最了解生产一线需求的铁路技术创新成果最大用户。国铁集团作为主导国家安全和国民经济命脉的大型国有企业，拥有雄厚的资金物资实力、强大的技术创新和管理人才队伍、先进的试验场地和设施、体系化的测试验证铁路新产品和技术，具有贯通基础理论研究、应用技术开发、产品设计制造、成果推广应用等环节的能力。由国铁集团作为推动高铁技术自主创新的引领者，可最大程度组织上游各类产品供应商、科研机构开展高铁技术创新工作，保证技术创新的针对性、实用性，有利于推进创新成果转化，实现科研和产业化的全链条发展。

国铁集团与上游企业业务往来频繁，与中国中铁、中国铁建等工程建设单位，中国中车、中国通号等装备制造企业，北京交通大学、西南交通大学、中南大学等高校合作密切，在铁路科技创新联盟中发挥“大链长”作用，可以统筹整合高铁科研、勘察设计、工程施工、装备制造、建设运营管理等各方资源，有条件在一些重大项目研究时集聚全社会科技资源，形成推动高铁创新的组合优势，实现用产学研有机结合，推进协同创新、集成创新。为了实现技术创新与产业化应用的有效贯通，需要国铁集团强化在高铁技术创新决策、研发投入、科研组织、成果转化中的主导地位，促进各种创新力量聚焦共同目标协同发力，提升自主创新效能。

二、铁路有效发挥用户牵引的作用

不同于中国其他的产业管理部门，从铁道部到中国铁路总公司再到国铁集团，作为负责高铁运营的主体，既是最了解应用场景的高铁产品需求方和最终经营风险的承担者，又是高铁协同创新的主导者。在高铁自主创新实践中，我国铁路积极响应创新链上下游对用户牵引作用发挥的需求，充分发挥铁路体制机制优势，始终紧扣高铁发展的实际需求，统筹安排、系统推进，牵头组织技术创新的顶层设计到科研立项、科技攻关、成果评价、运用考核再到大规模推广投产应用，并在过程中充分利用国内国外两个市场两种资源，有效贯通了高铁技术创新产业链的上下游，进一步推动高铁技术创新形成成果并落地见效，彰显了用户牵引体制的突出优势和强大感召力。

（一）牵头组织一体化技术创新

为了更好组织行业内的重要企业、高校、科研院所共同开展高铁技术攻关，国铁集团深化科研管理改革，定期发布铁路科技创新规划，明确未来 5 年的工作计划，将自主创新工作的主要技术领域分为三个方面，分别是重大技术领域、重点技术领域、基础与前瞻领域，由国铁集团牵头组织开展。其中重大技术领域中将高速铁路技术作为领域之一开展科技攻关，在组织重大技术领域科技创新的基础上，围绕专业技术领域开展重点技术攻关，同时深入开展基础理论研究，超前部署前瞻技术研究，不断提高中国高铁科技持续创新能力。在此基础上，为了对科技发展规划进行进一步落实，国铁集团按年度编制科研计划，并根据具体要点设立重大、重点、专项工程，进一步明确对各类课题招标、经费、验收、成果评价、知识产权等科研过程的管理，以实现关键技术逐个突破。在研发经费投入管理中，共性关键技术以国铁集团投入为主，市场空间较大的产品类项目以国铁集团投入为引导、相关企业自主配套投入，基础理论与前瞻技术由国家铁路及相关单位共同投入，有效激发各创新主体的创新活力。

统筹固定设施与移动装备技术创新。高铁安全性、舒适性各项指标全部由固定和移动设备共同承载，为了实现移动设备和固定设备的轮轨关系、弓网关系等复杂关系相互匹配、相互耦合，近年来在国铁集团的牵头组织下，我国高铁着力攻克高铁基础设施（线、桥、隧、枢纽等）、移动装备（高速动车组）以及连接固定设施与移动装备的列车控制技术，依靠自主研发补齐短板，实现了高铁各系统的协调匹配和整体最优，从整体上提高我国高铁的性能。在CRTSⅢ型板式无砟轨道成套技术的创新过程中，利用了轮轨关系和车线耦合关系的研究成果，使轨道底座、中间层和轨道板三者的刚度匹配，增强其耐久性，并采用凹凸结构限制位移的思路，实现隔离层快速修复。在中国标准动车组自主化创新中，研究论证了轮对踏面与钢轨的匹配，耐寒耐腐蚀等性能与环境匹配，软、硬件全面自主化，并按照部件全方位统型的发展思路成功组织了中国标准动车组与CRTSⅢ型板式无砟轨道系统的综合试验。在列车运行控制技术集成创新过程中，把握了三条原则，即全路高铁网列控系统基于统一标准和完整体系设计确保动车组交路灵活调整、各站直达，各等级列控系统间互联互通平滑实现不同速度等级线路跨线运行，完善的后备体系有效提高列控系统运用韧性及普适性，共同推动中国高铁路网能力效率充分发挥。通过对高铁基础设施和移动装备技术组织实施一体化、系统化科技攻关，我国较快形成了完备的中国高铁技术体系和标准体系，为我国大规模高铁建设和运营提供了可靠的技术支撑。

协同推进科研与试验同步开展。为了更好服务市场需要，国铁集团充分发挥我国高铁建设运营场景丰富、时间积累数据充分的独特优势，围绕高铁轮轨关系、弓网关系、空气动力学、减振降噪等基础理论，充分运用信息新技术、新能源、新材料等前瞻技术，持续深入开展关键领域技术研究，建立一次立项、滚动支持的模式，持续加大对基础前瞻研究支持力度，着力解决高铁发展中面临的重大科学问题和关键共性技术难题，有力支撑了我国高铁技术持续发展。同时为了充分实现科研成果同产品市场的紧密对接，反向校验科技创新成果，开展了大量试验验证，助推科技成果快速转化。以高铁综合试验段为例，国铁集团在武广、京沪、大西、兰新高速铁路专门建设试验段，对高铁列控、动车组、无砟轨道、防风沙工程的技术创新成果开展验证的同时，积累了大量的试验数据，为建立相关数学模型、优化系统结构、编制控制软件、调整设计措施等提供了科学依据，也为科研成果及时转化和推广应用打下了可靠的实证基础。其中，武广高铁联调联试历时161天，进行了17大项、400多子项、4 000多个数据项的反复试验和验证，高速列车累计运行里程超过100万km，检测列车累计开行400余列次、运行超过12万km，很多试验项目都是国外从未做过的。通过实施科研、试验的一体化创新，使大量首台首套产品及时得到验证考核和优化完善，形成了科技成果转化快、效果好的良好局面，为保障我国高铁技术创新的安全、有序、高效开展发挥了极为重要的作用。

系统构建高速铁路建设、运营、产品标准体系。针对高铁建设、运营维护、产品设计制造三大标准体系的不同属性，我国高铁标准构建以科研引领、兼容并蓄、系统完整、先进可靠为原则，既分系统组织研究和制定，又按一体化原则统筹推进，由国铁集团作为高铁技术标准的实际应用方、归口方来主导,设计、施工、装备制造、运输企业为主体,有关科研机构、高校参加,在遵循上级标准的基础上,积极组织编制更新符合中国高铁技术发展实情、满足高铁多专业间的协同性、经济型的高铁技术标准。从20世纪90年代初开始高速铁路建设前期研究工作后,我国铁路便同步开展了相关技术标准的编制工作,在2009年整合形成了《高速铁路设计规范(试行)》之后,铁道部组织各方面力量,进一步对高铁成套技术中的关键技术和薄弱环节集中开展科研攻关,全面系统总结京津、京沪、京广、哈大、郑西等不同类型、不同技术特点的高铁建设运营实践经验,为完善《高速铁路设计规范》奠定了重要基础。2013年铁路政企分开改革后,新组建的国家铁路局成立了国家铁路局技术委员会,牵头承担组织拟订铁路技术标准、完善技术标准体系的职责,全面梳理高速铁路标准体系建设中各方面提出的意见建议,会同中国铁路总公司多次组织专家研究论证,充分吸纳国内科研成果、国外先进设计理念及相关国际咨询成果,制定发布了新版《高速铁路设计规范》,涵盖时速250~350 km不同速度等级、不同速度列车共线运行、不同地区自然环境、不同地质水文条件的高速铁路技术标准,明确了确保高铁安全、舒适的各种设计措施,不仅在国内适用,且已被翻译成英文出版发行,为国外一些高铁设计所采用,为中国高速铁路的发展以及"走出去"提供了系统的规范标准支撑。结合大量高铁的建设与运营实践,我国已经形成了包含工务工程、高速动车、列车控制、牵引供电、运营管理、风险防控等领域的高铁技术体系,在此基础上,系统构建完善了高铁的产品技术标准、工程建设标准、运营维修技术规章体系,并逐步向谱系化、一体化方向完善发展。

(二)充分运用国外技术资源

高铁技术自主创新过程中,在党中央、国务院的领导下,我国铁路秉承国际视野、开放协同的理念,充分利用国外技术资源以及国内市场需求和资源条件,最优化配置利用各类创新资源要素,促进高铁技术高质量发展。

在我国高铁技术发展前期,我国铁路充分发挥后发优势,根据"引进先进技术,联合设计生产,打造中国品牌"的基本方针,瞄准世界最先进、最成熟、最有发展前景的技术,成功从国外引进并初步掌握了世界一流的高铁技术,初步构建形成了高铁及相关配套产业技术体系,为加快中国高铁自主创新奠定了坚实的基础。在高速列车技术引进过程中,铁道部采用统一谈判统一采购策略,通过合资合作引进国外先进技术,使我国在较短时间内、以较低成本实现了高铁技术快速发展。其中,针对第一批140列动车组,铁道部通过招标方式积极推进我国企业同国外先进装备制造企业合作,最终由南车四方与日本六家企业结成的联合体、北车长客与法国阿尔斯通、加拿大庞巴迪在中国的合资公司青岛四方庞巴迪铁路运输设备有限公司开展时速 200 km 铁路动车组国内制造。在此过程中，铁道部通过组织国内企业到外方接受培训、观摩学习、参与设计组装，邀请国外企业专家来华指导，促进我国铁路最大程度消化吸收国外先进技术，加快推进了我国高铁技术的国产化进程。

在深入开展高铁技术自主创新过程中，我国铁路在确保核心技术攻关自主可控的基础上，在工装设备、通用件、高性能材料等方面统筹利用国外市场资源。以轮轴为例，高速列车对轮轴的质量要求非常高，尤其是对生产轮轴特种钢的合金成分、温度控制和操作要领有严格的要求，但考虑到轮轴在国际上有成熟先进的产品和稳定的供货商，以及与牵引、控制、制动等关键系统相比在支撑高速动车组安全、快速运行中的相对迫切程度，为集中力量加强重点技术攻关，我国铁路将科技创新资源集中于动车组列车控制系统、制动系统等关键核心技术攻关，高速动车组轮轴则随主机车辆一同引进。2009 年以来，我国铁路开始着手推进动车组轮轴自主化，在国铁集团的牵头带领下，通过对比欧洲国家和日本在动车组轮轴选材与热处理工艺上的技术特点，充分吸收国际上主要轮轴企业（如意大利路奇霓、德国 BVV 等）的产品经验，结合国内制造装备水平及优势，制订了按顺序开展大功率机车车轮、时速 250 km 动车组和时速 350 km 动车组轮轴自主创新“三步走”战略，持续开展自主化轮轴研制工作。经过 10 余年的自主攻关，国内铁路轮轴制造企业的装备水平、管理体系、产品质量及保证能力不断提升，总体技术水平已与国外相当，并形成了自主的产品标准技术体系，部分技术指标（如有害气体、显微组织、硬度均匀性的控制等）优于进口产品。

党的十八大以来，为加快突破高铁技术关键环节“卡脖子”瓶颈，保障核心技术、装备、系统的研制生产自主掌握，我国铁路积极推进开放式创新，通过加强和其他企业、其他科研机构、专家学者之间的合作，推进与国际创新机构、跨国公司的合作，扩大国际科技交流合作的广度和深度，推进全球创新资源配置，形成具有全球竞争力的开放创新生态，共同打造更具竞争力的创新产品，持续提升高铁技术创新水平。

（三）高效利用国内市场资源

在利用国外技术资源的同时，我国铁路基于高铁技术发展形势和需求，充分利用国内外市场和各类创新资源，加强技术消化吸收再创新，推动技术合作和成果转化应用。与此同时，高铁技术创新企业积极争取国家政策支持，建设完善铁路行业国家级创新平台体系，充分利用创新平台等国家战略科技力量的人才资源、科技资源等，推动实现高铁技术持续创新发展。

我国充分利用国内市场、技术、产业资源，积极建设国内现代化高铁装备研发生产基地，并利用国内试验平台资源实现科技成果的验证及快速应用，为高铁技术的消化吸收并实现自主掌握奠定基础。2004 年—2007 年，经过三年左右的技术引进消化吸收与国内资源的广泛集聚和配置运用，我国逐渐形成了研制 200 km/h 列车的技术实力，并具备了试验速度 250 km/h 列车的系统集成能力，CRH1 型动车组、CRH2 型动车组、CRH3 型动车组、CRH5 型动车组生产制造成功，永济电机厂、株洲所和铁科院等企业，也吸收了先进的牵引电机、牵引和辅助变流器、牵引控制系统等关键技术，形成了我国铁路新的机车车辆制造产业群。至此，我国已掌握了世界先进成熟的铁路机车车辆制造技术，实现了时速 200 km 动车组的生产制造国产化率超过 75%，并生产了时速 350 km 及以上的 CRH380 系列和谐号动车组，标志着中国高速列车技术迈上了新台阶。

党的十八大以来，我国提出构建以国内大循环为主体、国内国际双循环相互促进的新发展格局。我国高铁技术经过几十年的持续快速发展，逐步在市场需求、产业体系、人力资源、软硬基础设施等方面形成了超大规模市场优势，为培育完整高铁内需体系奠定了基础。在国铁集团的统一组织下，铁路企业充分依托国内大市场，加快推进实现设备、材料、成品半成品研发运用，促进发展更高水平的国内大循环。以 CRTSⅢ型轨道板为例，中国铁路上海局集团有限公司发挥市场优势，主动联合 CRTSⅢ型轨道板主研发单位铁科院、具有在郑徐和京沈高铁项目中生产供应 CRTSⅢ型轨道板经验的天津银龙轨道公司以及专业生产混凝土轨枕和高铁双块式轨枕的浙江光明铁道集团等多家路内外企业成立上铁芜湖轨道板有限公司，共同进行轨道板的研发，在安徽芜湖建成全国最大高铁 CRTSⅢ型轨道板生产基地，并成功于 2016 年 7 月实现第一块 CRTSⅢ型先张法预应力轨道板的生产。同时，我国铁路围绕“一带一路”倡议，扎实推进中老铁路、雅万高铁、匈塞铁路等中外铁路合作项目，通过互利共赢的国际合作，实现国内国际双循环相互促进。

通过发挥国铁集团科技创新领军企业的用户牵引作用，中国高铁技术自主创新充分连接上游技术开发商创新成果和下游人民群众市场需求，有力贯穿技术创新顶层设计、科研立项攻关、成果评价考核、推广投产应用的全过程，高效利用国内国外两个市场两种资源，推动高铁技术创新在短时间内取得显著成果。

第四节
坚持自立自强

科技自立自强是国家强盛之基，安全之要。"自立"强调自主创新，坚持以我为主，实现关键核心技术和产业链、供应链的自主、安全、可控。"自强"强调提升科技创新的质量，增强科技引领能力和原始创新能力，进而实现更高质量、更高效率的创新。自立是自强的前提，自强是自立的根基，自立自强体现了发展和安全的辩证统一。历史实践反复证明，关键核心技术是要不来、买不来、讨不来的。只有把关键核心技术掌握在自己手中，才能真正掌握竞争和发展主动权，才能从根本上保障国家经济安全、国防安全和其他安全。铁路作为国家战略性、先导性、关键性重大基础设施，国民经济大动脉、重大民生工程和综合交通运输体系骨干，是加快交通强国建设的重要引擎，是推动科技强国建设的关键领域，必须把自立自强作为铁路的战略支撑。数十年来，我国一代代铁路人始终坚持创新发展道路，紧密围绕国内外铁路发展形势和科技创新需求，艰苦奋斗、自力更生，逐步构建了中国人自己的铁路技术装备与标准体系。高铁发展初期，大胆探索，积极攻关，积累了高铁工程建造、装备制造与运营管理等方面丰富实践经验，把握住了高铁发展的战略主动。全面自主提升时期，坚持以国情路情为基础，把自主创新作为一切之根本，深化科技管理改革，坚持不懈加强基础理论研究，着力提升铁路基础创新能力，坚持系统观念，持续推进高铁关键技术领域自主攻关，形成了从高铁基础理论、技术应用到成果推广乃至技术标准体系的完整创新链条，牢牢地将创新主导权、发展主动权掌握在自己手中，不断巩固和提升中国高铁的世界并跑领跑地位。

一、坚持锚定目标，牢牢把握自立自强战略主动

（一）自力更生夯实基础

我国铁路在技术装备发展历程中，始终坚持把发展建立在锚定目标的基础上，通过艰苦奋斗不断实现技术创新突破。

从 20 世纪 60 年代起，我国开始试制电力机车，就在一切都准备妥当的时候，却遭受

了外国专家撤离和技术参考资料缺失的打击。面对严酷的现实,我国老一辈铁路科技工作者没有选择退缩,而是不畏艰难,在寒冬中摸索前行,日复一日的研究、试验、矫正等,每天重复着单调的步骤,不知疲惫,不分日夜。八年后中国人自己研制的电力机车终于定型,正式命名为“韶山 1 型”,开启了中国电力机车的新时代。

此后,我国铁路进一步完善国产机型,陆续推出东风系列内燃机车和韶山系列电力机车,为建立我国独立的机车车辆工业体系打下了坚实基础。同一时期,老一辈铁路建设者以艰苦创业的勇气和追赶世界先进铁路牵引动力技术的豪情,矢志不渝地坚持走自己的路,克服重重困难,自主建成第一条干线电气化铁路——宝成铁路,不仅结束了“蜀道难,难于上青天”的历史,更是掀开了中国电气化铁路宏伟篇章的序幕。此外,我国铁路自己设计、自己建造、自己安装了中国自己的铁路信号系统,并逐步建立了完备的信号制度与制式标准。正是老一辈铁路人自力更生、艰苦卓绝的探索,才逐步形成了中国自己的铁路技术装备与标准体系。

我国高铁发展初期,我国老一辈铁路人依托既有线提速改造和客运专线建设实践,围绕高铁设计建造、关键装备、运营管理等基础理论研究和关键技术坚持自主攻关,在设计、施工、动车组等诸多领域积累了丰富实践经验,为后续我国在高铁发展中掌握主动创造了有利条件,奠定了坚实基础。

（二）敢于担当持续开拓

党的十八大以来,面对由国外技术引进的大量问题,我国铁路在自立自强的使命驱动下,继续发扬敢于担当的精神,又一次投入到自主创新的大会战中,在较短的时间内连续突破了高速动车组、自主化列控系统、CRTSⅢ型板式无砟轨道、高铁运输组织与调度技术等一批关键技术及装备,目前中国高铁部分技术已经引领世界。

例如,高速动车组技术引进后,我国铁路面临一些关键核心技术仍由外方总负责,运营速度调整、重大安全隐患消除等重要环节大量依赖外方人员和技术的严峻形势。从 2012 年开始,我国铁路以中国标准为主导,按照正向设计思路,以自主化、简统化、互联互通、技术先进为目标,通过自主创新,完善中国高速列车技术标准体系,研制具有完全自主知识产权的中国标准动车组。2014 年起,我国铁路组织开展列控系统自主化工作,聚集国内优势科研团队,开展分别适用于车载和地面设备的安全计算机平台自主研发和技术攻关,经过几年技术攻关,成功研制了满足时速 200 ~ 250 km、时速 300 ~ 350 km 的自主化列控系统,实现了关键系统源代码自主编制,构建了完整的标准体系。

为了推动中国铁路“走出去”,我国铁路在总结各型无砟轨道技术特点基础上,全力推进 CRTSⅢ型板式无砟轨道系统自主研制工作,系统开展设计理论、结构设计、工程材料、制造和施工技术研究，形成了具有自主知识产权的高速铁路CRTSⅢ型板式无砟轨道技术体系。

此外，我国铁路积极参与对外开放合作，以中国标准为主，持续提升铁路技术标准的先进性、适用性和经济性，更加深入参与铁路国际交流合作，加快推动铁路标准国际化。依托UIC、ISO、IEC等国际标准化平台，积极主持和参加国际标准制修订。积极拓展与国际铁路组织、有关铁路部门及企业的合作，加强在规划研究、技术咨询、工程设计、建设管理、人才培训、标准和计量互认等领域的交流，全面参与并承担一批重要国际标准制定修订项目，不断提升中国铁路的国际影响力。

二、突出强基导向，不断夯实自主创新能力根基

创新基础能力是一个国家综合科技实力的重要体现，是实现高水平科技自立自强的战略支撑，在技术创新发展中具有十分重要的基础性作用。我国铁路坚持技术创新与管理创新“双轮驱动”，围绕高铁重点技术领域长期开展基础理论研究与试验，不断强化高铁技术创新源头供给，深入推动科技体制机制改革，构建符合科技创新发展规律的科技管理方式，加强科技创新平台建设和高铁科技人才选拔培养，显著提升了高铁技术创新基础能力，为我国高铁科技能力建设奠定了坚实基础。

（一）深化科技管理创新

科技创新是一项系统工程，管理制度支撑是基础，是营造有利于科技创新良好环境的关键一环。我国高铁以完善优化科技创新管理体制机制为着力点和切入口，瞄准世界一流的创新生态，推动提升铁路科技创新整体效能。一是突出国铁集团科技创新顶层设计和总体布局的总部优势，充分发挥其在创新决策、研发投入、科研组织、成果转化中的主导作用，由国铁集团统一组织推进关键领域重大科技攻关，统筹协调所属单位开展研发合作；强化各铁路局集团公司创新需求源头和创新成果运用主体地位，不断提升其科技研发、成果共享和转化应用水平。二是充分发挥我国集中力量办大事的制度优势和国铁集团在铁路科技创新中的主导作用，统筹各方科技资源，加强战略合作，构建形成以企业为主体、科研院所和高校广泛参与，用产学研紧密结合、协同创新的铁路科技创新体系。三是深化铁路科技型企业收入分配制度改革，优化和规范铁路科研项目和经费管理，建立科技创新和成果转化、科技创新投入等工作机制，有效激发了铁路行业科技创新活力。

（二）加强创新平台建设

科技创新平台具有汇聚创新资源、推动技术协同创新、加快科技成果转化、促进产业

升级等多重功能，是推进用产学研深度融合的主要载体，能够为我国高铁抢占科技制高点、在激烈的国际竞争中脱颖而出提供关键支撑和发展动能。长期以来，我国铁路围绕国家和行业科技发展需求，依托行业企业、科研机构、高校等各专业实验资源，积极推进高铁技术创新平台布局、建设和运行，在高铁基础理论、前沿技术、工程应用研究等方面取得大批高质量成果，全面提升了高铁技术创新能力。如推进国家铁道试验中心建设，打造一条满足车、机、工、电、辆铁路全专业设备验证需要的试验段，全面提升我国铁路工程试验水平。持续加强铁路领域全国重点实验室、国家工程研究中心等创新平台建设，坚持制度保障、项目牵引、人才支撑，不断完善治理体系，强化规范管理，促进平台持续健康发展。充分利用新线开通前的试验条件，开展新技术新产品试验试用考核。整合全路各类试验平台资源，推动实验设备开放共享，完善铁路科技成果信息共享平台。

（三）注重人才培养

我国高铁始终牢固树立“人才是第一资源”理念，遵循人才成长规律，科学设计各类科技人才培养模式、成长路径，在高铁规划设计、建设施工、装备制造、运营管理等领域，培养造就了一大批具有先进理念、掌握高新技术、富有创新精神的科技创新人才。在高铁探索发展时期，积极吸收勘察设计、工程建设和装备制造企业的优秀人才，利用“秦沈客专”“先锋号”“中华之星”等项目实践加强科技创新人才培养。同时，在普铁与高铁之间建立了人才转岗流通机制，从全路选拔普铁骨干人才快速充实高铁人才队伍。在高铁快速发展阶段，依托重点科研院所、重大科研项目和建设运营实践，深入实施“百千万人才”工程，加强对科技人才的选拔培养，不断壮大铁路科技人才队伍。完善高层次人才遴选、培养、推荐等制度，积极创造条件，培养具有重要行业影响力的国家级科技领军人才。重视青年科技人才培养，设立青年科研专项，鼓励优秀青年人才承担重点科研项目。优化科技创新奖励制度，健全科技成果转化和激励机制。大力弘扬科学精神和科学家精神，广泛宣传展示重大科技创新成果、科技领军人物，不断激发广大铁路科技工作者的创新激情。

三、把握系统观念，以渐进式创新增强自强底色

高铁作为复杂系统，涵盖工程建造、机车车辆、通信信号、牵引供电、运输组织、运营维护等多个子系统，系统内的因素自成体系、相互关联、互相影响。在高铁技术自主创新的过程中，我国铁路坚持系统思维，结合各专业领域发展需求和面临的问题，自发开展迭代创新，不断推进各子系统实现局部最优，与此同时，基于我国运营场景及市场环境，持

续深化不同子系统之间的协同耦合，促进系统整体效能优化。

（一）聚焦关键重点突破

为适应高铁建设运营安全效率不断提升的需要，我国铁路按照木桶理论，聚焦高铁技术发展短板，强弱项、补空白、提能力，持续推进关键技术产品迭代升级。在已经掌握CTCS-2级列控系统技术情况下，为突破我国高铁自主化列控系统“卡脖子”问题，2014年中国铁路总公司牵头主导，联合行业相关企业、科研机构用8年时间完成了全套完全自主知识产权的CTCS-3级列控系统研发并实现成熟应用。在此基础上，为进一步保持我国铁路技术引领地位，满足铁路实际需求，近年在国铁集团总体安排部署下，国内主要铁路信号企业、高校、设计院等单位对我国自主化列控成套技术装备的系统性继承和创新性发展，联合开展了新型列控系统的技术攻关工作，目前已率先应用于世界首条沙漠环线铁路——和若铁路，成为我国铁路信号领域核心设备从跟跑到并跑、领跑的重要一环。

与此同时，国铁集团类比摩尔定律提出的“半导体芯片上集成的晶体管和电阻数量18个月增加一倍”，按照我国高铁技术每十年左右升级迭代一轮统筹安排、压茬推进技术创新，充分利用迭代创新周期短、不确定程度相对低、创新风险较易控制的优势，保持我国高铁技术创新的持续领先。我国最早于2000年成立国家铁路智能运输系统技术研究中心开始研究智能高铁，自2010年起，我国铁路围绕运输组织改革、服务方式改进、安全技术防护、多元业务发展等开展重大任务，有力提升了铁路信息化水平，为智能化发展奠定坚实基础。2017年，中国铁路总公司提出“精品工程、智能高铁”工作方案，把京张高铁作为我国重要历史节点的重大标志性工程，并在工程化任务中安排了35项智能化任务。2018年，与中国工程院合作开展重大咨询研究项目“智能高铁战略研究（2035）”，系统谋划我国智能高铁发展路径方向。2020年9月国铁集团印发《智能高速铁路体系架构1.0》，成为智能高速铁路建设和运营的指导性文件。在取得成就的同时，新一轮技术研究已提上日程，2021年12月国铁集团发布的《“十四五”铁路科技创新规划》中，明确指出在智能高铁技术体系框架1.0的基础上，开展面向智能铁路2.0的相关技术研究。

（二）统筹协调全局优化

局部最优不等于全局最优，我国高铁技术自主创新过程中，始终以实现科技自立自强、技术引领超越为目标，统筹协调所有子系统的发展，适时动态调整技术发展的方向和重点，合理调配研究资源，实现了技术体系化发展。高铁发展前期，根据各专业领域的技术发展实际情况，明确动车组和列控系统以引进消化吸收再创新为主，线桥隧等线下工程、运营维护以原始创新为主，技术标准、工程设计方案以集成创新为主，初步形成高速铁路技术体系。

党的十八大以来，我国铁路推进各领域全面自主化、简统化，推出中国标准动车组，在高铁路基、轨道、长大桥梁、长大隧道、大型客站和系统集成等方面攻克了大量世界性技术难题，掌握了不同气候及地质条件下的建造成套技术，建立高铁建设标准化管理模式和动态施工组织方法，兼顾客货运合理安排超大城市的运输分工，全面掌握复杂路网条件下高铁运营管理成套技术，丰富完善高铁技术体系和国际标准，形成了从高铁基础理论、技术应用到成果推广乃至技术标准体系的完整创新链条，把高铁技术发展推到了一个新的高度。

中国高铁技术创新坚持高水平科技自立自强，通过聚焦关键核心技术，从源头和基础解决高铁技术问题，持续夯实铁路技术自主创新能力，全力推进重大科技攻关，实现全产业链关键重点突破、全局统筹优化，最终不断巩固扩大我国高铁技术领跑优势，抢占世界高铁技术发展的制高点。

第五节　坚持双链融合

习近平总书记多次强调“要围绕产业链部署创新链、围绕创新链布局产业链”，党的二十大报告进一步提出“推动创新链产业链资金链人才链深度融合”。技术创新是推动生产力发展的根本力量，加强技术创新与生产过程的融合，对于提高产业竞争力和推进产业结构升级意义重大。高速铁路作为多专业、多系统集成的典型代表，涉及建筑、钢铁、仪器设备制造、新材料制造、新能源、电子信息等诸多产业领域。高铁技术创新过程中，准确把握产业链上下游技术特点，围绕产业链部署创新链、围绕创新链布局产业链，有效打通了技术研发到产业转化的“中梗阻”，并有力带动了高铁自身及上下游相关产业升级，在大幅度提高高铁发展质量效率的同时，对经济社会发展产生了显著的外部效应。

一、协同布局创新链与产业链

创新链是从基础研究到产品商品化的全过程，产业链是产品产业化过程中提供生产或服务的全过程。我国高铁技术创新过程中,不断完善从需求提出到试验验证再到成果应用的全过程,瞄准产业链需求,科学布局研发方向,设定技术路线,面向创新成果产业化需求,不断强化核心技术突破和试验验证,提高创新成果的适用性、可靠性,推动更多安全先进的创新成果转化为现实生产力,实现创新链与产业链协同布局、共同发展。

围绕创新链布局产业链,打通科技与经济紧密结合的关键环节,突出应用导向,构建完善从创新链到产业链的"基础研究 + 技术攻关 + 成果产业化"转化接力机制,发挥我国铁路应用场景丰富的优势,加快推动创新成果转移转化。在国铁集团的牵头引导下,我国高铁技术创新形成了从基础理论研究、应用技术研发,到静态试验、动态试验、综合试验,再到上道应用的流程机制,将基础研究到产业化的各个创新环节连接起来,为技术成果的产业化应用奠定了坚实基础。同时加强与相关铁路企业在产业化应用领域的合作,把更多面向铁路建设和运营主战场的铁路科研成果推向市场、转化应用,进一步释放铁路技术创新的红利。例如,基于列车与桥梁相互作用的系统研究,在大跨度钢桥设计参数、疲劳性能、材料应用等方面收获丰硕成果,揭示了路基基床结构的动力响应规律和载荷传递特征,形成了动力分析与累积效应理论,从而有效控制基床的动态应变,促进了路基、桥梁、动车组设计水平的跃升,大幅提升了相关产品的质量和性能。

围绕产业链部署创新链,针对产业链的痛点、卡点、堵点,加强原创性、引领性科技攻关,特别是聚焦基础理论、关键共性技术、关键核心技术等领域,强化自主创新,推动实现产业链供应链自主可控,形成对产业链发展的有效支撑。以高铁制动系统为例,为解决高铁制动系统的核心部件闸片依赖国外进口的问题,研究团队围绕高铁制动系统核心材料和部件设计以及工业化制备技术开展自主攻关,建立了具有完全自主知识产权的高铁闸片新理论、新工艺,实现了新型材料摩擦磨损、力学和热学性能的协同调控,攻克了摩擦系数不稳定、热衰退和严寒冰雪金属镶嵌异常磨损等难题,成功实现了量产应用,相关产品已应用于我国复兴号动车组所有车型以及和谐号动车组 CRH1、CRH380、CRH5 等车型,使我国彻底摆脱了对国外产品的依赖。

二、牵引带动高铁全产业技术升级

我国气候条件及地质状况复杂多样,决定了高铁技术无论是在轨道制式、线路条件还是自然环境上,都无法原封不动地照搬国外现成技术。国铁集团作为创新成果用户,不断提出新的技术需求,引导高铁全产业相关企业积极响应,持续在高铁建设、运营、装备等领域攻关,最终实现了全产业链的整体升级,促进我国高铁技术不断迈上新台阶。

工程建设方面，我国从21世纪初开始系统组织无砟轨道技术创新，2001年在秦沈客运专线建设中，铁道部集中全路科技优势力量组织对无砟轨道进行攻关，共铺设了长约1 900 m的无砟轨道；2004年—2011年，通过京津城际等工程，突破了信号轨道电路适应性、大跨桥上变形控制等技术难题，掌握了无砟轨道大规模应用设计、制造、施工、精调成套技术；在国铁集团的牵头主导下，“高速铁路CRTSⅢ型板式无砟轨道系统技术及应用”项目历经十余年技术攻关，通过用产学研协同创新，攻克了复杂环境条件下多层结构体系协同工作、稳定可靠、高精高效建造三大技术难题，形成了具有自主知识产权的高速铁路CRTSⅢ型板式无砟轨道系统成套技术，实现了无砟轨道技术由CRTSⅠ、CRTSⅡ向CRTSⅢ的跨越，2013年6月CRTSⅢ型板式无砟轨道在盘锦—营口客运专线规模化采用，最高试验速度397 km/h，运营速度300 km/h。经过多年的研发、试验和工程实践，中国高铁围绕研究、设计、制造、应用等各个环节，在工程施工装备方面逐步形成了全天候、全地域环境的工程建造技术体系，实现了高铁路基、桥梁、隧道、轨道、客站等建造能力的全面突破，建造实力位于世界前列。隧道建设采用钻爆法成套装备，与人工开挖相比整体施工效率至少提升30%，研制的TBM掘进机基本实现应用领域全覆盖，广泛应用于各种复杂地质下的隧道建设，已成功应用于国内外多个地区、多种地质的铁路隧道建设，国产盾构机占全球市场份额近七成；桥梁建设研制的架桥机、运梁车等装备可架设32 m、24 m双线整孔箱梁，适应架设的最小曲线半径为1 500 m，适应架设的最大纵坡为20‰；机械化铺轨采用新一代长钢轨铺轨机组，机组在已施工完毕的路基上采用“连单枕法”铺设中国标准的CRTSⅢ型轨枕60 kg/m长轨，可一次铺设500 m长钢轨，整体技术达到世界先进水平。

高速列车方面，在引进国外时速200～300 km动车组技术基础上进行消化吸收再创新，系统有序地发展中国高速铁路装备，2007年1月生产制造的时速250 km和谐号动车组投入运用，同年4月中国铁路实施第六次大提速，和谐号动车组批量上线运营；2008年—2009年，重点对车体结构、转向架、牵引系统、制动系统、环境控制、系统集成等制约速度提升的关键技术进行了系统研究，实现了技术突破，在引进技术基础上生产制造的时速300～350 km动车组在京津城际、武广高铁投入运营；2012年起，在时速350 km和谐号系列动车组技术平台基础上，深化自主创新力度，首次以中国标准为主导，按照正向设计思路，以自主化、简统化、互联互通、技术先进为目标，开展中国标准动车组的设计研制工作。经过研发人员5年多的技术攻关，最终全面突破牵引、制动网络、车体、转向架等核心系统和车轮、车轴等关键技术。同时，相关主机厂同步强化高速列车的生产制造技术，交叉运用平焊、立焊、下坡焊等多种操作技法完成了焊缝射线检测100%合格的目标，保障车体及部件气密性；掌握油漆属性及调配、定向调整喷枪及喷涂方法、控制喷涂工序，实现喷漆涂装至少10年不褪色、不剥落；通过视觉试验测试客室环境内光源设置、部件颜色搭配、材料选材，保证旅客乘坐过程中不产生视觉疲劳；经过空调通风配套试验，保证客室环境温湿度适宜、通风良好；开展声音吸收试验，选出消声效果最好的材料和结构，在整车上不同声源的位置用不同手段做吸声，形成了高速列车设计研制生产的全产业链。2015年6月具有完全自主知识产权的时速350 km复兴号中国标准动车组成功下线。

随着高铁关键领域核心技术不断取得新的突破，相关产业在技术水平、产品代际方面不断实现整体跃升，为我国高铁产业技术升级、加快迈进国际产业链高端奠定了坚实基础。复兴号高速动车组作为现代高新技术的集成，零部件数量达50万个以上，独立的技术系统超过260个，设计生产动车组零部件的核心企业达到上千家，覆盖20多个省区市，高铁装备制造业已成为我国具备全产业链国际竞争优势的战略性新兴产业。随着高铁技术的快速发展，企业创新能力、产业效益得到很好锻炼提升，作为铁路主要装备制造企业的中国中车，以及以铁路工程承包为主营业务的中国中铁、中国铁建等施工企业，均进入世界企业500强排行榜。

三、统筹推进高铁相关产业技术升级

高铁大量采用冶金、机械、建筑、橡胶、电力、信息、计算机、精密仪器等高新技术，伴随着高铁的发展，形成了完整的高新技术产业链供应链。根据国家统计局的有关数据，新建铁路每亿元的投资，消耗大量钢材、水泥等材料，据核算，高铁每1亿元的投资，对冶金、建筑、制造等上下游关联产业拉动产值在10亿元以上。

高铁技术对于质量、安全、经济性等方面的严苛要求，倒逼原材料生产业（如钢铁业）、装备制造业（如零部件制造业）等传统行业向技术密集型和资本密集型产业转型，促进产业链上的各主体不断强化技术攻关，通过调整优化产业内部产品结构、要素投入结构、技术结构、组织结构甚至产业链结构，加快开发新材料、新技术、新工艺，推动管理创新和协同发展，带动相关产业由价值链低端向中高端发展。

以制造业为例，高速铁路在前期建设过程中需投入大量建筑原材料，涉及机械业、采掘业、钢铁业、材料业，高铁建成运营阶段，广泛涉及机车零部件制造业、运输设备加工业、通信信号制造业、控制系统检测业等众多产业供给，为相关制造业带来巨大的市场。伴随着高铁对设施设备高端化、精密化要求的不断提升，整个高铁上下游产业链的专业化水平得到大幅度提高，有力促进了相关产业的转型升级。例如，高速铁路轨道用钢需求的增长，促进钢铁行业加强对高性能钢产品的技术开发与应用；高速列车主承力结构对于新型高强、高韧、耐蚀铝合金材料及大尺寸高强度抗压制品的迫切需要，促进有色金属行业加强对新材料的研发制造；高速铁路对智能化通信及信号设备以及电力供应设备的需求，促进通信、电力及机械制造行业对数字化智能化装备的研发和应用。

通过积极推动高铁创新链产业链深度融合，中国高铁技术充分依托我国高铁巨大市场和丰富应用场景，深化重点领域关键技术创新和产业化应用，加快高铁技术创新成果转化应用，推动高铁产业体系自主可控和安全可靠，并推动形成以高铁为核心的相关行业自主创新应用生态体系和全产业链体系。

第六节 坚持责任驱动

铁路在服务和支撑中国式现代化建设中肩负着重要使命和重大责任，确保铁路安全直接关系人民生命安全和健康，是铁路工作的政治红线和职业底线。我国作为高铁里程最长、运输密度最高、成网运营场景最复杂的国家，运营安全压力世界罕见。在这样的情况下，我国铁路始终坚持将技术创新摆在发展的重要位置，以科技创新自立自强为己任，系统推进高铁的技术创新。在此过程中，中国高铁发展的决策者、管理者和无数科研工作者始终坚持为民初心、担当决心和坚强责任心，把安全、高效作为最基本的要求，秉持赶超一流、奋力自强的使命担当，以“敢为天下先”的魄力守正创新、先行先试，以包容开放的胸怀营造良好的创新环境，克服重重苦难，勇攀科技高峰，牢牢地将创新的主导权、发展的主动权掌握在自己手中，为国家经济、人民生活、社会发展提供“中国速度”、贡献“高铁力量”。

一、守正创新

党的二十大报告提出“必须坚持守正创新。我们从事的是前无古人的伟大事业，守正才能不迷失方向、不犯颠覆性错误，创新才能把握时代、引领时代”。守正，就是要始终坚守中国特色社会主义制度的优势，坚守中国特色自主创新的道路，坚守人民铁路为人民的宗旨，把准高铁技术自主创新的正确方向；创新，就是要顺应时代要求，瞄准世界铁路强国目标,坚持面向世界铁路科技前沿、面向铁路建设和运输主战场、面向铁路高质量发展重大需求,研究提出持续深化高铁技术自主创新的思路和举措,为推动铁路率先实现现代化提供坚实有力的科技支撑。

(一)稳步开展技术创新

在我国高铁技术的自主创新过程中,铁路部门始终坚持全国“一张网”、全路“一盘棋”,坚持发展规划标准统一,实行全国铁路“一张网”和运输集中统一指挥,以国家总体利益为出发点进行谋篇布局,保证了规划建设运营与国家重大战略相贯通、安全质量和效率效益相匹配、技术创新用产学研有机结合,紧密把握铁路系统设备联通、系统联动、作业联劳、管理连贯的显著特点,有力推动了我国高铁技术自主创新沿着高质量发展轨道稳步前行。铁路部门时刻谨记行业领军企业的职责使命,坚守确保高铁和旅客列车安全万无一失的政治红线和职业底线,从未放松对技术创新的要求,走过高铁技术引进消化吸收时期后,以强烈的使命感、紧迫感加快推进再创新及自主创新。

在高速动车组方面,以 2008 年从国外引进的列车技术平台为基础,成功研制生产 CRH380 国产化高速列车后,铁路部门清醒地意识到消化吸收再创新不可能一蹴而就,关键核心技术是买不来的,2012 年起在国铁集团牵头下,联合国内产、学、研多家单位组成研发创新团队,拉动全产业链几千家核心配套企业共同参与,开始了中国标准动车组的研发之路。2015 年 6 月,两列中国标准动车组成功完成组装、调试并下线,随后开展试验验证工作,2017 年成功在京沪高铁达到时速 350 km 商业运营,为世界高速铁路商业运营树立新标杆。进入新时代,习近平总书记对我国高铁发展寄予厚望,明确指示“争取在‘十四五’期间有更大发展”,国家“十四五”规划也将 CR450 高速度等级中国标准动车组研发应用确定为 102 项重大项目之一。为了进一步保持我国在高铁速度领域的领先优势,2021 年国铁集团启动时速 400 km CR450 高速动车组研制。

(二)持续优化安全管理

与此同时,我国铁路统筹发展和安全,聚焦高铁本体本质运营安全,在借鉴国外有益做法的同时,紧密结合我国国情路情,守正创新。随着我国高速动车组造修质量的持续提升,从 2009 年开始,我国铁路着手对动车组修程修制进行优化,将部分动车组高级修周期间隔由 45 万 km 延长至 60 万 km。2019 年,经过近十年的总结探索,国铁集团组织国内动车组制造企业、科研院所等相关方面,对动车组修程修制改革作了进一步深化,例如时速 300 ~ 350 km 动车组一级修周期由 4 400 km 延长至 7 700 km,最高达 8 000 km,大幅减少维修作业量,显著提升了维修效率。此外,也开展了其他和谐号高级修周期间隔由120 万 km 延长至 145 万 km、复兴号由 120 万 km 延长至 165 万 km 的试验验证。

二、先行先试

在高铁技术自主创新的过程中，我国铁路围绕技术创新重点方向，科学配置科研资源、组织科研团队深入开展攻关，在没有模式可循、经验可学的前提下，从基础理论研究入手，凭借勇气和智慧大胆探索创新，同时充分利用丰富的高铁建设运营资源开展试验验证，以先行先试的政策、先人一步的胆识，探索出一条全新的技术发展道路。

（一）先行探索技术盲区

我国以巨大的勇气和魄力积极把握技术创新发展机遇，在新技术新装备落地应用上大胆先行、勇于探索“无人区”，创造多个领域的“率先”和“第一”。我国京沪高铁实现世界时速 350 km 商业运行、建成世界首座高速铁路悬索桥五峰山长江大桥、开通运营世界上第一条按照智能化理念进行设计的京张高速铁路等，在当时均无可供借鉴参考的经验，科研工作者不畏难、敢争先，实现了一次又一次零的突破。在京沪高铁建设过程中，当时无论是高速动车组研制、列车控制系统还是运营管理模式，起初都无现成经验可以依循，国铁集团通过组织相关科研力量进行科技攻关与自主创新，在京沪高铁安全运营维护方面敢为人先，将京沪高铁作为我国高铁运维体制创新、技术创新的“探路者”，在此之后充分发挥京沪高铁标准示范线的示范引领作用，总结推广京沪高铁的先进经验，针对技术装备、管理方式、生产和劳动组织等方面的新变化，加强标准定额管理，科学立标、务实贯标、从严对标，确保标准化管理适应铁路高质量发展需要，带动全国高铁高质量发展。

中国铁路贯彻国家重大战略部署，以筑牢领跑优势为目标的 CR450 科技创新工程深入推进，重点研究时速 400 km 及以上速度条件下，高铁轮轨关系、弓网关系、空气动力学、减振降噪、能耗控制，以及高铁桥梁、轨道等固定设施静动力学响应机理和适应性提升方法，研制新一代更高速度、更加安全、更加环保、更加节能、更加智能、系统更优的复兴号动车组，并系统推进时速 400 km 高速铁路设计建造运营成套技术研究。2022 年 4 月以来，利用 CR400 复兴号高速综合检测列车在济郑高铁、郑渝高铁开展了 CR450 动车组研制技术条件参数试验，实现单列时速 435 km、相对交会时速 870 km 的明线交会和单列时速 403 km、相对交会时速 806 km 的隧道交会。2023 年 6 月，利用 CR400 复兴号高速综合检测列车在福厦高铁开展了 CR450 动车组新技术部件换装科学研究试验，在海尾隧道以单列时速 420 km、相对交会时速 840 km 进行了隧道内高速试验，在湄洲湾跨海大桥以单列时速

453 km、相对交会时速 891 km 运行，对新技术部件进行了有效的性能验证，标志着 CR450 动车组研制工作取得阶段性成果，为 CR450 科技创新工程的深入实施打下坚实基础。

（二）充分开展试验试点

从技术管理流程和制度出发，不断构建完善从项目决策、成果评价，到试验验证、上道试用，再到大规模推广应用的管理闭环，确保高铁投用的新技术新装备性能稳定、质量可靠，推动一大批先进的高铁技术创新成果产业化。

我国充分利用试验验证场景，将重要典型线路作为试验验证场景，特别是利用新建线路开通运营前的“窗口期”，组织开展新技术、新装备的试验验证，为正式上线应用提供科学保证。复兴号动车组从启动研发到最终定型，整整五年时间，历经 503 项仿真计算、5 278 项地面试验、2 362 项线路试验。近年，国铁集团组织开展大西客专高速综合试验，围绕中国标准高速动车组、工务工程、自然灾害及异物侵线监测、通信信号、牵引供电等领域共开展 9 大类、62 项具体试验内容，中国标准动车组于 2015 年 10 月至 2016 年 5 月累计试验运行 23 万 km。大西客专高速综合试验对我国高铁技术自主化产品进行了全方位验证，对各系统可靠性及运用接口进行了充分验证，积累了大量数据，为批量产品的优化方案提供数据支撑，为后续的自主化产品大规模推广应用奠定了坚实基础。

安全管理方面，我国铁路运行之初由于干线十分繁忙，在编制列车运行图时，往往没有预留线路维修时间，只能利用紧张的列车间隔进行有关作业，在这种情况下，大型机械难以上路，只靠手工操作，结果不但维修质量不高，且容易诱发行车事故。为了提高线路维修质量，防止行车事故的发生，铁路部门决定引入“天窗修”，即中断行车条件下对线路进行维修的作业方式，先从运输能力紧张的郑州铁路局和上海铁路局进行试点并取得了成功，2001 年 11 月沪宁线还创造性开展了夜间实施“天窗修”，有力支撑了天窗修制度的建立和这一生产模式的全面推广。

三、审慎包容

技术创新是对未知领域的探索，从来就不是一蹴而就。在我国高铁关键技术装备研发过程中，我国铁路始终秉承包容开放的理念，充分营造良好创新生态，给予科研工作者充分的创新创意空间；同时，铁路行业的决策者、技术管理者、技术专家等全过程深入参与技术研发，特别是在重要的评审、决策节点，对技术方案、技术成果进行全面审核和比选，从用户角度提前发现相关技术隐患、及时纠偏错误方向，为高质量技术创新成果应用落地保驾护航。

（一）坚决守住安全红线

我国铁路建立健全安全管理制度，严把高铁技术创新成果评价和上线应用关，贯通基础理论研究、应用技术开发、产品设计制造、成果推广应用等环节，建立和完善高铁新技术新产品方案评审、试用（试验）评审和技术评审管理模式，从流程上对技术创新的方案制定、技术研发、试验应用层层把关，通过专家评审、仿真模拟、试验验证等方式，确保上线应用的新技术、新产品安全可靠。特别是对于一些重大试验项目，国铁集团作为安全责任主体，从管理方式上不断强化意识、压实责任，通过在重大试验开展前组织试验动员会等方式，凝心聚力，确保科研试验过程中不出现人为因素导致的责任事故。同时，在相关新产品、新技术的运用前，设置考核期、保质期，如基础设施相关产品均要求相关单位提供一年试用保质期、新型动车组上线前需历经 60 万 km 运用考核、动车组重大改进需历经 30 万 km 运用考核等，确保最终上线产品均经受科学的安全实践考验。

（二）适度给予包容空间

在牢牢守住安全红线的同时，我国铁路勇于担当试验性用户，对创新成果给予容错纠错空间，允许装备企业在合理范围内出现故障，使复杂装备能够在反复试验试用过程中不断改进，进而达到商业化应用要求。在高速列车的研发过程中，我国铁路首先依托铁科院根据市场运营需求对高速动车组提出运用、总体要求、基本性能、主要特征参数等方面的技术条件，然后由整车企业和零部件企业依据这些技术条件进行动车组开发。虽然在每一代新车型开发初期，国内企业开发的动车组在试验阶段甚至初期运营阶段会存在一些问题，但我国铁路能够给予装备企业技术改进调整的机会和时间，为各企业的技术探索消除了后顾之忧。此外，我国铁路在安全管理办法中对创新活动给予免责容错空间，针对科研试验中出现的安全责任通过制度规定予以酌情免责，对于科研、建设、运营过程中由于新技术研究应用导致的一些瑕疵和故障，着重于吸取经验教训而不是处置相关人员，营造了良好的创新环境。

进入新时代，我国铁路积极探索建立起以需求为牵引、以能够解决问题为评价标准的技术创新管理机制，对于一些关键的技术创新项目，通过实行“赛马”“揭榜挂帅”方式，推进多条技术攻关路线同时探索，让更多有能力、有担当的团队承担关键核心技术攻关等重点任务，通过阶段性考核、竞争性淘汰，让真正有能力、干得好的主体脱颖而出，提高攻关的质量和效率，激发高铁技术自主创新的新活力。在 2017 年启动的高速铁路 ATO 系统成套技术研制过程中，中国铁路总公司组织中国铁道科学研究院集团有限公司、中国铁路通信信号股份有限公司、北京和利时系统工程有限公司等几大骨干高铁列控企业分别进行自主研发，经历了系统方案及规范研究、方案评审、系统研发、安全认证、第三方室内测试、试验评审、京沈现场试验、试用评审、京沈高铁载客试用考核等阶段，历时四年最终形成了高速铁路 ATO 系统成套技术装备。其中，铁科院研究的相关装备，于 2018 年 6 月通过专家试验评审后，同年在复兴号动车组进行装备并在京沈高铁启动全球首次时速 350 km 的自动驾驶系统现场试验，顺利通过试用考核后，先后于 2019 年和 2021 年通过了成套技术标准专家评审和技术评审。

高铁技术创新过程中，我国铁路部门在日益繁重的运营安全压力下，始终牢记把铁路科技命脉、创新主动权、发展主动权牢牢掌握在自己手中的使命担当，传承创新力量守正创新，争当行业先锋敢为人先，坚决守住安全底线的同时秉承包容开放的理念营造良好创新生态，在技术自主创新征程上奋力谱写新篇章。

伟大事业孕育伟大精神，伟大精神推动伟大事业。从提出发展高铁的构想以来，为了尽快赶上发达国家的步伐、满足人民群众的出行需要，中国高铁发展的决策者、管理者和无数科研工作者围绕高铁技术创新打基础、引技术、破瓶颈、争一流，以产业报国的热血和昂扬奋发的精神攻坚克难、锐意进取、勇攀高峰，推动中国高铁事业不断展现新面貌、实现新发展。我国高铁的发展史是一部技术创新的开拓史，集中体现了铁路人“担当作为、创新超越”的精神品质。

这种精神饱含着产业报国的爱国精神，中国高铁始终铭记铁路作为国家建设先行者的重要使命和重大责任，传承“始终听党话、永远跟党走”的红色基因，秉承“交通强国、铁路先行”的勇气与担当，保持“功成不必在我，功成必定有我”的强烈事业心，坚持全国“一张网”、全路“一盘棋”，推动解决长期存在的铁路运输瓶颈制约，支撑实现人畅其行、货畅其流，有效带动产业结构优化升级，为城市格局、人口布局、经济版图的积极变化作出了重要贡献，实现了高铁发展与经济社会发展相互促进、相得益彰。这种精神饱含着矢志一流的创新精神，中国高铁技术创新过程中一方面坚持“引进来”和“走出去”，切实用好国际国内两个市场两种资源，充分发挥后发优势对世界高铁先进技术引进消化吸收再创新，大大加快我国高铁技术创新赶超步伐，另一方面始终把自立自强、自主创新作为高铁技术创新的根本，对一切外来技术坚持以我为主，从未停止探索突破步伐，形成了从高铁基础理论、技术应用到成果推广乃至技术标准体系的完整创新链条，以自我超越的勇气和超越前人的魄力勇闯科技“无人区”，牢牢将创新主导权、发展主动权掌握在自己手中，不断创造高铁领域的“第一”和“之最”，持续巩固和提升中国高铁的世界领跑地位。这种精神饱含着集智协同的合作精神，在中国高铁技术创新过程中，国铁集团作为国家铁路建设和运营主体，充分发挥铁路技术创新领军企业作用，强化在高铁技术创新决策、研发投入、科研组织、成果转化中的主导作用，善用我国社会主义制度集中力量办大事这一重要法宝，统筹高铁科研、勘察设计、工程建设、装备制造、运营管理等各类资源，实现用产学研有机结合，形成推动高铁技术创新的组合优势，实现高铁顶层设计、科研立项、科技攻关、成果评价、运用考核、投产应用的统筹安排、系统推进，有效贯通了高铁技术创新和产业化应用的“最先一公里”和“最后一公里”，开创了中国高铁技术创新带动产业创新的新局面。这种精神饱含着精益求精的敬业精神，广大铁路人大力发扬主人翁精神，全身心投入高铁事业发展中，在各个岗位创造性地抓好各项工作落实，把工作做到极致，把事业当作信仰，把标准刻进骨子里，把规则融进血液中，爱岗敬业、尽职尽责、无私奉献，以严要求、讲科学、不懈怠、苦干实干拼命干的精神和作风尽心尽力担当作为，用最优最好促更精更高，涌现出了一大批技术能手、全国劳模、大国工匠。这种精神饱含着人民至上的服务精神，中国高铁技术创新前进道路上着眼于满足人民群众对美好生活的向往，始终践行“人民铁路为人民”的宗旨，坚持站稳人民立场、把握人民愿望、尊重人民创造、集中人民智慧，坚持“安全第一、生命至上”，实现好、维护好、发展好最广大人民根本利益，结合运输供给侧结构性改革，大力实施客运提质计划和复兴号品牌战略，全面提升高铁服务质量，我国高铁的安全性、效能性、舒适性、便捷性、经济性等运营指标均处于世界领先或先进水平。

第二章 中国高铁技术自主创新理论与模式

中国高铁技术自主创新是在中国共产党领导下，扎根于中国特色社会主义建设伟大事业、具有中国铁路特色的具体实践。其创新理论不是简单照搬一般的技术创新理论，创新模式也不同于其他发达国家的高铁技术创新模式。中国铁路在探索高铁技术自主创新道路过程中，全面贯彻落实习近平关于科技创新的重要论述，以习近平新时代中国特色社会主义思想为根本遵循，结合系统工程理论和国内外先进的技术创新理论，逐步形成了具有中国特色的高铁技术自主创新理论和模式。

第一节 习近平关于科技创新的重要论述

党的十八大以来，在习近平新时代中国特色社会主义思想和习近平关于科技创新的重要论述科学指引下，在党中央坚强领导下，中国铁路行业深入实施创新驱动发展战略，坚定不移走自主创新道路，大力推进关键核心技术自主攻关和产业化应用，高铁技术创新实现历史性、整体性重大变化，取得了历史性成就。深入学习贯彻习近平新时代中国特色社会主义思想和习近平关于科技创新的重要论述，深刻理解其理论渊源，准确把握贯穿其中的立场观点方法，才能准确把握中国高铁技术自主创新实践本质和其中蕴含的规律，才能更好指导铁路加快实现高水平科技自立自强。

一、习近平新时代中国特色社会主义思想的世界观与方法论

习近平新时代中国特色社会主义思想坚持运用辩证唯物主义和历史唯物主义，在继承和坚持马克思主义哲学人民立场以及实践观、物质观、矛盾观等基本观点方法中，实现了对马克思主义哲学的一系列创新性发展。习近平新时代中国特色社会主义思想结合新的时代条件提出“以人民为中心的发展思想”“江山就是人民、人民就是江山”“人民对美好生活的向往，就是我们的奋斗目标”等一系列重大思想观点，继承和发展了马克思主义哲学人民立场基本立场；提出“推进理论创新是实践基础上的理论创新，而不是坐在象牙塔内的空想”“必须坚持在实践中发现真理、发展真理，用实践来实现真理、检验真理”“社会主义是干出来的”“幸福都是奋斗出来的”等一系列重大思想观点，继承和发展马克思主义哲学实践第一观点基本观点；提出“坚持一切从客观实际出发，而不是从主观愿望出发”“物质富足、精神富有是社会主义现代化的根本要求”“坚定理想信念，补足精神之钙”等一系列重大思想观点，继承和发展马克思主义哲学世界物质统一性原理；科学判断我国社会主要矛盾发生变化，并提出“增强问题意识、坚持问题导向”“发扬斗争精神、增强斗争本领”等一系列重大事项观点，继承和发展马克思主义哲学对立统一规律。

党的二十大报告将习近平新时代中国特色社会主义思想的世界观和方法论高度凝练、科学概括为“六个必须坚持”，并明确提出“继续推进实践基础上的理论创新，首先要把握好新时代中国特色社会主义思想的世界观和方法论，坚持好、运用好贯穿其中的立场观点方法”。习近平新时代中国特色社会主义思想哲学思维是观察问题和解决问题的科学思维方式和根本方法，为深刻总结中国高铁技术自主创新实践和从实践中认识并把握其中规律本质提供了“思维钥匙”。

必须坚持人民至上，强调人民群众既是历史主体、创造主体、实践主体，也是价值主体、评判主体，体现了人民历史主体性与价值主体性的辩证统一。历史与实践充分证明，中国共产党带领人民取得一切辉煌成就的根本原因就是始终坚持深深扎根于人民之中，依靠人民创造历史伟业。

必须坚持自信自立，贯穿其中的一个基本点就是中国的问题必须从中国基本国情出发，由中国人自己来解答，体现了客观规律性与主观能动性的辩证统一。马克思主义的中国篇章是中国共产党人依靠自身力量实践出来的。坚持独立自主，走自己的路，是党百年奋斗得出的历史结论。

必须坚持守正创新，强调面对实践发展变化，把握好变与不变、继承与发展、恪守根本与创新探索的辩证统一，体现了继承性与创新性的辩证统一。守正是创新的基础，在守正基础上的创新才是有源之水、有本之木。创新才能更好地守正，只有创新才能使所守之“正”与时俱进。

必须坚持问题导向，强调要增强问题意识，在发现问题、化解矛盾、破解难题中推动工作不断向前发展，体现了矛盾普遍性与特殊性的辩证统一。每个时代都有属于它自己的问题和矛盾，在实际工作中，要坚持问题导向，善于把认识和化解矛盾作为打开工作局面的突破口。

必须坚持系统观念，强调运用普遍联系的、全面系统的、发展变化的观点观察事物，准确把握客观实际，有效掌握工作主动，体现了整体与部分的辩证统一。系统观念强调越是向前发展，越将面临更加深刻复杂变化的环境，需要更加自觉地坚持和运用系统观念观察形势、分析问题和推动工作。

必须坚持胸怀天下，强调从人类发展大潮流、世界变化大格局、中国发展大历史正确认识和处理同外部世界的关系，体现了世界性与民族性的辩证统一。坚持胸怀天下是中国共产党人为人类求解放的中国化表达。在实践上，要不断拓展世界眼光，推动构建人类命运共同体，推动建设更加美好的世界。

二、习近平关于科技创新的重要论述的理论渊源与体系框架

习近平关于科技创新的重要论述是习近平新时代中国特色社会主义思想的重要组成部分，为中国高铁技术自主创新发展实践提供了直接的理论指引。党的十八大以来，习近平总书记从党和国家发展全局高度对科技创新进行了顶层谋划和系统部署，提出了“创新、协调、绿色、开放、共享”的新发展理念，并作出了一系列关于科技创新的重要论述，开辟了马克思主义科技学说的新境界，开辟了坚持走中国特色自主创新道路的新境界，开辟了新时代创新发展的新境界。

习近平关于科技创新的重要论述以马克思主义理论为源头，紧密联系当今世情、国情，主要体现在根本立场、根本方法、核心和宗旨等方面：

第一，根本立场是以人民为中心。聚焦科技创新领域，坚持以人民为中心就是要落实习近平总书记提出的“四个面向”，即“面向世界科技前沿、面向经济主战场、面向国家重大需求、面向人民生命健康”。

第二，根本方法是唯物辩证法、历史唯物主义和实践认识论。习近平总书记指出，“抓系统布局、系统组织、跨界集成，把政府、市场、社会等各方面力量拧成一股绳，形成未来

的整体优势”“科技管理改革不能只做‘加法’,要善于做‘减法’”。这些论断既明确了重点又兼顾了全面,充分体现了两点论和重点论的辩证统一。紧紧围绕历史发展和社会进步的动力与规律,习近平总书记指出:“当前,我国经济发展环境出现了变化,特别是生产要素相对优势出现了变化。劳动力成本在逐步上升,资源环境承载能力达到了瓶颈,旧的生产函数组合方式已经难以持续,科学技术的重要性全面上升。在这种情况下,我们必须更强调自主创新。”习近平总书记多次强调要立足我国国情,坚持走中国特色自主创新道路。针对新一轮科技革命和产业变革,习近平总书记提出,“既要重视不掉队问题,也要从国情出发确定跟进和突破策略,按照主动跟进、精心选择、有所为有所不为的方针,明确我国科技创新主攻方向和突破口”。这充分体现出坚持实践第一的观点,强调理论必须同实践相统一,靠实践出真知。

第三,核心是自立自强。习近平总书记在党的十九届五中全会上首次提出“把科技自立自强作为国家发展的战略支撑”。2022 年在湖北省武汉市考察时,习近平总书记强调“科技自立自强是国家强盛之基、安全之要”。党的二十大报告进一步提出要“实现高水平科技自立自强”。这些重要论述是习近平总书记深刻洞察国内外发展变化大势、科学把握我国社会主要矛盾变化做出的重要论断,深刻体现了我们党对现代化强国建设的规律性认识不断深化,同时继承和发展了马克思科技观。

第四,宗旨是为实现中华民族伟大复兴的中国梦提供强大动力。习近平总书记指出:“从某种意义上来说,我们能不能实现‘两个一百年’奋斗目标、能不能实现中华民族伟大复兴的中国梦,要看我们能不能有效实施创新驱动发展战略。”针对如何实现创新的强大动力支撑作用,习近平总书记指出:“实现‘两个一百年’奋斗目标,实现中华民族伟大复兴的中国梦,必须坚持走中国特色自主创新道路,面向世界科技前沿、面向经济主战场、面向国家重大需求,加快各领域科技创新,掌握全球科技竞争先机。”

习近平关于科技创新的重要论述形成了系统的有机整体:

第一,坚持党对科技事业的全面领导。2018 年两院院士大会上习近平总书记指出:“我们坚持党对科技事业的领导,健全党对科技工作的领导体制,发挥党的领导政治优势,深化对创新发展规律、科技管理规律、人才成长规律的认识,抓重大、抓尖端、抓基础,为我国科技事业发展提供了坚强政治保证。”党的二十大报告提出完善党中央对科技工作统一领导的体制。围绕科技创新治理,习近平总书记提出“政府科技管理部门要抓战略、抓规划、抓政策、抓服务”的新理念,并作出了一系列重大战略部署。

第二,坚持建设世界科技强国的奋斗目标。2016 年全国科技创新大会上,习近平总书记提出建设世界科技强国“三步走”战略目标。2018 年习近平总书记进一步指出:“我们坚持建设世界科技强国的奋斗目标,健全国家创新体系,强化建设世界科技强国对建设社会主义现代化强国的战略支撑,掌握全球科技竞争先机,在前沿领域乘势而上、奋勇争先，在更高层次、更大范围发挥科技创新的引领作用。”党的二十大报告提出，必须坚持科技是第一生产力、人才是第一资源、创新是第一动力，深入实施科教兴国战略、人才强国战略、创新驱动发展战略。这不仅意味着科技创新要不断涌现，而且意味着实现高质量发展也要依靠科技创新。

第三，坚持走中国特色自主创新道路。习近平总书记指出，“真正的核心技术是买不来的”“只有把核心技术掌握在自己手中，才能真正掌握竞争和发展的主动权”“不能总是指望依赖他人的科技成果来提高自己的科技水平，更不能做其他国家的技术附庸”。中国特色自主创新道路是中国式现代化新道路在科技创新领域的具体体现。习近平总书记指出：“我们要引进和学习世界先进科技成果，更要走前人没有走过的路，努力在自主创新上大有作为。”

第四，坚持以深化改革激发创新活力。习近平总书记指出：“实施创新驱动发展战略，最根本的是要增强自主创新能力，最紧迫的是要破除体制机制障碍，最大限度解放和激发科技作为第一生产力所蕴藏的巨大潜能。”这反映出科技创新与深化改革是生产力与生产关系的辩证统一。加强顶层设计方面，习近平总书记指出，“加快建立保障高水平科技自立自强的制度体系，提升科技创新体系化能力”；国家创新体系建设方面，习近平总书记强调，“要从健全国家创新体系、提高全社会创新能力的高度，通过深化改革和制度创新……让它们更好为科技创新服务、为社会服务”；营造创新生态方面，习近平总书记指出，“政府要加快转变职能……创造更好市场竞争环境”“发挥市场在资源配置中的决定性作用”“科技领军企业要发挥市场需求、集成创新、组织平台的优势，打通从科技强到企业强、产业强、经济强的通道”。

第五，坚持创新驱动实质是人才。习近平总书记指出，“人才资源是第一资源，也是创新活动中最为活跃、最为积极的因素”“要把科技创新搞上去，就必须建设一支规模宏大、结构合理、素质优良的创新人才队伍”“加快建设世界重要人才中心和创新高地”“要大力培养使用战略科学家”“企业家是推动创新的重要动力”。习近平总书记还特别强调对科技人员的激励，突出体现在对知识价值的认可。

第六，坚持融入全球科技创新网络。这是构建人类命运共同体理念在科技创新领域的集中体现。习近平总书记指出，“科学技术是世界性的、时代性的，发展科学技术必须具有全球视野、把握时代脉搏”“要深度参与全球科技治理，贡献中国智慧”。在正确认识自主创新与深度开放辩证统一方面，习近平总书记强调，“自主创新不是闭门造车，不是单打独斗，不是排斥学习先进，不是把自己封闭于世界之外”“要深化国际交流合作，充分利用全球创新资源，在更高起点上推进自主创新”。要始终坚持独立自主与开放合作辩证统一，在推动构建人类命运共同体中践行科技创新使命。

第二节
国内外关于科技创新的相关理论

中国高铁技术体系涵盖高速动车组、工务工程、列车控制、牵引供电、运营管理、风险防控、智能高铁等多个系统，具有跨学科、跨系统、跨专业特点。中国高铁技术自主创新实践中，在党中央集中统一领导下，政府、铁路企业、产业、高校、科研院所之间密切合作、相互支持，形成了一个社会、经济和技术密切关联的有机整体，在市场作用导向下，知识、技术、政策、资金、人才要素等按照一定的运行机制在各主体之间高效流动。同时，这个有机整体不断和外界进行物质、信息的有效交换，外部环境变化也在促进这个有机整体不断改进和优化。总体来看，中国高铁技术自主创新是一项系统工程，因此，可以借鉴系统工程思维方法和国内外先进技术创新理论构建中国高铁技术自主创新理论框架。

一、系统工程理论

系统思想源远流长，但作为一门科学的系统论，人们公认是美籍奥地利人、理论生物学家贝塔朗菲创立的。他于 1932 年提出“开放系统理论”，提出了系统论的思想，1937 年又提出了一般系统论原理，奠定了这门科学的理论基础。通常来说，系统可以定义为由若干要素以一定结构形式联结构成的具有某种功能的有机整体，与系统相关联的外部存在称为系统环境。可以看出系统有两个特点：一是系统是由相互联系的要素构成的；二是系统不是独立的，它的存在依附于外部环境。世界上任何事物都可以看成是一个系统，系统是普遍存在的。系统理论的基本思想是把研究和处理的对象看作一个整体系统来对待，其主要任务是以系统为对象，分析系统的结构和功能，研究系统、要素、环境三者的相互关系和变动的规律性，以把握系统整体，达到最优的目标。系统论认为，整体性、关联性、等级结构性、动态平衡性、时序性等是所有系统共同的基本特征。这些既是系统所具有的基本思想观点，也是系统方法的基本原则，表现了系统理论不仅是反映客观规律的科学理论，还具有科学方法论的含义。

系统工程是从系统观念出发，以最优化方法求得系统整体最优的综合化的组织、管理、技术和方法的总称。系统工程思维包括整体观念、综合观念、科学观念、创新观念等。

整体观念就是要用系统的方法研究系统的对象，立足整体，统筹全局，全面规划，协调处理，使系统的总体与部分之间、部分之间、系统与环境之间达到辩证统一，强调在处理问题时，要有全局观念。综合观念就是要求从系统的总目标出发，将各种有关的经验和知识予以有机结合，协调运用，从而开发出全新的系统概念，创造出全新的系统结合和功能。科学观念就是要求分析问题时坚持科学原则，按照科学规律办事，努力开发系统的潜在价值，一方面要有严格的工作步骤和工作顺序，做到定性与定量相结合；另一方面要遵照科学规律办事，充分认识到整体与部分的统一、协同与矛盾的统一。创新观念就是要求在运用现代科学技术的同时，充分发挥人的创新能力，大胆地进行系统的概念开发和结构开发，以实现系统的最优效果。

系统工程运用各种组织管理技术，使系统的整体与局部之间的关系协调和相互配合，实现总体的最优运行。其主要特点包括：一是把研究对象作为一个整体来分析，分析总体中各个部分之间的相互联系和相互制约关系，使总体中的各个部分相互协调配合，服从整体优化要求，在分析局部问题时，是从整体协调的需要出发，选择优化方案，综合评价系统的效果；二是综合运用各种科学管理的技术和方法，定性分析和定量分析相结合；三是对系统的外部环境和变化规律进行分析，分析它们对系统的影响，使系统适应外部环境的变化。

二、技术创新理论与模式

对于技术创新理论，国内外均经历了长时间的研究探讨，积累了较为丰富的研究成果，为中国高铁技术自主创新理论与模式研究提供了基础。

（一）技术创新概念

20 世纪初，约瑟夫·熊彼特率先提出和研究创新问题，他认为创新是把各种生产要素以及生产条件做新的组合，即“建立一种新的生产函数”，旨在获取潜在收益，包括五种情况：生产新产品、采用新生产方法、开辟新市场、开拓新供应渠道、实行新企业组织方式。此后，索洛作为经济增长理论的重要开拓者，将创新作为实现经济增长的重要来源，他认为技术创新成立包含两个条件，一是新思想的来源，二是后续阶段的具体实施。伊诺斯认为，技术创新是多种行为综合的结果，包括新发明的选择、实现新的组织形式、制定战略计划、筛选劳动力、开辟新市场等。弗里曼提出，技术创新是指新产品、新过程、新系统和新服务的首次商业性转化，其将技术创新范式突破了生产技术的边界并扩展到管理、服务等软性层面。联合国经济合作与发展组织对技术创新的定义是产品和工艺方面的创新,包括使用新技术的产品和工艺,或者利用新技术对原有产品和工艺进行升级和完善,且产品和工艺必须进入市场或已经进入生产阶段。

我国对技术创新的经济学研究兴起于 20 世纪 70 年代末,北京大学厉以宁教授较早在教学中引入发达国家技术创新概念和模型,并逐步建立了一套兼顾中国经济社会和企业特点的技术创新理论与方法。此后,我国技术创新概念研究成果逐渐丰富。清华大学傅家骥教授认为技术创新是将技术转变为商品、商品进入市场后产生经济效益的行为,它有助于企业降低生产成本,提升生产效率,获取高额利润,从而增强市场竞争力。浙江大学许庆瑞教授认为技术创新最根源是新的思想,这种新思想必须被接受并加以利用,投入生产环节,并生产出能迎合消费者需求的新产品,才能实现成功的技术创新,整个过程中不仅是改变了的新技术,包括新产品的设计、加工以及销售甚至服务,整个产品生产流程内的所有环节都包括在技术创新的范围内。华中理工大学张培刚教授认为,技术创新的本质是使新的技术能够适应生产力的发展和变化,作用于生产,并将生产的产品推向市场,经过销售、消费、最终商品回收处理,再次生产、销售,循环往复,每次生产力的提高都伴随着技术改进,即技术创新。1999 年 8 月,中共中央、国务院《关于加强技术创新、发展高科技、实现产业化的决定》中将技术创新定义为“指企业应用创新的知识和新技术、新工艺,采用新的生产方式和经营管理模式,提高产品质量,开发生产新的产品,提供新的服务,占据市场并实现市场价值”,并指出“企业是技术创新的主体”。

综合来看,国内外对于技术创新的理解主要表现出两大特点:第一,技术创新需要从技术和经济角度综合解读,技术创新过程涵盖科学知识发现、新技术与新工艺研发、产品生产销售等活动,涉及生产要素、生产条件、生产组织与管理等多个方面;第二,企业是技术创新活动的重要承担者,企业技术创新的最终目的是降本增效并实现市场价值。

(二)技术创新理论

经过不断丰富和发展,围绕技术创新理论体系,目前主要形成了新古典学派、新熊彼特学派、制度创新学派和国家创新系统学派等四大学派。

新古典学派将随时间变化的技术创新和资源、劳动力等并列纳入经济增长模型,并将其看作具有决定性的经济增长要素。但是,基于新古典生产函数的新古典理论仅将技术创新的过程看成一个“黑箱”,并不研究“黑箱”内部的运行机制。

新熊彼特学派在熊彼特创新理论基础上注重分析技术创新的过程,对技术创新的前提和环境、市场主体组织行为对技术创新的影响等“黑箱”内部运作机制进行了研究。此外,还对技术扩散问题进行了阐释,系统阐述了一项新技术从首次应用到被该产业内其他多数企业掌握所需要的时间和影响因素。

制度创新学派讨论了政治经济制度对于技术创新的决定作用。该学派认为好的制度是技术创新的催化剂，能够促进技术创新的发展，而不好的制度却会遏制技术创新的积极性和主动性，直接影响技术创新的效率和效果。技术创新也为制度创新者提供了新的收益，并可以降低制度的交易成本。

国家创新系统学派从系统的视角出发，认为国家创新系统中包括企业、高校、科研机构和政府等一系列拥有共同经济目的的组织形式。国家制度的安排可以使企业、高校和科研机构等创新主体结合在一起，各自发挥自身优势并相互学习和配合，提高技术扩散和创新成果的转化速度，从而增强整个国家的科技水平。

总体来看，技术创新理论历经一个多世纪的发展，内容和理论体系逐渐丰富完善，对实际技术创新的指导作用逐渐加强。不同理论体系关注的重点各有差异，新古典学派将技术创新作为经济增长的内生变量，新熊彼特学派将市场结构、企业规模考虑到创新模型中去，制度创新学派强调制度对于技术创新的决定作用，国家创新系统学派强调对国家政策制度干预的重视，这些为我国高铁技术创新提供了多维度的分析思考视角，为高铁技术创新相关理论构建提供了重要基础。

（三）技术创新模式

技术创新模式是指为实现技术创新目标，在技术创新过程中实施的一系列具有稳定性的创新程序、创新方式和创新方法体系等。技术创新活动的有效开展受到很多因素的影响，需要根据自身拥有的资源、资金、技术、人才等，对相关因素进行组合和配置，其结果和方案便形成了不同的技术创新模式。

1. 基于创新诱因的分类，主要包括技术推动、市场拉动、综合作用三种模式。技术推动模式认为技术创新是在技术导向下的线性的、自发的转化过程，市场知识被动接受技术成果，该模式强调科学研究和它所产生的技术发明是推动技术进步的主要动力。市场拉动模式认为技术创新实质上是以需求为动力的线性序列过程，该模式强调社会需求是拉动或牵引技术创新的主要动力，突出创新的功利性和社会需求及市场推动在其中的重要作用。综合作用模式认为科学技术和市场需求都是创新成功的重要决定因素，而且它们之间的配合也是创新成功的基本前提。该模式超越了前两种简单线性模式，把技术与市场的对立模式变成了二者的统一模式。

2. 基于创新能力的分类，主要包括自主创新、模仿创新、合作创新三种模式。自主创新模式指企业依靠自身的创新能力，通过投入创新资源、独自完成并最终掌握某一核心技术，并获得自主创新能力的创新模式。自主创新模式通常包括原始创新、集成创新和引进消化吸收再创新三类。模仿创新模式指企业通过引进购买或破译率先创新者的核心技术、先进设备、创新产品等，模仿并学习率先创新者的创新方法和创新思路，并在此基础上不断对其技术和产品进行改进完善，从而获得更具竞争力核心技术的一系列创新方式。合作创新模式指企业间或企业、研究机构、高校之间在技术创新的全过程或某些阶段所进行的联合创新行为，包括创新思维的形成阶段、新产品的开发阶段、新技术的研发阶段以及技术的商业化阶段等。合作创新模式既包括建立具有战略意图的长期协同组织，如战略技术联盟、网络组，也包括针对特定项目的短期合作模式，如研究开发契约和许可证协议。

3. 基于创新程度的分类，主要包括渐进性技术创新、突破性技术创新两种模式。渐进性技术创新模式指在既有的技术范式、生产能力基础上对已有产品或工艺进行的改进和创新，是一种线性且缓慢进行的创新方式。虽然过程缓慢且单个创新项目所带来的变化在短时间内无法很快体现，但它们的累积效果和持续改进常常使企业获得很大的发展优势。突破性技术创新模式指企业首次向市场引入的、能对经济产生重大影响的创新产品或技术的创新，是一种非连续性创新模式，往往创新的频率较低，但一旦技术创新成功，对企业而言，将开拓新的市场或者使原有产品的质量得到巨大的改善或成本得以降低。值得注意的是，突破性技术创新的实现往往是建立在渐进性技术创新的基础上，是渐进性创新的长期积累，因此二者并非孤立存在而是具有密切的关系。

（四）创新生态系统理论

创新生态系统是从生态学视角研究创新系统的发展演化现象所形成的概念体系。在国内外的相关研究中，研究者们主要从构成要素视角、结构视角和功能视角对创新生态系统进行定义和解读。

从构成要素视角看，创新生态系统的基本组成要素是物种，同一物种的集合称为种群，多个种群联结形成群落。各个物种、种群和群落之间存在相互作用，从而推动创新生态系统的整体演化。关于创新生态系统中创新主体的类型，有学者认为，创新生态系统包括核心企业、上游零部件供应商、客户和下游互补方等四类组织，其中核心企业是在其生产或服务领域发挥重要影响的组织。一些学者指出，创新生态系统主要包括生产群落（企业、高校、科研机构等）、消费群落（普通消费者、政府消费者）、服务群落（政府、中介机构、科技服务机构、投资机构等）以及创新环境（政策、文化、经济等）。还有学者提出，创新生态系统由企业、高校、科研院所、政府、中介组织等创新主体和创新运行机制构成，不同创新主体之间存在网状化的相互影响、相互作用关系，这种相互影响与相互作用的关系推动创新生态系统的演化。

从结构视角看,创新生态系统中的要素通过相互联系和相互作用形成多层次网络化结构。有学者认为创新生态系统是创新主体在一定的创新环境中,基于共同愿景和目标,通过协调整合生态系统中的创新资源,搭建创新平台,共同构建的以“共赢”为目的的创新网络。一些学者指出,创新生态系统是由供应商、经销商、外包企业、产品与服务制造商、技术提供者及其他组织等共同构成的松散网络。也有学者强调,创新生态系统是以企业为核心的创新组织之间、创新组织与创新环境之间形成的协同创新、共生共荣的动态网络系统。在层次方面,可以将创新生态系统划分为内部主体网络和外部创新环境(法规、经济、市场等环境条件)两个层次,其中内部主体又可以划分为企业、高校、科研机构等核心主体和政府、金融机构、中介机构等辅助主体。

从功能视角看,创新生态系统具有自我调控、价值创造等功能。一方面,创新生态系统中的各个要素在演化过程中形成自我调控的机制。这体现为种群内的密度调控、种群间的数量调控以及种群与环境间的适应性调控。另一方面,创新生态系统中的创新主体与外部环境相互作用,实现价值创造和传递。比如,创新生态系统中的核心企业或平台与生产端和需求端的参与者进行协作,专注于新价值的开发。

创新生态系统的特征可以划分为创新性特征、生态性特征和系统性特征三个方面。创新性特征方面,创新生态系统中的创新活动具有开放性和协同性。开放性强调在创新投入、创新产出以及创新商业化过程中的边界渗透与模糊化,创新主体有意识地相互联系组成一个整体,实现共生演化。协同性指系统中的创新要素通过主体协同、关系协同以及环境协同等方式形成协同创新网络,进而实现资源共享、知识传递、技术扩散和新价值的创造。生态性特征方面,创新生态系统具有共生演化性、多样性和栖息性。共生演化性指系统中各要素相互联系、相互影响,并保持不断演化、不断促进物种成长的能力。多样性是指创新生态系统中物种和要素的多样性。栖息性是指系统中存在创新要素的有机聚集,创新物种通过知识、技术、资本等纽带形成复杂的价值网络。系统性特征方面,创新生态系统具有整体性、复杂性和动态性。整体性是指创新生态系统是创新主体和创新环境的有机结合而非简单叠加,在运行方式、目标、功能等方面表现出统一性。复杂性是指创新生态系统中存在异质性、多样化的要素,系统中的作用机制难以预测。动态性是指创新生态系统不是静止不变的,系统内部要素、物种、种群、群落等都在相互影响、相互作用的过程中不断发展演化。

综合国内外关于科技创新的相关理论,系统工程理论把研究对象作为一个整体来分析,研究系统、要素、环境三者的相互关系,这为把中国高铁技术自主创新当作一个系统研究提供了方法参考。创新生态系统理论的演化思想为从动态视角分析中国高铁技术自主创新系统提供了借鉴。国内外关于技术创新的理论学派观点和不同角度的技术创新模式分类为分析中国高铁技术自主创新特点、动力构成、路径选择等提供了启示。

第三节
中国高铁技术自主创新理论框架

从20世纪90年代开始,在自主创新的强力驱动下,中国高铁实现了从无到有,从追赶到并跑、再到领跑的历史性变化,创造了中国奇迹,成为代表中国形象的亮丽名片。在此过程中,中国高铁技术自主创新体现出基于全过程的系统创新、基于丰富实践的渐进式迭代创新和基于高效组织的体系化创新三大显著特点。实践是理论之源,在中国高铁技术自主创新的伟大实践中,也逐渐形成和发展出具有中国高铁特色的理论框架——新型举国体制下以用户为核心的高铁技术自主创新体系。

一、中国高铁技术自主创新特点

(一)基于全域全过程的系统创新

高铁发展涵盖基础设施建设、相关装备制造、运营管理三大领域,涉及环节众多,技术需求十分复杂。高铁技术体系包括高速动车组、工务工程、牵引供电、列车运行控制、运营管理、风险防控、智能高铁等七大系统,每个系统又包含若干个子系统。例如,工务工程就包含了勘察设计与施工、线路、站场、路基、轨道、桥梁、隧道等子系统。每个系统之间和各子系统之间既自成体系,又相互关联,既有硬件接口也有软件联系,围绕整体统一的目标,彼此兼容,完整结合。在高铁技术自主创新过程中,我国始终坚持高铁工程建造、装备制造、运营管理和养护维修等各领域综合考虑,研发、设计、成果转化、试验验证、生产营销等全过程涉及。因此高铁的技术创新有别于单项技术或产品的创新,是涵盖高铁整个技术体系和创新链产业链全过程的系统创新。

(二)基于丰富实践的渐进式迭代创新

实践是创新的源泉,孕育和支撑了我国高铁技术自主创新。我国铁路立足于几十年大规模建设和丰富运营实践，将经验总结为方法，将感悟升华为理论，将认知转化为标准，同时形成的这些方法、理论和标准又反过来再指导实践。高铁技术创新经验表明，大量立足于实践的创新，主要以技术或方法的“改进”“革新”等渐进的形式出现，在表现形式上，往往不局限于线性式“进化”，却常常表现为“阶梯式”跳跃。当工程出现某种局部性的技术或管理突破后，就会产生创新跳跃台阶，从而促成了“阶梯式”创新的发展态势。例如，高铁设计建造技术经历了早期既有线提速至200 km/h到新建高铁200～250 km/h速度等级，再到新建高铁300～350 km/h速度等级不同阶段的技术迭代过程。又如，近年建设的高铁大桥，跨度越来越大、结构越来越新，尽管彼此的设计方案与施工方法有很大区别，然而后者既是对前者的借鉴继承，也是对前者的优化升级，每建一座新的大桥在技术和管理上就会上一个台阶。再如，高铁无砟轨道先后开发出三种型号，即CRTSⅠ、CRTSⅡ、CRTSⅢ型，呈现了“阶梯式”发展态势。虽然渐进性迭代创新过程缓慢，且单个创新项目所带来的变化在短时间内无法很快体现，但它们的累积效果和持续改进常常带来很大的发展优势。

（三）基于高效组织的体系化创新

中国高铁有组织的体系化创新是基于目标导向的具有中国铁路特色的举国体制下的创新，主要体现在三个方面：一是有明确的目标，中国铁路坚持“人民铁路为人民”的初心，坚决发展适应国家需要的高铁，不同时期都会根据经济社会发展需求和高铁发展实际提出明确的高铁技术创新目标；二是能够统一技术市场，铁道部、中国铁路总公司和国铁集团作为国家铁路建设运营主体，能够全国“一盘棋”考虑，整合全国范围内高铁工程建设、运输经营对高铁基础设施和技术装备的技术需求，统筹安排科技攻关；三是有核心主导，铁道部、中国铁路总公司和国铁集团在不同历史时期发挥了铁路技术创新的核心主导作用，纵向紧密对接国家发改委、科技部、国家自然科学基金委等有关部门，推动国家相关政策措施在铁路行业落实，横向广泛联合行业内外优秀产业企业、科研机构、高等院校等，迅速集聚全社会优势科研资源，形成高铁技术攻关合力。

二、中国高铁技术自主创新体系构成

从系统观念出发，借鉴系统要素、环境、结构以及功能等基本概念，结合中国高铁技术自主创新实际情况，构建中国高铁技术自主创新体系，如图2-1所示。

（一）系统要素

从哲学的角度看，系统要素和系统是一对相对存在的范畴，系统是由不同要素组合而成的，系统中所有要素都不是一个简单的存在，既相互联系，也是潜在可分的独立存在。

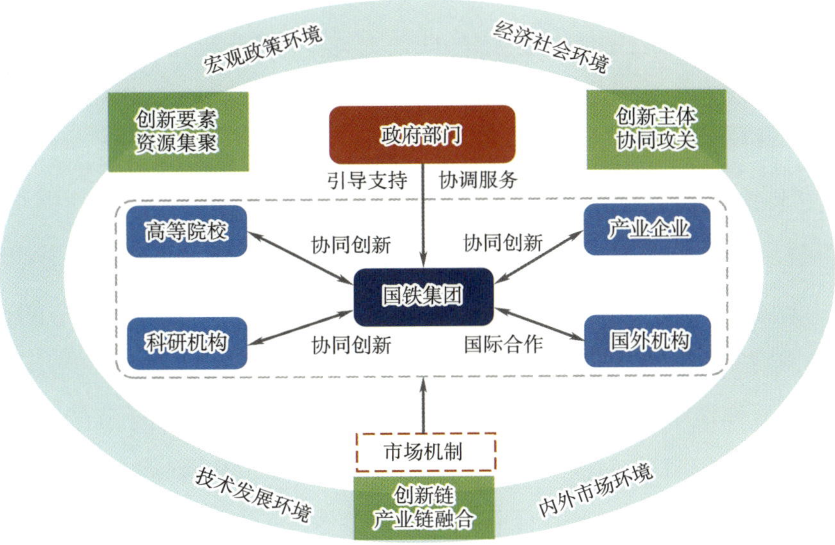

图 2-1　中国高铁技术自主创新体系

中国高铁技术自主创新体系系统要素包括：

1. 政府部门。中国高铁技术自主创新是在中国特色社会主义制度体系下的伟大创新实践，最本质的特征是始终坚持党的领导，加强党的全面领导，是引领中国高铁技术自主创新发展的根本保证。政府作为政策制度的供给主体，在推动高铁创新发展中扮演重要角色。中国高铁技术自主创新过程中，政府部门发挥了重要的政策引导支持和协调服务作用。在党中央集中统一领导下，中央政府在高铁顶层规划布局、技术发展路线方面作了重要部署；国家发改委、科技部等有关部委加大高铁技术创新政策支持；铁道部、中国铁路总公司、国铁集团作为行业主管部门，在拟定技术政策和标准、实施技术监督、组织重大新技术和新产品研究和成果鉴定，以及组织引进国外先进技术等方面发挥了重要的作用；交通运输部及国家铁路局作为行业监管部门，在高铁发展规划、技术标准制定、安全监管等方面发挥了重要作用；地方政府发挥自身优势，在征地拆迁、市政配套、站城融合、沿线安全综合治理等方面起到主导作用，从而形成了铁路与地方优势互补、合作共为的建设格局。

2. 国铁集团。只有把用户纳入创新体系之中，“研发—生产—消费”这个链条才能完整地连接起来，用户是创新成果直接应用者，代表市场需求和导向、产业创新的源动力，为创新产品和技术调整提供反馈。国铁集团作为国家铁路的建设和运营主体，统一执行高铁发展规划、统一负责国家高铁建设、统一负责高铁市场、统一线网与指挥，既是最贴近市场客户的铁路运输服务最大供应商，也是最了解生产一线需求的铁路技术装备产品最大用户，具有较为强烈的创新需求，也能够准确把握高铁技术创新方向。

同时，国铁集团是主业处于关系国家安全、国民经济命脉的重要行业和关键领域、承担重大专项任务的特大型国有企业，拥有雄厚的资金和物资实力、庞大的技术创新和管理人才队伍等，是引领高铁技术自主创新的生力军。国铁集团与上下游企业业务往来多，与一些高校和研究单位合作密切，在铁路科技创新联盟中发挥“盟主”作用，特别是在一些重大项目研究时能够集聚全社会科技资源，开展协同创新。国铁集团还拥有铁路新产品、新技术的试验场地和设施，具备试验验证和应用优势，可及时安排现场试验验证。一旦新技术、新产品达到使用条件，可立即投入使用。此外，国铁集团传承铁路“始终听党话、永远跟党走”的红色基因，始终坚守国家铁路、人民铁路的战略定位，胸怀“国之大者”，站稳人民立场，有推动实现高水平科技自立自强的战略担当。

3. 产业企业。作为社会经济活动的基本单元，企业直接面向市场、服务市场，是最活跃的创新力量。企业具有较强的技术创新需求和技术创新能力，是创新的主体，也是创新体系的主要组成部分。作为创新链和产业链的结合点，企业的黏合、牵引作用能有效贯通从基础研究、技术攻关到工程应用、产业化的创新链条，从而支撑产业转型升级。中国高铁技术自主创新过程中，围绕高铁产业链，打造了一批优秀的有世界影响力的企业，包括中国中铁、中国铁建等工程建设企业，以及中国中车、中国通号等装备制造企业等，这些企业在我国高铁技术自主攻关和成果落地转化方面都发挥了重要作用。

4. 科研机构。科研机构是为服务国家或行业目标利益而在经济建设、社会发展和国防等重要领域建立的科研组织。科研机构以国家或行业目标为使命，以国家或行业战略需求为导向，以解决影响制约国家或行业发展全局和长远利益的重大科技问题为己任，开展有组织的多学科、多领域长期持续的基础性、战略性和前瞻性研究，是原始性创新和颠覆性技术的策源地。中国高铁技术自主创新过程中，科研机构主要包括两大类，一类是国铁集团所属铁科院、经规院、中国铁路设计集团有限公司等科技企业，另一类是中国科学院、中国工程院等国家或其他行业战略科技力量。

5. 高等院校。高等院校拥有丰富的科研人才储备和研发设备，是创新体系中的知识生产主要源头，引领科技创新的发展方向。科学知识并不能直接转化成技术成果和产品，知识创新耗时长、经济效益不明显、成本高、风险大等特点使得企业难以承担，但科学知识特别是基础知识和应用基础知识，又具有明显的公共利益。高等院校承担了大部分基础性科技研究，为企业技术创新和科技成果转化提供知识储备。同时，高等院校还为高铁技术创新培养了大批专业人才。中国高铁技术自主创新体系中，主要高等院校包括北京交通大学、西南交通大学、中南大学、同济大学、清华大学等。

6. 国外机构。国外机构指其他国家与高铁技术创新相关的企业、科研机构等。对于技术后发国家而言,先发国家拥有更先进的技术,如果后发国家能够做好先发国家技术引进消化吸收的工作,那么先发国家人财物高投入的创新成果,后发国家在短时间内就可以掌握。且通过再创新实现弯道超车。但是,这种后发优势是一种潜在优势,只有通过自身努力,不断创造条件,特别是通过在技术和制度两方面引进、模仿、学习,才能使潜在优势转变为现实优势。在中国高铁技术自主创新过程中,涉及的国外机构包括德国西门子、法国阿尔斯通、日本川崎重工、加拿大庞巴迪等世界著名企业。

7. 市场。市场在科技创新中扮演着重要的角色,通过其提供有效创新需求信号、资金支持、竞争机制和成果推广渠道等,可以为科技创新提供了必要的支持和激励。在此过程中,市场机制通过市场价格的波动、市场主体对利益的追求、市场供求的变化,调节市场运行。中国高铁技术创新体系中的市场系指高铁技术商品交换关系的总和,主要指无形市场,覆盖从技术商品开发到技术商品应用的全过程,涉及技术开发、技术转让、技术咨询、技术服务及其相关的其他技术交易活动,既包括国内市场,也包括国际市场。中国高铁技术创新市场通过供求、价格、竞争和风险等市场机制,对高铁技术研发方向、路线选择、主体选择、要素价格、成果转化等具有导向作用。

(二)系统环境

系统环境是系统赖以存在和发展的全部外界相关因素的总和。这些因素的属性或状态及其变化都对系统产生影响,促使系统发生变化。反之,系统建成并开始运行后,系统本身也会对周围环境发生影响,使环境因素的属性或状态发生变化。系统和环境之间不断产生物质、能量和信息的交换。中国高铁技术自主创新体系的系统环境包括宏观政策环境、技术发展环境、经济社会环境和内外市场环境四个方面。在不同阶段,这些环境因素也在持续发展变化,并影响着系统的运行。

1. 宏观政策环境。宏观政策环境是指影响中国高铁技术自主创新活动的各种法律、政策、制度所形成的环境,既包括影响高铁技术创新的国家科技创新政策环境,也包括国家发展的宏观政策环境。前者例如,1995 年国家首次正式提出在全国实施科教兴国战略;2000 年国家制定首个国际科技合作发展纲要,提出要提升合作层次,加快实现从一般合作交流向主动利用全球科技资源的战略转变;2006 年,国家提出要努力建设创新型国家,坚持自主创新,全国提升国家竞争力;2008 年,国家发布了《国家知识产权战略纲要》,提出要加强知识产权保护和提升知识产权管理能力。党的十八大以来,国家突出强调创新驱动发展战略;2015 年出台《关于深化体制机制改革加快实施创新驱动发展战略的若干意见》,强调要使市场在资源配置中起决定性作用和更好发挥政府作用,为建成创新型国家提供有力保障;2019 年,《关于强化知识产权保护的意见》发布,这是中共中央办公厅、国务院办公厅共同出台的第一个全面加强知识产权保护工作的纲领性文件，以前所未有的力度推动我国知识产权保护能力和保护水平提升。这些科技创新政策的制度，对我国高铁技术自主创新具有方向指引和制度保障作用。后者例如，高铁发展初期，国家提出建立社会主义市场经济制度，建立现代企业制度，铁路推进主辅业分离，为我国高铁技术创新体系中发挥市场资源配置作用奠定了基础；高铁加快发展阶段，国家审议通过我国铁路史上第一个《中长期铁路网规划》；2008 年全球金融危机爆发后，国家大力推动包括高铁在内的基础设施建设，为中国高铁技术自主创新奠定了需求基础；高铁自主提升阶段，国家进一步扩大改革开放，推动铁路政企分开，为发挥铁路企业科技创新领军作用奠定了组织基础。

2. 技术发展环境。技术发展环境是指高铁技术本身的发展环境。对于中国高铁技术自主创新而言，技术发展环境包括国际和国内两个方面。国际方面，凭借深厚的工业和科技基础，德国、法国、日本铁路科技原创能力均非常突出，铁路关键技术装备自主化率很高，在不同专业领域引领了世界铁路技术发展。20 世纪 60 年代日本建成运营世界上第一条高速铁路——东海道新干线，法国、德国也相继在 80 年代、90 年代建成了第一条高速铁路，这些国家还形成了谱系化的高铁装备技术，其中德国 1988 年自主研发的 ICE 原型试验车 ICE-V 创造了406. 9 km/h 的世界纪录，法国先后在 1990 年和 2007 年分别创造了515. 3 km/h 和 574. 8 km/h 的高速列车最高试验速度纪录。在较长时间里，德国西门子、法国阿尔斯通、日本川崎重工、加拿大庞巴迪等公司，拥有了世界一流的高铁列车装备设计制造技术。在经济全球化的背景下，高铁各领域技术在全球范围内的扩散、转移，有利于中国发挥后发优势。国内方面，高铁探索发展之前，中国在铁路基建领域数十年的技术积累，为高铁建设奠定了坚实的技术基础、积累了宝贵的实践经验，建立了相对完备自主的铁路工业体系；高铁发展探索时期，对高速铁路设计建造、高速列车自主研制等进行了前期论证、工程实践以及技术攻关，提出京沪高铁建设构想，组织开展全国铁路繁忙干线的既有线提速，研发“蓝箭号”“先锋号”“中华之星”等系列动车组，并先后建成时速 160 km 的准高速铁路和时速 200 km 的秦沈客运专线，为随后高速铁路的大规模建设奠定了坚实技术基础。

3. 经济社会环境。高铁是经济发展到一定阶段的产物。发达的经济社会基础是高速铁路建设运营的保障，没有发达的经济社会基础，很难完成大规模、现代化高速铁路的建设运营。高铁这样一个庞大的系统工程，其成功绝不仅仅是技术问题，还需要的是巨额的建设及运营资金背后的经济可行性问题。很多国家决策建设高铁是出于解决经济问题、加速经济社会发展的考虑。在高铁研发阶段，无论是高铁技术先行国家还是后发国家，均需要投入巨额资金为高铁建设进行前期技术积累和人才培养。高铁涉及投资巨大，没有一定的国力支撑，高铁项目建设很难实现。部分高铁建设项目的提出是出于平衡地区发展、提高国家地区间联系、增强区域经济辐射能力、提高国防能力等公益性或非经营性考虑，因此项目建成后还需要国家统筹考虑经营补贴。改革开放以来，中国经济高速发展，经济实力大幅提升，产业基础不断夯实，为高铁技术自主创新奠定了坚实的经济物质基础。此外，我国铁路改制后全面提升企业经营质量效益，提升了推动高铁建设的经济能力。

4. 内外市场环境。内部市场方面，随着我国国民经济的持续快速发展，铁路运输在某种程度上已经制约了经济社会的发展。经济总量的增长加速了人口流动，与之相伴的就业结构、社会运输结构调整为高速铁路发展创造了良好的市场契机。此外，既有铁路服务供给水平与人民群众对更高质量铁路运输服务需求之间的矛盾日益突出，铁路运输速度作为运输服务质量的最直观体现，传统铁路无法满足旅客对时间节约的追求成为高铁发展所必须解决的痛点问题。旅客对于旅行速度的要求源于旅客自身时间价值的不断提高。随着我国经济的发展，人均收入水平不断提高，人们的时间价值也在不断地增加，对节约时间的意识和实际需要日益强烈。外部市场方面，交通对于区域经济的发展至关重要，与其他交通方式相比，高铁具有无可比拟的优势，对于共建“一带一路”国家的贸易、人员往来、经济融合都具有重要作用，因而在“一带一路”倡议中，高铁建设是实现基础设施联通不可或缺的一环。对于“一带一路”而言，互联互通是贯穿始终的基本精神，而基础设施联通更是“一带一路”建设中的优先领域。此外，随着高铁技术的不断发展，大部分共建“一带一路”国家对于高铁建设价值的认同感不断提升，庞大的海外市场也推动了中国高铁产业的技术进步。

（三）系统结构

系统结构是构成系统的要素间相互联系、相互作用的方式和秩序。在中国高铁技术自主创新体系中，政府部门、国铁集团、产业企业、高等院校、科研机构、国外机构以及市场等系统要素间相互关联、相互作用，形成了政府引导支持下，以国铁集团为中心，以市场为导向，产业企业、高等院校、科研机构以及国外机构协同的创新网络结构。该结构具有以下特性：

1. 有序性。每一个系统有其自身存在的具体时空样态，时空样态的不同，则表现为不同的系统结构。所有的系统具体样态都是有规律地存在着的，而且构成一个相对的时空序列。在中国高铁技术自主创新体系结构中，国铁集团作为行业龙头企业，作为技术创新的需求方和创新成果的最大消费者，以强大的组织号召力为保障，一方面密切协调对接相关政府部门，另一方面整合产业链上下游企业、高等院校、科研机构和国外企业等力量广泛参与，用产学研紧密结合，实现在统一目标下的有序分工协作和互利共赢。

2. 层次性。正是由于结构在空间和时间上所具有的有序性、演化性、组织性，才使得每一个层次都有其各自特定的结构层次。例如，可以依据系统要素在创新过程中的作用将中国高铁技术自主创新体系划分为三个子层级：创新基础层、创新主体层、创新辅助层。不同子层级由不同要素组成，各子层级利用在系统中扮演不同角色、发挥不同功能而共同推进创新体系平稳运行。其中创新基础层是构成创新体系的基础，包括高校及科研机构。创新基础层是整个创新体系的主要创新源头，通过创造和供应创新性人才、技术、知识等为创新体系提供支撑。创新主体层是构成创新体系的核心，主要由国铁集团和产业各类企业组成。企业作为创新活动的关键执行者，依托从创新基础层获取的人才、技术、知识等创新资源创造出更多具有高应用性、高价值性的产品或服务，形成创新体系的关键。创新辅助层包括政府和市场，其主要功能是引导支持和调节导向各项创新活动的平稳进行。

3. 稳定性。系统结构在客观意义上具有稳定性，但是这种稳定性不是绝对的，只是在相对意义上的稳定，因为不同要素之间的相互联系和相互作用性质的差异能够使得系统的结构不同，进而发生相对变动。这种稳定性在中国高铁自主创新体系中体现在：尽管我国铁路经历了从工程、建筑、工业、物资、通号五大公司和十所高校等脱离铁道部到铁路改革政企分开，再到公司制改革建立现代企业制度，但是国铁集团及前身铁道部和中国铁路总公司在高铁技术创新体系中一直处于主导地位，以及由其主导构成的协同创新网络结构一直处于相对稳定状态。

（四）系统功能

系统功能是系统与环境在相互作用中所表现出的能力，即系统对外部表现出的作用、效用、效能或目的。它体现了一个系统与外部环境进行物质、能量、信息交换的关系，即从环境接受物质、能量、信息，经过系统转换，向环境输出新的物质、能量、信息的能力。中国高铁技术自主创新体系功能原理（图 2-2）：系统在选择特定创新路径后，通过持续的动力输入，在系统运行机制作用下不断进行创新绩效的输出，同时，创新绩效会反馈到创新动力、运行机制以及创新路径。

结合高铁技术创新的主要对象，中国高铁技术自主创新体系主要实现以下三大功能：

1. 实现创新要素资源集聚。高铁技术自主创新体系的首要功能就是促进知识、技术、资金、人才等创新要素资源，以创新主体为依托，围绕系统特定目标在特定空间集聚，系统化地投入到高铁技术创新活动中。

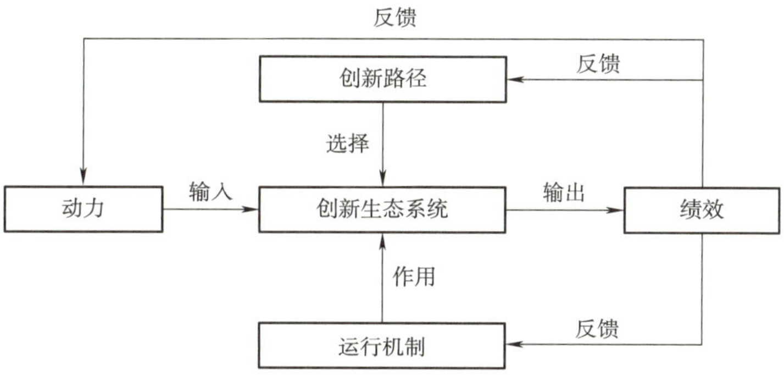

图 2-2　中国高铁技术自主创新体系功能原理

2. 实现创新主体协同攻关。高铁技术自主创新体系有助于促使系统中各类创新主体围绕共同创新需求,构建用产学研创新体系,高效配置科技力量和创新资源,强化跨领域跨学科的合作协作,形成强大的创新合力。

3. 实现创新链产业链融合。在实现创新主体协同攻关时,高铁技术自主创新体系各主体为了共同利益最大化,会自发地围绕产业链部署创新链、围绕创新链布局产业链,促进高铁创新链和产业链融合发展。

系统功能的最终目的是实现系统目标,根据马斯洛需求层次理论,结合中国高铁技术自主创新实际情况,中国高铁技术自主创新体系目标可以分为逐步提升的六个层次(图 2-3)。

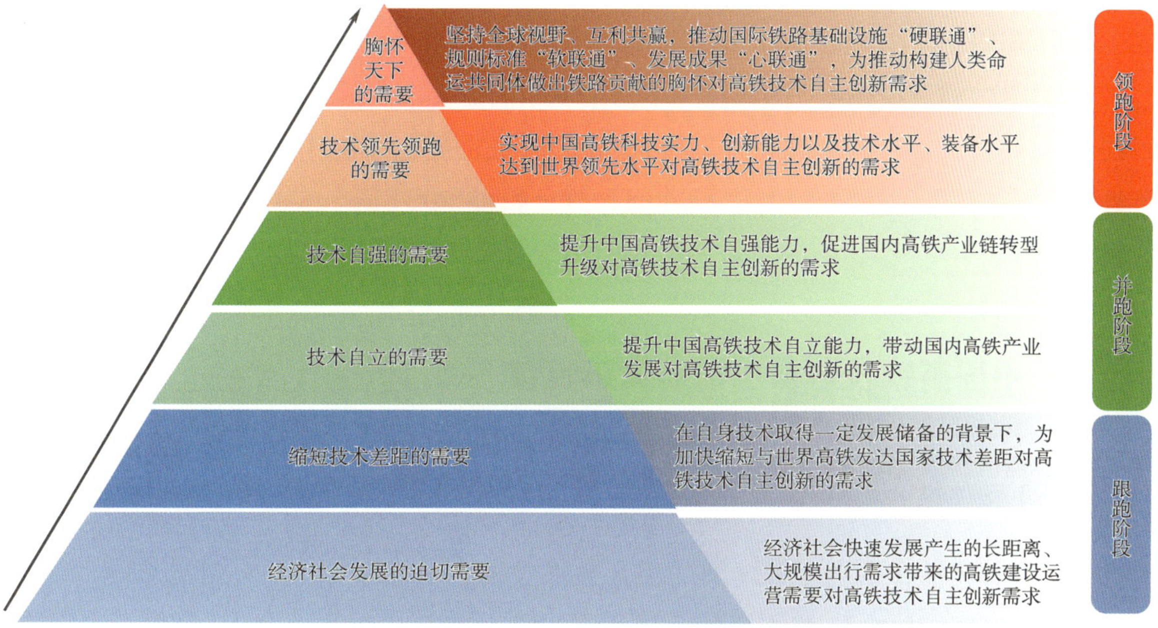

图 2-3　中国高铁技术自主创新体系目标层次模型

第一层次,满足经济社会发展对高铁技术自主创新的迫切需要。改革开放以来,中国经济发展迅速的同时，地区经济产业发展不平衡，长距离大规模出行需求突出。高铁技术创新首先就是要在满足各种复杂地质气候环境和巨大人口规模出行需求背景下，推进高铁工程建设、运输生产对技术创新的需求。

第二层次，满足缩短技术差距对高铁技术自主创新的需要。相较于世界高铁发达国家，中国高铁发展起步较晚。在经过一段时期技术探索发展后，我国高铁技术取得了一定进展，但为了进一步缩短与发达国家技术差距，对中国高铁技术自主创新提出了新的要求。

第三层次，满足技术自立对高铁技术自主创新的需要。铁路是国家战略性、先导性、关键性重大基础设施，是国民经济大动脉，高铁技术自立事关国家安全。同时，高铁产业是技术密集型产业，只有将技术掌握在自己手里，才能发展中国高铁产业。因此，高铁技术自立也是高铁技术自主创新的目标之一。

第四层次，满足技术自强对高铁技术自主创新的需要。高铁是国家综合交通运输体系骨干，高铁技术自强是交通强国的应有之义。高铁作为高端技术集成者，集中体现了一个国家的科技创新能力和工业技术水平，高铁技术自强是制造强国的应有之义。满足高铁技术自强是建设交通强国、制造强国对高铁技术自主创新的必然要求。

第五层次，满足技术领先领跑对高铁技术自主创新的需要。科学技术是第一生产力，国家之间的竞争更多的是科技力量的竞争。高铁技术创新除了满足行业本身需求外，一个重要的目标就是能够掌握关键核心技术，拥有独有独创的引领性创新成果，牢牢把握国际高铁竞争主动权，从而引领世界高铁发展技术方向。

第六层次，满足胸怀天下对高铁技术自主创新的需要。中国铁路以世界眼光把握中国高铁发展，中国的高铁发展离不开世界，世界的高铁发展也需要中国。因此，高铁技术创新要满足推动国际铁路基础设施“硬联通”、规则标准“软联通”、发展成果“心联通”对技术创新的需求。

三、中国高铁技术自主创新体系特征

（一）整体性

系统的整体性指系统要素之间的相互关系及要素与系统之间的关系以整体为主进行协调，局部服从整体，使整体效果为最优。实际上就是从整体着眼，部分着手，统筹考虑，各方协调，达到整体的最优化。中国高铁技术自主创新体系中，政府部门、国铁集团、产业企业、高等院校和科研院所等要素的性能由其在整体中的地位决定，其性能的发挥首先受整体性能的支配，同时受其他要素的制约；系统整体的属性、功能、行为相对于其要素而言具有独立性，可以对系统外部环境和内部各要素发挥特有的作用。对系统进行调节的目的是实现整体性能最佳，但整体最佳与要素最佳并不等值，要把各要素的性能控制在满足整体最佳的适宜状态。

（二）关联性

系统的关联性指系统通过整体结构，实现整体与部分、部分与部分、整体与外界环境的有机联系，这种联系相互影响、相互作用，甚至相互依赖、相互制约。从整体与部分的角度来看，中国高铁技术自主创新体系系统整体与要素相互关联，各类要素组成了系统整体，随着每个要素按照各自目的运作，系统才能够发挥功能。同时，系统整体运作又影响着各类系统要素的参与以及作用的发挥。如果某一要素主体或者作用进行了调整，可能导致系统结构或者层次发生变化。例如，铁道部撤销组建中国铁路总公司，再到改制成立国铁集团，作为高铁技术自主创新体系中主要要素部分，其主体和功能发生了变化，导致系统的结构也相应发生变化。从部分与部分的角度来看，中国高铁技术自主创新体系中创新目标如果发生变化，也会影响系统的结构，同时，系统结构的变化也可能影响目标的完成。从系统整体与外部环境的角度来看，中国高铁技术自主创新体系系统整体一方面受到宏观政策、技术发展、经济社会、内外市场等外部环境的影响，另一方面，系统整体变化也会反作用到外部环境。

（三）等级结构性

复杂的系统是有层次的，对某一系统来说它既是一些子系统的组合同时又要作为一个子系统去参与更大系统的组成。高铁技术自主创新体系是由多个创新主体要素和环境构成的系统，且要素之间存在复杂的非线性关系，具有复杂的结构特征。高铁技术自主创新体系这个复杂系统，本身就是一个层次分明的系统，政策、任务和信息的上传下达与落实执行，需要各个层次的机构有序、合理地开展职能范围的工作，最终实现创新的目标。

从创新链角度来看，中国高铁技术自主创新体系包括知识创新子系统、技术创新子系统、成果转化子系统；从产业链角度来看，中国高铁技术自主创新体系包括原材料创新子系统、设计咨询创新子系统、建筑施工创新子系统、装备制造创新子系统、运营维护创新子系统。尽管从创新链和产业链视角两个不同角度分析创新生态系统结构，其表现出了不同的层次结构，但是二者围绕市场需求这一终极目标实现了统一，如图 2-4 所示。事实上，不论从何种角度划分，这些子系统内部和子系统之间通过相互作用和合作创新，推动知识、技术、资金和人力资本的持续流动和交换，促进了中国高铁技术自主创新发展。

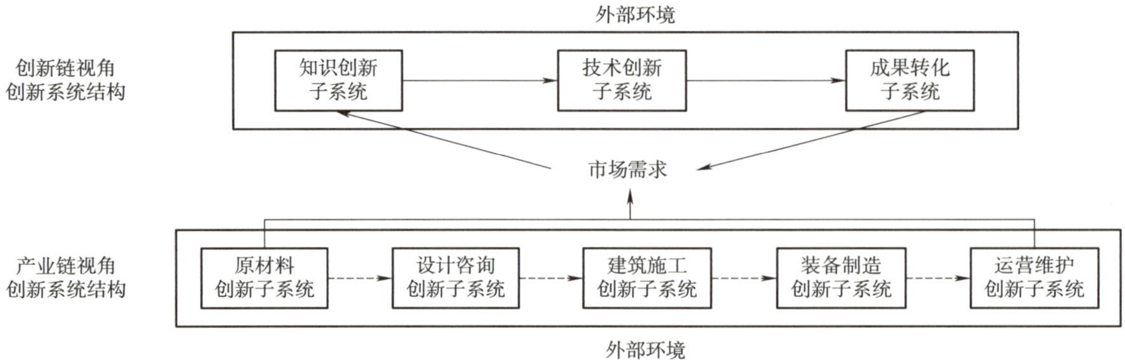

图 2-4　不同视角下中国高铁技术自主创新体系的等级结构

（四）动态性

系统的动态性是指系统状态与结构随时间变化而发生演化的趋势。创新体系不再是对组成要素的简单静态分析，而是更加强调各要素之间的能动关系和系统的动态演化，创新体系中的主导企业及其他各类创新参与者时刻处于动态变化的交互过程中，此类交互行为以及对环境的适应行为可为创新体系不断提供生长的动力来源和发展方向，推进系统持续向新一阶段动态演化。中国高铁技术自主创新体系中，随着系统环境的变化，系统要素、系统结构、系统目标也会一定程度随之发生变化，从而会影响系统动力、创新绩效发生变化，而创新绩效的变化也会反作用到系统路径调整。例如，随着“一带一路”倡议深入推动，加快高铁“走出去”，加快推动国际互联互通在我国高铁技术创新目标中分量越来越重，对应的创新路径中必须进一步加强国际合作交流。

（五）环境适应性

系统的环境适应性是指系统所具有的随外部环境变化相应进行自我调节、以适应新环境的能力。系统与环境要进行各种形式的交换，受到环境的制约与限制，环境的变化会直接影响到系统的功能及目的，系统必须在环境变化时，对自身结构和功能做出相应调整。高铁技术自主创新体系中，系统会随着创新环境变化选择不同的创新路径，同时优化系统结构，促使各主体要素性能发生调整以适应系统环境的变化。中国高铁技术自主创新体系中，系统会随着宏观政策环境、技术发展环境、经济社会环境和内外市场环境等外部环境变化选择不同的创新路径，同时通过优化系统结构和功能，调整资金、人才、技术等各类创新要素资源配置方式。例如，随着我国铁路管理体制改革，中国高铁技术自主创新更加突出企业创新主体地位，充分发挥市场在创新资源配置中的决定性作用。

第四节 中国高铁技术自主创新模式

长期以来，中国铁路始终坚持从实际出发，遵循和把握高铁技术特点和国情路情的特殊要求，坚持“以我为主”的战略定力，以开放的胸怀，广泛学习借鉴世界高铁的先进理念和技术创新成果，持续加大关键领域技术攻关力度，形成了从高铁基础理论研究、应用技术研究、综合试验到成果应用的完整链条，走出了一条在较短时间内掌握世界最先进高铁成套技术的独特道路。基于新型举国体制下以用户为核心的高铁技术自主创新体系理论框架，中国高铁技术自主创新模式可以归纳为：在有为政府和有效市场作用下，用户责任驱动的以我为主、用产学研深度协同、开放合作的全过程体系化系统迭代创新模式。具体包括中国高铁技术自主创新追赶模式、动力模式、路径模式、组织模式、运作模式和绩效模式。这一系列模式，相互联系、相互支撑，集中体现中国高铁技术自主创新的内在逻辑和本质规律。

一、追赶模式

速度等级是高铁技术水平的最主要标志，能够比较集中反映一个国家高铁技术整体水平。在 1964 年，日本开通世界首条高速铁路，最高运营速度 200 km/h。1971 年，德国铁路开行最高速度 200 km/h 的 IC 城间特快列车。1983 年，法国第一条高铁东南线分两阶段开通运营，最高运营速度 270 km/h。1990 年，日本上越新干线运营速度提升至 275 km/h，同年，法国大西洋线最高运营速度达到 300 km/h。1991 年，德国开通首条高铁速度达到 280 km/h，2002 年德国开通首条客运专线，最高运营速度 300 km/h。2007 年，日本山阳新干线率先将运营速度提升至 300 km/h。2013 年，日本东北新干线率先将运营速度由 300 km/h 提升至 320 km/h。

相较于欧洲国家和日本，中国高铁起步相对较晚。1998 年，中国广深准高速铁路完成电气化改造，提速到 200 km/h。2003 年，秦沈客专建成通车。2007 年，中国 CRH 系列动车组投入运营，实现最高速度 250 km/h。2008 年，中国第一条设计速度 350 km/h 的高速铁路——京津城际铁路正式开通运行。2011 年，设计速度 350 km/h 的京沪高铁全线通车，初期运营速度为 300 km/h。2017 年，复兴号中国标准动车组在京沪高铁以时速 350 km 运营，中国成为世界上高铁商业运营速度最高的国家。2019 年，智能型复兴号动车组在京张高铁成功上线运用，并在世界上首次实现时速 350 km 自动驾驶功能，标志着中国高铁技术达到世界最先进水平。

高铁速度等级的发展很大程度上反映了高铁技术创新发展历程，能够集中反映高铁技术先进性水平，但难以全面体现高铁技术自主化程度。因此，构建高铁技术先进自主程度指数来综合反映高铁技术的先进性和自主化程度。

定义高铁技术先进自主程度指数公式为

$$D = \sqrt{\sum_{i=1}^{I} x_i \omega_i \cdot \sum_{j=1}^{J} y_j \lambda_j}$$

式中，D 为高铁技术先进自主程度指数，取值范围[0,10]；$\sum_{i=1}^{I} x_i \omega_i$ 为技术先进性程度；x_i 为先进性评价指标，取值范围[0,10]；ω_i 为先进性评价指标权重；$\sum_{j=1}^{J} y_j \lambda_j$ 为技术自主化程度；y_j 为自主化程度评价指标，取值范围[0,10]；λ_j 为自主化程度指标权重。

结合中国高铁技术体系构成，构建高铁技术先进自主程度评价指标（表 2-1）。根据指标数量确定各指标权重为 1/6，同时，广泛面向行业政府部门、铁路运输企业、工程建造企业、装备制造企业、科研机构、高等院校的高级管理人员和权威专家发放调查问卷收集指标数据。问卷调查统计结果见表 2-2。

表 2-1 高铁技术先进自主程度评价指标

先进性评价指标	权重	自主化程度评价指标	权重
动车组技术先进性水平 x_1	ω_1	动车组技术自主化水平 y_1	λ_1
工务工程技术先进性水平 x_2	ω_2	工务工程技术自主化水平 y_2	λ_2
牵引供电技术先进性水平 x_3	ω_3	牵引供电技术自主化水平 y_3	λ_3
通信信号技术先进性水平 x_4	ω_4	通信信号技术自主化水平 y_4	λ_4
运营管理技术先进性水平 x_5	ω_5	运营管理技术自主化水平 y_5	λ_5
安全保障技术先进性水平 x_6	ω_6	安全保障技术自主化水平 y_6	λ_6

表 2-2 中国高铁技术先进自主程度指数问卷调查统计结果

高铁技术先进自主程度指数	21 世纪初	2012 年前后	2017 年	目前
中国	4.37	6.29	7.79	8.88
欧洲国家和日本	7.42	7.59	7.85	8.05

根据调查结果数据，中国高铁与同期世界（主要是欧洲国家和日本）高铁技术先进自主程度比较如图 2-5 所示。

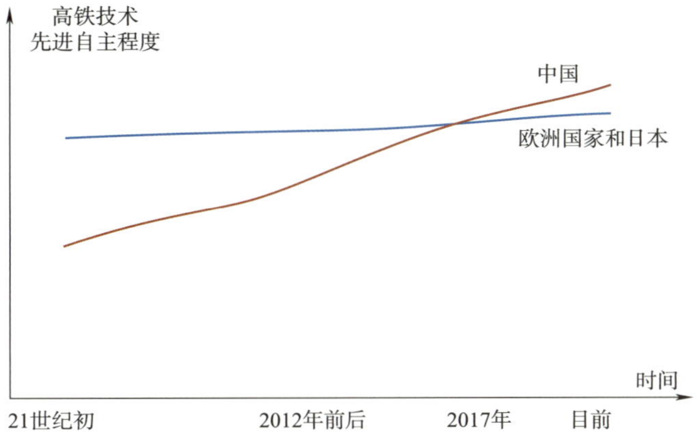

图 2-5 中国高铁技术先进自主程度追赶情况

从中国高铁技术自主创新发展全过程来看，高铁技术先进自主程度整体上呈现上升趋势，我国高铁技术数十年持续追赶世界先进水平。特别是党的十八大以来，我国高铁技术先进自主程度大幅提升，与欧洲国家和日本的差距不断缩小，目前已经超越欧洲国家和日本，领先优势仍在不断扩大，这也表明我国高铁技术创新数十年的追赶取得了显著成效，高铁技术先进自主水平已经处于世界领先地位。

中国高铁技术自主创新早期，我国在追求高铁技术先进性的同时，更加注重高铁技术自主化程度，这是由我国高铁技术根基薄弱、同世界先进高铁技术之间差距巨大这一主要矛盾决定的。这一时期，重点任务是大力探索和发展我国自己的高铁专业领域技术体系，初步建立高铁主要领域相关技术标准体系，便于掌握高铁发展的主动权。2004 年—2012 年，高铁技术创新更加注重技术的先进性，对自主化的追求有所下降。这是因为，随着我国加入世界贸易组织后，经济社会迅速发展，铁路运输需求大幅增加，高铁技术创新的主要矛盾转变为人民群众对大规模先进的高铁出行需要同落后的高铁技术水平之间的矛盾。党的十八大以来，我国提出把科技自立自强作为国家发展的战略支撑，坚持创新在我国现代化建设全局中的核心地位，坚持实施创新驱动发展战略。这一时期，我国高铁技术创新的主要矛盾转变为高铁部分关键核心技术受制于人同高水平科技自立自强之间的矛盾。因此，该阶段我国高铁技术创新以实现高水平科技自立自强为核心目标，加快各专业领域核心技术自主化攻关，同时兼顾技术领先领跑。

总体来看，中国高铁技术自主创新追赶模式可以概括为：以自主创新为目标，瞄准世界先进水平，统筹兼顾、因时制宜、奋力追赶，并最终实现超越的追赶模式。

二、动力模式

根据德裔美国社会心理学家库尔特·勒温的社会行为相关学说，社会行业一般规律可以用公式表示为

$$B = f(P, E)$$

式中，B 为行为；P 为主体变量；E 为环境变量。

可以看出，任何行为的产生都是行为的主体因素与外界因素相互影响、相互作用的结果。高铁技术自主创新是一个复杂的过程，其中交织着多种动力，自主创新行为的产生是外部动力和内部动力共同作用的结果。通过外部动力的作用，为创新提供适当的环境。同时由于内生动力的存在，促使高铁技术自主创新体系内部各要素主动地积累自身的创新能力，从而产生创新行为，创新的整个过程都是在由这些因素构成的合力作用下进行的。

根据上述分析思路，可以将高铁技术自主创新体系的动力分为内生驱动力和外生动力两个部分。内生驱动力是指系统内部各主体进行创新活动时，其原生动力对它们创新活动的作用力。中国高铁技术自主创新体系内生驱动力包括责任担当、技术积累和人才储备。外生动力是指创新环境因素推动创新主体进行创新活动的作用力。中国高铁技术自主创新体系的外生动力可以包括党的领导、政策引导、人民需要、市场竞争和科技进步。中国特色社会主义最本质的特征是中国共产党领导，中国特色社会主义制度的最大优势是中国共产党领导。中国高铁技术自主创新作为中国特色社会主义建设的具体实践，其最大的动力优势是党的领导。党的领导不仅影响中国高铁技术自主创新其他外生动力，还显著影响其内生动力。党的领导还将中国高铁技术自主创新内生动力同其他外生动力联动起来，共同驱动中国高铁技术自主创新。考虑到党的领导的关键作用，以及其对内生动力和其他外生动力的联动作用，这里将外生动力分为党的领导和社会推动力两个部分，社会推动力包括政策引导、人民需要、市场竞争和科技进步。

（一）党的领导

中国共产党的领导是中国高铁技术自主创新不断前进的根本政治保证。党的十八大以来，以习近平同志为核心的党中央坚持把科技创新摆在国家发展全局的位置，对创新驱动发展战略进行顶层设计，从强化企业科技创新主体地位、构建协同高效的科研体系、优化科技资源配置、促进科技成果转化、改革人才评价与激励机制、营造良好生态等方面出台了一系列文件，从根本上奠定了我国高铁技术自主创新的政治和

制度基础。习近平总书记从党和国家发展全局的高度对科技创新进行了顶层谋划和系统部署,提出了一系列关于科技创新的重大论断,为推动我国高铁技术自主创新提供了根本遵循。

习近平总书记多次对铁路特别是高铁发展作出重要指示批示,多次点赞中国高铁,给广大铁路工作者巨大鼓舞和激励,极大增强了铁路加强科技自立自强工作的决心与信心。从“高铁是我国装备制造的一张亮丽的名片”到“铁路密布”“高铁飞驰”,从亲自批准复兴号中国标准动车组命名到赞誉“复兴号奔驰在祖国广袤的大地上”,从强调“复兴号高速列车迈出从追赶到领跑的关键一步”到指出“我国自主创新的一个成功范例就是高铁”以及“要总结经验,继续努力,争取在‘十四五’期间有更大发展”,习近平总书记的亲切关怀与殷殷嘱咐为我国高铁技术自主创新、砥砺前行提供了不竭动力源泉。

(二)内生驱动力

1. 责任担当。一是使命意识。即时刻牢记国家铁路、人民铁路的职责使命,以勇当服务和支撑中国式现代化的“火车头”的强烈使命意识谋划推动高铁技术自主创新。我国铁路建设环境十分复杂,东北地区气温变化从 -40 ℃到 +40 ℃,东部河网纵横、淤泥质软土密布,西南地区山高谷深、地质条件恶劣,西北地区分布有大面积湿陷性黄土和戈壁沙漠,给高铁建设带来一系列困难。但为了服务国家重大发展战略,满足人民美好出行需要,我国铁路坚持自立自强、创新突破,扎实推进关键核心技术攻坚战,攻克大量世界性技术难题。北至“白山黑水”,南到“热带雨林”,东临澎湃大海,西入荒漠戈壁,凭借具有独立自主知识产权的高铁建设和装备制造技术体系,我国铁路遇山开山、逢水架桥,不断以自主创新成就自我超越,把一条条现代化高铁铺画到祖国广袤的大地上。二是挑战意识。即勇于向行业内的关键技术问题发起挑战的精神。中国高铁技术自主创新具有复杂性、艰巨性和长期性的特征,在此过程中需要敢于对可预期的困难发起挑战。中国高铁在探索中砥砺前行,在前行中创新进步。从秦沈客专、京津城际、武广高铁的开通运营到中国高铁走出国门,再到今天更安全、更快捷的具有完全自主知识产权的复兴号中国标准动车组正式投入运营,中国高铁之所以取得举世瞩目的成就,离不开铁路决策者和科技工作者赶超世界一流的豪迈情怀。三是创新意识。即对于技术研发、管理方式等采用开放性、创造性处理方式的倾向,只有具有创新意识,才会积极构建用产学研合作体系、研发联盟等多种方式,充分利用内外部的资源实现技术创新和管理创新。以时速 350 km 复兴号中国标准动车组研制为例,此前我国已经研发了 CRH 系列动车组,但是中国铁路没有止步于既有成果,而是持续创新,致力于研制具有完全自主知识产权的中国标准动车组。在国家有关部门的支持下,中国铁路总公司集合国内有关企业、科研院所和高等院校等优势力量，构建起优势互补、协同高效、互利共赢的技术创新体系，合力开展中国标准动车组技术攻关。四是担当意识。即敢于担当，勇于作为，在面临创新风险甚至损失的时候愿意承担责任。越到更高水平技术攻关阶段，面临的困难和瓶颈制约越显现，技术创新越可能面临失败的风险，这需要决策者具有非凡的担当意识。在高铁技术自主创新实践中，我国铁路围绕既定技术创新目标，以坚韧不拔的意志、精益求精的精神，克服各种困难，协调各方面资源，将创新进行到底。

2. 技术积累。技术积累是指在长期的生产和创新实践中所获得的技术知识和技术能力的递进。技术积累是创新活动最为重要的内在基础，创新过程每一环节的实现都必须建立在相应技术积累基础之上。中国高铁技术创新正是在中国铁路数十年长期技术积累的基础上开展的自主实践。新中国成立以后，我国先后建成成渝、宝成、兰新、成昆、京九等一大批干线铁路和大秦重载铁路、青藏铁路等，设计建造了武汉长江大桥、南京长江大桥、九江长江大桥等大型桥梁，攻克衡广复线大瑶山隧道、宝中铁路六盘山隧道、南昆铁路家竹箐隧道等复杂隧道，研制了东风系列内燃机车、韶山系列电力机车等。在中国高铁技术发展初期，通过实施既有线六次大提速、早期自主研制高速列车和建设高铁试验线，突破了一大批高铁技术难题，为我国高速铁路发展奠定了重要理论和技术基础。例如，通过第六次大提速，在线桥隧涵、高速列车、通信信号、接触网等工程技术方面取得一系列成果，形成了 200 km/h 等级既有线提速理论技术体系，为高速铁路建设和运营管理提供了强有力的支撑。通过“神州号”“蓝箭号”“中华之星”“先锋号”等动车组自主研制，跟踪把握了国外高速动车组的技术发展方向，全面系统地开展了高速列车技术标准、系统集成技术研究，初步搭建动车组研发、设计制造和试验平台，为后续的动车组技术引进、消化吸收再创新奠定了基础。通过秦沈客运专线技术攻关，初步建立了时速200～250 km 高速铁路的设计技术标准，为我国高速铁路的大规模建设做了技术和经验积累。

3. 人才储备。习近平总书记在科学家座谈会上的重要讲话中指出：“人才是第一资源。国家科技创新力的根本源泉在于人。”高铁作为知识密集和技术密集的高新技术产业代表，具有较高的技术壁垒和创新难度，中国高铁技术自主创新离不开长期的人才积累储备。例如，通过我国自主设计、施工的第一条客运专线——秦沈客运专线的攻关试验，一大批参研人员加强了对时速 200 km 及以上铁路关键技术的认识和实践，积累了参与高铁设计、施工、制造和调试的经验，为我国后续大规模的高铁建设储备了一大批专业技术人才、管理人才。据了解，参加京沪高铁建设的技术骨干有 90% 的人都参加过秦沈客专的建设，大量前期动车组自主研制过程中培养锻炼的人才，在我国的高速动车组自主研发过程中也都发挥了很好的中坚作用。负责引进消化吸收重要车型 CRH2A 的核心人员，曾是研制“中华之星”的技术总负责人；铁路大规模技术引进工作的主要负责人，也曾是研制“先锋号”动力分散型动车组的总体技术负责人，而早在1995年他就是“九五”重点科技攻关项目“高速试验列车技术条件的研究”的主持人。这种人才的延续和积淀，对推进中国高铁技术自主创新发展发挥了重要作用。

（三）社会推动力

1. 政策引导。一方面，国家铁路顶层规划为高铁技术创新奠定了良好市场基础。2004年国务院审议通过了我国铁路史上第一个《中长期铁路网规划》，2008年对其进行了调整，提出建设以“四纵四横”客运专线为骨架的快速铁路网。2016年国务院通过了新的《中长期铁路网规划》，提出要形成以“八纵八横”主通道为骨架、区域连接线衔接、城际铁路补充的高速铁路网。2021年，党中央、国务院又印发了《国家综合立体交通网规划纲要》，提出到2035年要建成包含7万km高速铁路的国家综合立体交通网实体线网。另一方面，国家科技创新政策为高铁技术自主创新创造了良好政策环境。近年来，围绕创新驱动发展，我国陆续出台一系列新政策，深入推进人才强国、科技强国建设，充分调动科研人员积极性、营造良好创新氛围，显著提升了科技实力和创新能力。

2. 人民需要。习近平总书记深刻指出：“人民对美好生活的向往，就是我们的奋斗目标。”在中国特色社会主义制度下，中国高铁技术创新发展的奋斗目标就是满足人民对美好交通出行的需要，同样，中国高铁技术的快速发展离不开人民群众需求强大的拉动作用，运输服务市场能使消费者需求与科技供给紧密结合起来，使消费需求直接推动科技创新事业的发展。一是日益庞大的客运需求迫切需要铁路系统加快创新发展。例如，在高速铁路大规模建设之前，人均占有铁路里程数极为有限，客运能力极为不足，“一车难求、一票难求”的问题在铁路系统尤其突出，铁路运能与运输需求之间的矛盾十分突出。在1980年—2007年间，中国铁路营业里程由5.33万km增长至7.8万km，仅增长46.3%，而国内生产总值则由4 587.6亿元增长至270 092亿元，增长近58倍，远远超过铁路营业里程的增长率。相比于我国快速的经济增长，铁路发展明显滞后。我国铁路的运能不足不是短期和局部的问题，而是整体生产力规模不足、技术装备水平不高的体现。要扭转铁路发展落后的局面，只有建设高密度、大运量、快速度的高速铁路，才能从根本上解决我国铁路运输能力不足的问题。二是人民对服务质量的不懈追求是铁路创新发展的持久动力来源。高速铁路为运输服务市场提供了新的出行方式，更好地满足了人们对运输速度的追求，创造了巨大的时间效益。此外，旅客对铁路运输速度的追求促使铁路系统持续创新升级，对高铁服务质量的追求促进了高铁数字化技术、智能化技术的快速发展。三是高铁诱增的需求为高铁创新发展提供了强大的市场保障。高铁不仅改善了运输通道内部安全性、快捷性与舒适性，对区域内潜在的出行需求具有强烈的刺激作用，在高铁技术经济优势和成网效应的双重影响下，这种诱增客流进一步地为高铁创新发展提供了市场保障。

3. 市场竞争。从运输市场角度来看，随着我国客运行业竞争的日益激烈和旅客消费观念的逐渐转变，高铁只有充分了解旅客的需求并不断提高自身的服务质量，才能在众多交通方式中脱颖而出，这促使铁路系统不断通过技术创新升级以达到节约旅客时间、提供更优质服务的目的。从技术市场角度来看，以日本、德国、法国为代表的世界高铁技术强国，凭借其悠久的发展历史和丰富的运营经验，在国际高铁市场上一直占据着举足轻重的主导地位，我国作为高铁技术的后来者面临着激烈竞争。中国高铁要参与世界高铁市场竞争，实现从规则的跟随者向世界高铁发展的引领者和规则制定者角色转变，必须加快提升自主创新能力，不断提升高铁技术自主创新实力。

4. 科技进步。从 20 世纪 60 年代开始，高铁凭借高效快捷、节能环保等优势特点得到了快速发展，日本、法国、德国等国家先后形成各具特色的高速铁路技术体系和系列化产品。中国高铁的发展机遇为这些国家技术向中国转移、扩散创造了条件，也为中国学习世界先进技术、建立自身技术优势提供了历史机遇。从全球科技创新来看，进入 21 世纪以来，新一轮科技革命和产业变革正在重构全球创新版图、重塑全球经济结构。北斗卫星导航技术、5G 通信、互联网大数据、云计算、人工智能技术等新技术的发展应用为高铁技术提供了更多创新源泉。例如，随着“北斗技术”的发展应用，通过北斗导航技术对地基实现高精度定位，配合机载雷达、无人船、倾斜摄影、无人机等新兴测绘技术，逐步改变了传统勘测技术手段单一、测量效率低、质量控制难、数据处理效率低等问题，加速了我国高铁勘测领域迈向智能化。借助人工智能和大数据技术，12306 铁路客票系统将铁路客运业务与各层次管理相结合，显著提升了铁路效率，改善了客户体验。

中国高铁技术自主创新动力不是内外生动力的简单加和，在内生驱动力和外生动力内部及相互之间都有着密切的相关性。例如，党的领导会对政策制度制定和责任担当产生正向影响，政策制度引导可能引起人民需要、市场竞争、人才储备变化。人民需要的变化也会正向影响政策制度引导，加速技术更新的速度。科技发展进步会对人民需要、市场竞争以及技术积累产生影响，新的技术创新在满足当前市场需求基础上又具备引导市场走向甚至开发创造出新兴市场的能力。

根据中国高铁技术自主创新体系的动力构成以及各种力之间的相互作用，定义中国高铁技术自主创新体系的动力为

$$\sum_{i=1}^{8} F_i + F_A = Ma = M\frac{\mathrm{d}v}{\mathrm{d}t} = M\frac{\mathrm{d}^2 r}{\mathrm{d}t^2}$$

式中，F_i 为中国高铁技术自主创新体系的八种创新动力，包括党的领导、责任担当、技术积累、人才储备、政策引导、人民需要、市场竞争和科技进步；F_A 为 F_1，F_2，F_3，F_4，F_5，F_6，F_7，F_8 八种力的交互作用力；$\sum_{i=1}^{8} F_i + F_A$ 为创新体系的总推动力；M 为系统质量或惯性；a 为系统加速度；v 为系统创新速度；r 为系统在总推动力作用下成长的位移；t 为时间。

可以看出，创新体系的动力直接决定着系统创新的加速度、创新速度以及创新绩效和方向。

概括来说，中国高铁技术自主创新动力模式可以总结为：在党的领导下，以内生驱动为主、社会推动相结合的多种动力混合驱动模式，其中，任何一种动力发生变化都会影响中国高铁技术自主创新体系运行，同时，内外动力通过复杂联系相互影响，体现出鲜明联动效应。

三、路径模式

我国高铁技术创新总体上经历了从无到有，从引进消化吸收再创新到自主创新三个阶段。在不同发展阶段，我国铁路根据当时国情路情选择了适宜的技术创新路径，各阶段创新路径也表现出了不同的特点。

（一）从无到有阶段（1990 年—2003 年）

20 世纪 90 年代初到 2003 年，我国高铁处于从无到有的技术积累阶段，我国铁路开展了发展高铁的探索研究，对高速铁路设计建造、高速列车、运营管理等基础理论和关键技术组织攻关，进行了广深铁路提速改造，研发了“先锋号”“中华之星”等系列动车组，研究、设计、施工建成了设计时速 200 km 的秦沈客运专线，为随后高速铁路的快速发展奠定了坚实的技术人才基础。

该阶段我国高铁技术创新以原始创新模式为主，国家和铁道部统筹路内外资源，积极开展高铁科技攻关和科研试验，跟踪国外技术发展方向，组织对外技术交流。该阶段的主要特点是铁道部作为铁路政府主管部门集中统筹技术创新，市场机制发挥作用较为有限，对国内创新力量进行了一定程度的协同创新，这个时期高铁国际技术合作水平较低，国际技术合作范围和深度都存在一定局限性。

（二）引进消化吸收再创新阶段（2004 年—2012 年）

进入 21 世纪以后，世界经济一体化进程明显加快，国际经济技术合作更加密切。

2004年国务院批复新中国第一个行业规划《中长期铁路网规划》，开启了我国“四纵四横”高铁建设发展的新篇章。在世界高铁技术日趋成熟、国家综合实力日益增强的形势下，中国铁路充分发挥后发优势，明确了“引进先进技术，联合设计生产，打造中国品牌”的战略方针，力争用最短的时间建成世界一流高速铁路。按照这一方针，中国铁路坚持瞄准世界先进，成功引进并通过消化吸收再创新迅速掌握了世界一流的高铁技术。

该阶段我国高铁技术创新形成了自主创新和模仿创新相结合的创新模式，铁道部充分利用高铁市场巨大的吸引力，坚持以我为主的方针，发挥铁路网完整和集中统一指挥的管理体制优势，把所有国内市场需求集中起来，掌握技术引进的主动权。在技术引进过程中，坚持进行多国技术比选，确保中国引进世界最先进的高铁技术，为博采众家之长进一步发展中国高铁技术创造了条件。通过联合设计生产消化吸收引进技术，打造中国高铁品牌。针对国内线路特点和旅客需求，在广泛吸纳世界高速列车技术的基础上，与外方进行联合设计、联合生产，构建适应中国铁路运输需要的完整标准体系和产品体系。该阶段的主要特点是广泛引进吸收国外先进技术，组织联合设计生产，加快国际合作水平，在市场机制的作用下，用产学研协同密切，为未来全面自主创新创造了良好技术体系基础。

（三）自主创新阶段（党的十八大以来）

党的十八大以后，我国发布2016年版《中长期铁路网规划》，提出建设以“八纵八横”客运专线为骨架的快速铁路网，并相继发布重磅顶层规划文件，持续保持大规模投资建设高铁。全面实施一日一图，推广电子客票，形成基于客票销售的综合服务系统，建成调度指挥中心，在运输组织、客运服务、调度指挥等方面进行了有效探索。与此同时，高铁技术创新进入新阶段，我国铁路以突破关键核心技术实现全面自主化为目标，充分发挥企业创新主体的作用，针对高速动车组、高铁列控系统、高铁轨道结构的关键部件等当时受制于人的关键核心技术开展成系统的全面创新工作，经过几年的努力，形成了具有中国特色、全面拥有自主知识产权的高铁成套技术和装备体系。我国高铁总体技术水平跻身世界先进行列，部分技术领域达到世界领先水平。在以上成功实践的基础上，我国进一步加大高铁国际技术交流合作，牵头推进印尼雅万高铁建设和匈塞铁路改造项目，推动我国铁路“走出去”。

该阶段我国高铁立足发展阶段和环境的变化，形成了以自主创新为主，并广泛吸纳各方优势技术的新模式。该阶段的主要特点是为实现高水平科技自立自强，不断健全新型举国体制优势，充分发挥市场对创新资源配置的决定性作用，实现国内外优势科研力量高度协同。同时，随着我国高铁经济社会效益的凸显与技术实力的提升，我国高铁“走出去”的步伐越来越快，国际合作水平进一步提升。

综合不同创新阶段的特点，中国高铁技术自主创新路径特征如图 2-6 所示。

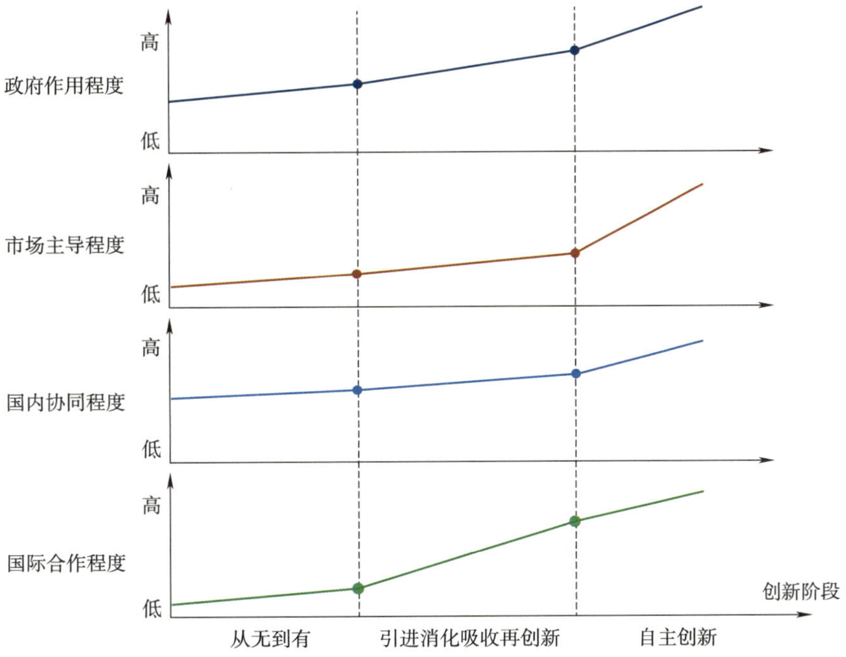

图 2-6　中国高铁技术自主创新路径特征

从历史演进的视角来看，中国高铁技术自主创新总体路径模式为“以我为主、开放协同”的全过程自主创新模式。中国高铁之所以能在短期内脱颖而出，重要原因之一就是厚植自身研发基础，充分利用全球创新资源，以实现核心技术独立自主为目的，进行了长期不懈的实践探索。在全球化时代，对全球创新资源的利用更为便利，但是核心技术尤其是能够持续提升产业竞争力的资源变得更为稀缺，必须依靠自主创新。可以说，自主化是我国高铁摆脱对国外依赖、实现产业安全的前提和基础。在高铁技术创新过程中，我国铁路立足国情路情，始终坚守自主创新意识、坚持“以我为主”的战略定力，坚持原始创新、集成创新和引进消化吸收再创新相结合，并针对不同的技术领域选择不同的自主创新途径，不断提升自主创新和持续创新能力，在较短的时间内掌握了世界最先进的高铁成套技术。特别是以核心软件和源代码为重点，全力推进自主研发，打造适合我国运营实际的关键装备自主设计、制造、验证、运维技术平台，成功研制了一系列新技术新装备，培育了自主品牌，塑造了真正的创新自信。

四、组织模式

结合不同创新对象，中国高铁构建了以“路内外用产学研单位一体化组织”“理论研究、科技攻关和试验验证一体化实施”“固定设施与移动装备技术创新一体化部署”“建设、运营、产品标准一体化构建”为核心的“四个一体化”组织模式（图 2-7），打通不同专业、不同部门和相关创新环节之间的阻隔，形成专业融合、上下贯通、协调一致的创新局面。

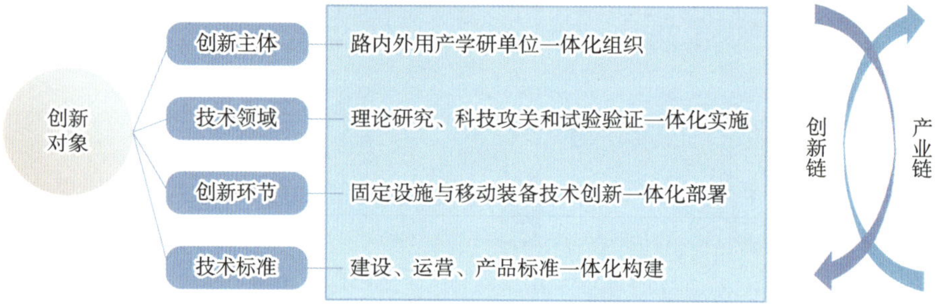

图 2-7　中国高铁技术自主创新“四个一体化”组织模式

（一）坚持路内外用产学研单位一体化组织

我国铁路紧紧围绕高铁建设和运输需求，组织行业内外用产学研相关单位形成大团队，按照确定的科研目标开展一体化创新。在政府支持指导下，以国铁集团为技术创新管理核心主导实体，围绕国家决策部署和整体规划，主导铁路技术创新顶层设计，把握行业技术创新主要方向，宏观组织推进铁路技术创新活动，广泛联合路内外工程建设企业、装备制造企业、高校、科研院所等共同参与技术创新体系，打通了从基础理论研究、关键技术研发，到新产品研制、成果推广应用的高铁技术创新链。

（二）坚持理论研究、科研攻关和试验验证一体化实施

我国铁路以系统性大课题为抓手，以重大综合试验为手段，在确定年度科研任务时，将科研和试验统筹考虑、一体化安排。一方面，把科研作为先导性工作，围绕高铁建设、运营实际需求确定科研立项，系统开展基础理论研究和关键技术攻关，在充分掌握相关技术原理的基础上，组织开展正向研究、正向设计、正向创造，研制形成首台首套产品。另一方面，针对研发成果，通过实验室仿真测试、环行线试验、真车实线验证、实际运用考核等一系列试验验证考核手段提高科研成果的可靠性，使首台首套产品得到及时验证考

核和优化完善，最终将新技术装备推广运用。

（三）坚持固定设施与移动装备技术创新一体化部署

将涉及高速铁路的线路、桥梁、隧道、牵引供电等固定设施设备，以及动车组等移动设备和列车控制设备等的技术研发均作为重大科研课题按照一体化要求进行安排，明确主要技术方向和原则，以及各专业之间的接口关系，突出高速动车组、列车控制技术等“短板”项目的研究平台建设、课题研究和协同验证，避免顾此失彼、整体性差问题出现。

（四）坚持建设、运营、产品标准一体化构建

高铁技术标准涉及设计、施工、验收等建设标准，维修、管理等运营维护标准，以及材料、设备等产品标准，多达几千项。各项标准既有独立性，又相互联系。产品、建设标准应用较早，应先行一步，但如果不与运营维修标准一同研究，则三个标准之间难免不同。针对高铁建设、运营维护、产品设计制造三大标准体系的不同属性，既分系统组织研究和制定，又按一体化原则统筹推进。根据我国高铁发展不同阶段的需要，提出建立和完善高铁技术标准的计划并安排落实；对每一项标准的制定，均统一制定原则、统一编制大纲、统一组织专家审查，既考虑单项标准的先进性、适用性，同时也注重该标准在整个高铁标准体系中纵向和横向间的协同性、经济性，使各标准之间协调一致。

通过坚持“四个一体化”，中国高铁围绕产业链的核心需求部署创新链，以创新链为支撑，助推产业链升级，实现技术与应用、科技与产业的融合互动，共同推动高铁高质量发展。

五、运作模式

中国高铁技术自主创新体系运作模式可以概括为：政府引导下以用户为主导、以企业为主体的“用产学研”深度融合的协同创新模式，如图 2-8 所示。该模式以激励机制为基础，以协同平台为依托，充分发挥国铁集团龙头企业作用，构建深度融合的高铁技术协同创新网络，通过沟通协调、风险管理、困难解决和考核评价等工作机制保障创新体系平稳高效运行，如图 2-9 所示。

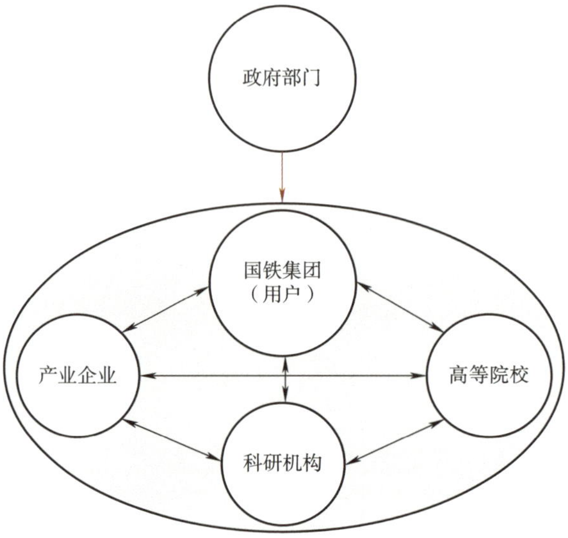

图 2-8　中国高铁技术自主创新体系运作模式

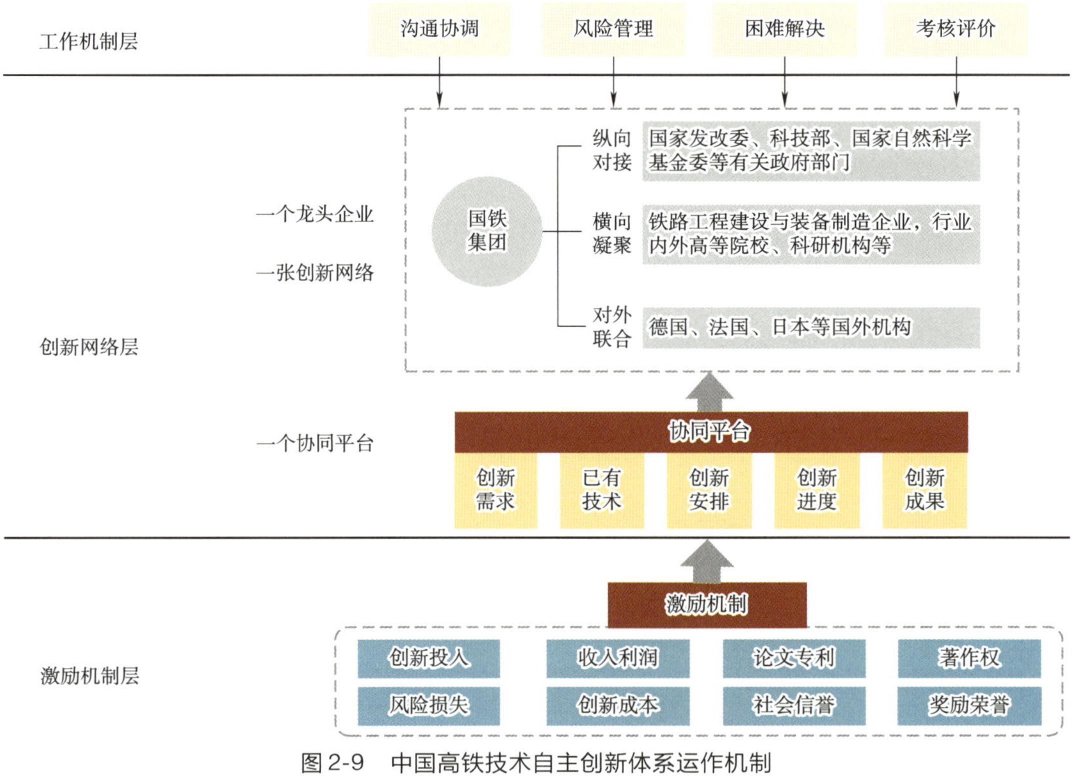

图 2-9　中国高铁技术自主创新体系运作机制

（一）激励机制层

激励机制层是中国高铁技术自主创新体系运作的前提基础。协同创新不仅仅是一个技术过程，更是一个社会互通的过程，合作最终能否达成，与激励机制是否满足各方预期关系密切。广义的激励既包括创新投入,也包括创新收益。中国高铁技术自主创新体系运行过程中的激励是多方面的,主要包括创新投入、收入利润、风险损失、创新成本等显性经济效益,论文专利、著作权等隐性经济效益,以及社会信誉、奖励荣誉等无形资产。正是出于对上述激励机制的愿望,各创新主体协同基础才是扎实的。在长期的创新实践中,为了保障高铁技术自主创新体系整体利益和创新主体个体利益实现协同最优,中国高铁技术自主创新体系建立了“不论大小平等对待、综合考虑投入与贡献、利益与风险匹配、民主协商公开”的“公平合理、公开透明、风险共担、利益共享”的激励机制。

1. 不论大小平等对待。中国高铁技术自主创新体系各创新主体,不论实力强弱、规模大小,在协同创新中的地位和对待利益追求的权利是平等的。否则难以维持所有主体协同积极性,也难以形成长久的协同关系。

2. 综合考虑投入与贡献。由于资源禀赋的不同,各方的成本投入也不同。同时,因为创新能力和核心竞争力不同,各创新主体为系统创造的价值也不尽相同。正是如此,综合考虑投入与贡献不同,中国高铁技术自主创新体系建立了科学的投入与价值评价体系进行利益分配,特别突出了各创新主体投入的资本价值和对无形资产的贡献。

3. 利益与风险匹配。系统创新面临的各种各样风险将直接影响整体利益。高铁技术自主创新体系各主体因在系统中承担不同创新任务,而具有不同的创新风险,承担的风险越大,其所获的利益也越多。同时,中国高铁技术自主创新体系建立了风险评估机制,根据各主体承担的风险大小调节各主体的利益分配比例。此外,还会通过激励机制对承担风险较大的主体给予适当的利益补偿,增强其积极性。

4. 民主协商公开。中国高铁技术自主创新体系利益分配方案制定的过程是各创新主体参与的群体决策过程。在决策过程中,各主体可以从自身角度提出初始利益分配方案,最后由国铁集团引导各主体就初始方案进行修改。在创新过程中,各主体存在不一致的情况时,由国铁集团引导各主体本着实事求是、充分协商原则解决。同时,在分配过程中,及时做到信息公开透明。

(二)创新网络层

创新网络层是中国高铁技术自主创新体系运作的物质载体。创新主体进行协同的首要目的是利用技术、知识、人才等资源进行快速创新,实现创新主体利益最大化。既包括眼前局部利益的微观追求,也包括长远利益的宏观追求。在中国高铁技术自主创新的过程中,必须保证系统全局的长远价值创新。而创新网络为协同创新的长远价值实现提供了良好的平台,既提升了信息资源的传递效率,又约束了为追求个体利益最大的机会主义行为。中国高铁技术自主创新体系创新网络层包括“一个龙头企业、一张创新网络和一个协同平台”。

1. 一个龙头企业，即国铁集团。在中国高铁技术自主创新过程中，国铁集团作为国家铁路建设运营主体，充分发挥龙头企业作用，利用丰富的高铁建设和运营技术资源及试验场景，强化对高铁技术创新的导向牵引和支撑作用，统筹使用国内国外两个市场、两种资源，牵头构建开放协同的技术创新体系，贯通高铁技术自主创新链和产业链，提升技术创新效率，推动创新成果转化应用，筑牢高铁产业科技创新基础。

（1）引导高铁技术创新方向战略方向。国铁集团立足对国家铁路建设、运营的主体职责，凭借对市场需求和产品运用性能最直接、最全面的了解和掌握，不断强化对高铁技术创新的战略引导作用，加强高铁技术创新总体部署，统筹推进高铁关键领域技术攻关。同时，着力激发和强化铁路局集团公司创新需求源头和创新成果运用主体地位，推动铁路局集团公司与路内外科研机构交流合作。

（2）统筹使用国内外两个市场和两种资源。国铁集团作为技术创新主要需求方和创新成果主要用户，对各种技术条件、资源和成果等具备其他创新主体所不及的集成能力。因此，国铁集团通过技术合作、人才交流、资金投入以及试验合作等方式，充分集聚国内人才、资金、技术、平台和设施等创新资源，依托供应端市场开展设备、材料、成品半成品等创新应用，依托应用市场开展试验验证与成果转化。同时，统筹使用国外人才、技术等资源，开展相关设备、通用软硬件、高性能材料等创新应用，如图 2-10 所示。

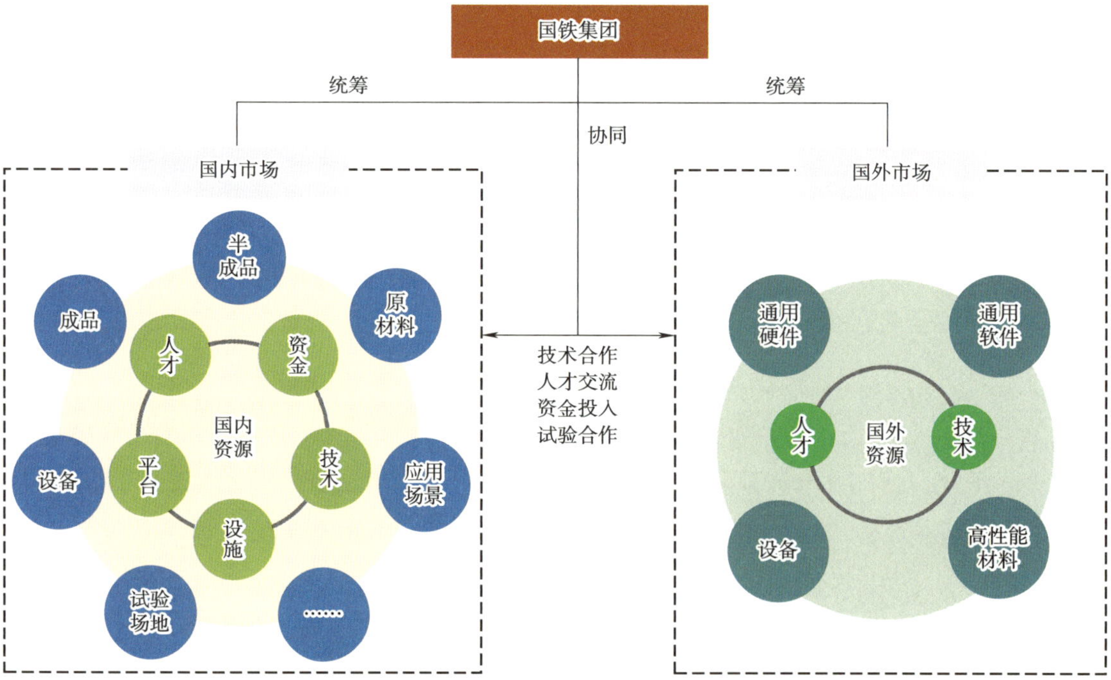

图 2-10　统筹使用国内外两个市场和两种资源

(3)贯通高铁技术创新链和产业链。在高铁技术自主创新过程中,依托铁路丰富创新资源优势,国铁集团充分发挥组织平台作用,以完善的科研试验条件、庞大的科技人才队伍为支撑,利用丰富的高铁建设和运营技术资源及试验场景,统筹整合国内科研单位、高等院校和勘察设计、工程施工、装备制造、建设运营管理企业以及国外机构等各方资源,打通专业壁垒、主体壁垒,打通高铁创新链和产业链,实现用产学研有机结合,形成推动高铁创新的组合优势,如图 2-11 所示。

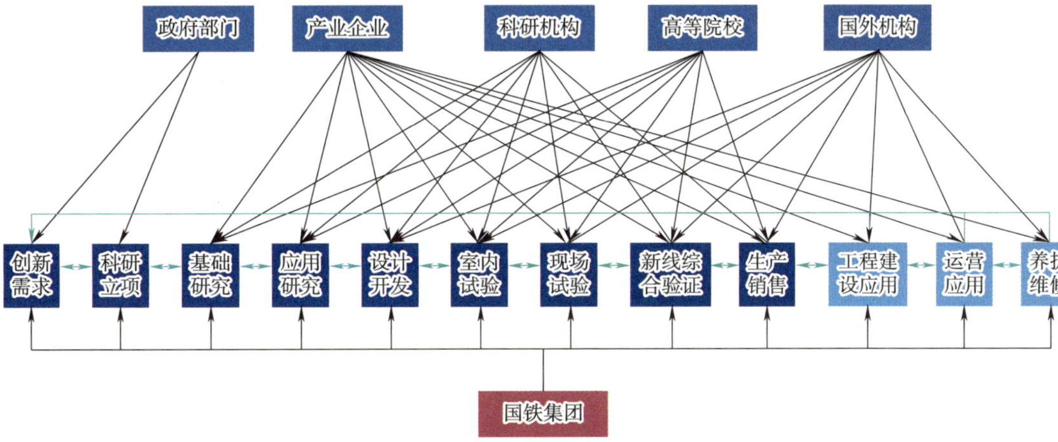

图 2-11　贯通高铁技术创新链和产业链

2. 一张创新网络,即协同创新网络。中国高铁技术自主创新过程中,国铁集团充分发挥龙头企业作用,纵向协调对接国家发改委、科技部、国家自然科学基金委等有关政府部门,横向广泛凝聚行业内外高等院校、科研机构、铁路工程建设与装备制造企业等力量,对外联合德国、法国、日本、西班牙等国外机构,共同构建了中国高铁技术协同创新网络。

纵向对接方面,国铁集团加强与政府有关部门对接沟通,争取国家发改委大力推动高铁科技基础条件平台和重大产业化示范工程建设,铁路行业国家级科技创新平台体系不断发展完善,高铁基础理论研究和重大试验取得了重要成果,中国标准动车组研发及产业化取得重要进展;争取科技部通过国家科技计划项目等方式,对高铁领域重大技术及装备研制给予了重要支持,有效推动了我国高铁技术自主创新能力提升;争取国家自然科学基金委依托高铁联合基金,在全国范围内重点资助高速列车和铁路工程技术领域的基础理论研究,促进了产学研结合,吸引和调动了社会科技资源积极开展我国高速铁路相关技术领域的基础研究;争取国家铁路局密切跟踪中央财政科技计划改革方案,积极申报高铁重大科技项目,充分发挥桥梁纽带作用,有效推动了行业科技进步。

横向凝聚方面,国铁集团作为科技创新主要需求方和创新成果主要用户,联合国内外各创新主体,向工程建设、装备制造等行业企业提出需求,与高等院校、科研机构等建立长期科研合作关系,并积极联合中国工程院、中国科学院等国家战略科技力量,以更为开放的视野，集聚社会优势科研资源，共同推动铁路科技创新取得更大突破。

对外联合方面，铁道部与德国西门子、法国阿尔斯通、日本川崎重工、加拿大庞巴迪等国外机构在高速动车组研发建立了技术合作关系。国铁集团加强与国际铁路组织的联系，积极开展国际科技交流合作，近年逐步探索开展与德国、西班牙等国家铁路公司创新合作。此外，国铁集团所属铁科院与西门子等国际铁路装备制造商，以及日本、韩国、美国等的铁路科研机构也开展了技术交流与合作，为科技人才培养、产品和技术研发注入了新的活力。

3. 一个协同平台，即协同创新平台。为了发挥系统创新作用，释放创新资源活力，中国高铁技术自主创新体系搭建了协同创新平台。主要有两个方面的考虑：一是要方便创新主体汲取信息资源，与此同时，使各创新主体的顺利沟通成为可能，让信息资源最大化地共享，因此应将创新网络中的各主体集合在同一个平台，以方便其交流；二是信息的传递需要统一的平台，所以一套完备的信息传递平台应当成为各创新主体获取既有信息、存入新信息的必要条件。中国高铁技术自主创新体系协同平台可以划分为创新主体层和信息传递层。

（1）创新主体层。协同创新网络中的创新主体层主要包括国铁集团、政府部门、产业企业、高等院校、科研机构以及相关国外机构。将这些主体统一到一个共享平台可以减少相互交流带来的不必要的成本损失，同时提高了信息传递效率。在创新主体层中，国铁集团发挥统筹全局和资金保障作用，可以借助平台发布创新需求和安排，跟进协同创新的运行情况，并根据不断变化的环境，做出调整。政府部门发挥政策、资金引导支持作用。其余主体从平台中获取创新需求和安排，共享既有技术，动态更新创新过程，提交创新成果。

（2）信息传递层。传递层作为信息资源的载体，主要包括信息的收集和传递，并将原有的信息及不断更新的信息存储于整个平台中。信息收集是通过各种手段，搜寻有关数据和信息等素材。从内部来看，不同创新主体中的个人、团队在实际工作中会产生相关信息，要将这些信息收集到传递层。从外部看，要将网络外部技术发展情况、装备运用情况等及时进行搜集和共享。信息传递主要是通过计算机和互联网手段实现。

（三）工作机制层

工作机制层是中国高铁技术自主创新体系运作的机制保障。中国高铁技术自主创新体系在实践中逐步建立了沟通协调机制、风险管理机制、困难解决机制和考核评价机制，充分保障了协同创新顺利开展。

1. 沟通协调机制。沟通协调是推动协同创新的有效方式，通过各创新主体的合作与协调，实现资源的共享和创新能力的整合，提高了创新效率和质量。中国高铁技术自主创新实践中，在国铁集团主导下，逐步形成了高铁协同创新沟通协调机制。创新投入阶段，各创新主体针对创新需求、创新目标、创新方案以及创新投入和利益分配方案进行沟通明确。创新过程阶段，各创新主体保持信息传递的通畅，建立开诚布公的动态沟通关系，通过及时沟通、协商调整创新方案，从而应对可能存在的风险。创新产出阶段，及时把握市场情况，制定创新产品生产营销方案。在整个协同创新环节中，还建立了合理的纠纷解决方案。

2. 风险管理机制。中国高铁技术创新风险管理包括风险识别、风险评估和风险控制等环节。根据风险识别，协同创新形成阶段可能存在伙伴选择和契约风险，合作阶段可能存在管理风险、技术风险、资金风险以及道德风险，创新产出阶段可能存在成果转化风险、市场风险、知识产权风险和利益分配风险。风险评估是对可能产生的风险进行评估，判断其可能发生的概率和对系统可能造成的损失，从而为风险控制提供依据。风险评估的核心是构建比较全面的风险评估体系以及风险权重分析。风险控制是风险管理的核心环节，在协同创新阶段，国铁集团充分调查了解各参与主体运营情况、优势资源、综合实力，系统评估各方动机和贡献能力，通过设定科学完备的合作契约规避风险。在创新合作阶段，不断激励研发主体提升研发实力，吸引高端人才，完善配套设施。同时，各方坚持分工与协同兼顾的原则，通过完善组织结构、提供协同管理水平，防控管理风险。在创新产出阶段，主要是及时跟踪市场需求，控制市场风险，建立核心技术保护体系，防范知识产权风险。

3. 困难解决机制。创新从来不是一帆风顺，总会面临各种各样的困难，高铁创新也不例外。高铁技术自主创新可能存在的困难主要包括技术研发困难和技术转化困难，前者是因为产学研研发水平不高、配套设施不完善、辅助技术缺失、创新技术不成熟而导致的创新活动难以继续或技术创新可行性不足，从而导致技术创新困难；后者是因为对市场预期不足、技术更新加快等导致技术创新成果无法取得预期适应性、先进性或者收益。为此，中国高铁技术自主创新依托各创新主体的技术决策咨询与协调机构，对重大技术困难问题进行协调，并建立专家咨询和技术经济论证机制，在研究决定重大技术发展方向、重大课题立项、跨专业综合性技术问题时，组织相关领域专家开展咨询论证。

4. 考核评价机制。中国高铁技术自主创新体系建立了较为完善的科技创新考核评价机制。一是科研课题实行合同制管理，合同中明确专利、标准等成果要求，完善课题管理流程，强化指南发布、课题立项、组织实施、结题验收、经费使用等过程管理。二是对新技术、新产品的技术水平和实用价值进行客观评定，积极推动通过评价的科技成果转化应用。针对技术研发类、产品开发类、基础研究和管理类项目，建立以科技创新质量、贡献、绩效为导向的分类验收评价制度。对需要长期跟踪的技术研发类和产品开发类项目,在项目结束后2年到3年内可进行应用效果评估,重点关注项目成果转化推广及产生的经济社会效益。三是设立国铁集团级科学技术奖,对在高铁技术创新中作出突出贡献的单位、技术负责人及一线科研人员进行奖励,择优推荐重大科技成果申报国家科技奖励。

国铁集团还针对新型动车组和新建高速铁路建设项目分别制定了严格的运用考核与验收考核评价机制。对于新型动车组,国铁集团将动车组整车的运用考核作为取得行政许可的技术环节之一,动车组在完成样车研制、整车及零部件试验、运用考核及解体检查,并完成相关评审等流程后,应当向国家铁路局申请领取型号合格证、制造许可证等,以确保投入使用的动车组符合安全运营需要。动车组运用考核包括运行考核、作业考核,指样车按照实际运行和作业要求通过规定里程和时间及负荷率所进行的考核。动车组样车在运用考核前原则上需要完成并通过整车型式试验和关键部件型式试验,主要结合相应车型技术条件对动车组基本参数、结构、性能等开展实验,验证其是否齐全,是否符合设计要求。这一系列试验项目,涵盖动车组牵引性能、动力学性能、制动性能、网络控制等整车和若干子系统性能的试验。对于动车组整车运用考核,要求最高速度级比例达到40%,重车比例50%(模拟载荷或模拟载荷+载客),其中对于全新型考核里程60万km,考核时间1年;重大改进型考核里程30万km。样车运用考核过程中进行重大技术修改(指可能影响结构、参数、性能)时,须重新履行评定程序,并对改进的样车进行相关补充试验。必要时,重新进行型式试验、运用考核。对于新建高速铁路项目,我国铁路实施静态验收、动态验收、初步验收、安全评估和正式验收五个阶段的竣工验收,全面考核建设成果。初步验收合格后进行安全评估,安全评估通过后可开通初期运营,正式验收合格后投入正式运营。静态验收是对建设项目的工程按设计完成且质量合格、设备安装调试完毕且质量合格进行检查确认的过程;动态验收是在静态验收合格后,通过联调联试、动态检测对列车运行状态下工程质量全面检查和确认,并通过运行试验对整体系统在正常和非正常运行条件下的行车组织、客运服务以及应急救援等进行检验的过程;初步验收是在动态验收合格后,对工程建设情况,以及静态验收、动态验收情况进行确认的过程;安全评估是经初步验收合格后,且初步验收发现的影响运营安全的问题得到解决后,对安全管理、设备设施、规章制度、人员素质等是否具备开通安全运营条件进行检查评价的过程;正式验收是在开通初期运营一年以上由国铁集团组织对建设项目整体情况进行检查和评价的过程。

六、绩效模式

（一）绩效模式总体框架

绩效输出是高铁技术自主创新体系的目的，同时也是衡量中国高铁技术自主创新成就的重要评价依据。在中国高铁技术自主创新过程中，充分发挥了政府的引导作用、用户的牵引作用、产业的推动作用、科研机构的促进作用和高校的支撑作用，真正融合政府机构、用户单位、产业单位、科研机构及高等院校等五类创新主体，形成了贯通政—用—产—学—研一体化的创新链条，各创新主体通过战略规划、资金、人力资源等方式进行创新要素的投入，从而形成相应的创新能力，最终聚合产生了真正的创新绩效。中国高铁技术自主创新体系绩效模型框架如图2-12所示。

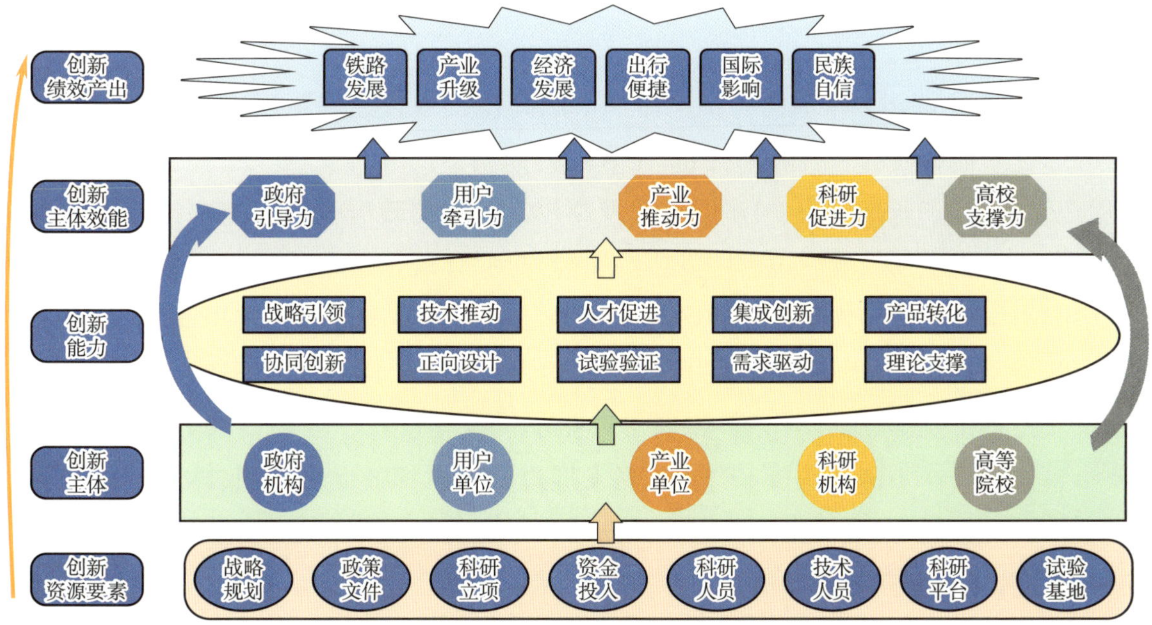

图2-12 中国高铁技术自主创新体系绩效模型框架

1. 创新主体。高铁技术创新主体由政府机构、用户单位、产业单位、科研机构及高等院校等五类主体组成。政府机构主要指国务院、国家发改委及科技部等机构和部门，主要负责坚持国家意志、制定宏观战略、规划顶层架构及资源投入；用户单位主要是指国铁集团，主要负责组织相关创新主体开展相应的创新及应用工作；产业单位主要指中国中车、中国通号、中国中铁、中国铁建等单位，主要负责具体设施设备及工程建设的创新研发、设计、生产等工作；科研机构主要是指铁科院、经规院、中国铁路设计集团有限公司、中国科学院、中国工程院等科研机构，主要负责关键技术的攻关及试验验证等工作；高等院校主要是指北京交通大学、西南交通大学、中南大学、同济大学、清华大学等高等院校，主要负责基础理论突破及高铁创新人才培养等工作。不同创新主体在创新过程中紧密配合，共同为中国高铁技术自主创新发展贡献力量。

2. 创新资源要素。指在中国高铁技术自主创新发展过程中，各创新主体投入的资源，用于支撑中国高铁高质量创新发展。主要包括战略规划、政策文件、科研立项、资金投入、技术投入、科研人员、技术人员、科研平台及试验平台等。不同创新主体根据自身的特点和能力，分别投入不同的创新资源要素，同一创新主体会投入不同的创新资源，同一类型创新资源也可以由不同创新主体从不同层面和角度进行投入。

3. 创新能力。指不同创新主体通过不同类型创新资源要素投入后形成的创新能力，包括战略引领能力、技术推动能力、人才促进能力、集成创新能力、产品转化能力、协同创新能力、正向设计能力、试验验证能力、需求驱动能力、理论支撑能力等。同一个创新主体可以同时拥有不同的创新能力，同一创新能力也可以由不同主体共同协作以发挥更大的作用。

4. 创新主体效能。指不同创新主体在中国高铁技术自主创新过程中发挥的能力及产生的综合效能，是同一主体不同创新能力耦合作用下的综合表现。主要包括政府引导力、用户牵引力、产业推动力、科研促进力及高校支撑力。政府引导力主要指政府机构在中国高铁技术自主创新发展过程中发挥的引导作用，体现了政府战略眼光、意志与定力；用户牵引力主要是指国铁集团在中国高铁技术自主创新发展过程中发挥的牵引作用，体现了国铁集团的组织、担当与执行力；产业推动力主要指产业企业在中国高铁技术自主创新发展过程中发挥的推动作用，体现了产业单位设施设备产业的推动力；科研促进力主要指科研机构在中国高铁技术自主创新发展过程中发挥的促进作用，体现了科研机构的技术发展的推动力；高校支撑力主要指高校在中国高铁技术自主创新发展过程中发挥的支撑作用，体现了高校的理论及人才支撑力。

5. 创新绩效产出。指中国高铁技术自主创新发展带来的绩效产出，主要体现在对铁路发展、产业升级、经济发展、出行便捷、国际影响及民族自信等方面。铁路发展绩效包括高铁自身发展及其对普速铁路技术装备升级方面的提升；产业升级绩效是指对铁路系统设计、制造、运营、维护等全链条及其周边产业的带动作用；经济发展绩效是指高铁快速发展对国家总体经济、跨区域均衡发展等方面的贡献；出行便捷绩效是指高铁发展对提升民众出行效率、安全性及舒适性等方面的贡献；国际影响绩效是指高铁已经成为中国的国家“名片”，提升了中国技术能力在国际的影响力；民族自信绩效是指高铁高质量快速发展，证明了中国的创新能力和创新水平处于世界前列，提升了民族在自主创新方面的自信心。

（二）创新主体效能

1. 政府引导力。政府引导力对高铁创新绩效的推动作用服从 $g(t)$ 函数。从无到有：在高铁创新初期，我国铁路经过几次大提速，这个阶段在高铁的发展过程中，政府逐步认识到高铁发展对于经济发展和社会进步的重要性，制定了相应的规划和政策，探索高铁的发展模式。引进消化吸收再创新：政府在该阶段起到了引导、推动和支持的作用，政府的政策支持、资源保障和监管引导，为高铁的发展提供了有力的支撑，推动了中国高铁的快速发展和不断创新。自主创新：党的十八大以来，政府将高铁自主化发展作为国家的重要战略支撑，从国家政策、科研项目等方面全方位进行支持，有力保障了高铁的快速自主化创新发展。政府引导力曲线如图 2-13 所示。

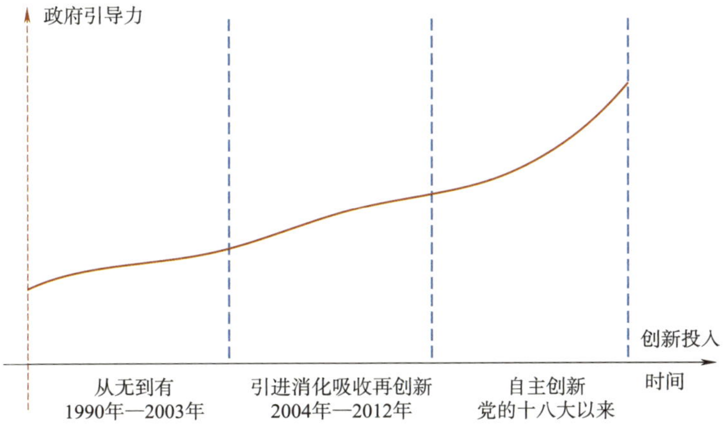

图 2-13　政府引导力曲线

2. 用户牵引力。用户牵引力对高铁创新绩效的推动作用服从 $u(t)$ 函数。从无到有：铁道部作为高铁唯一的用户单位，持续从国民经济发展、民众高效出行的角度，积极探索高铁的发展路径，做出很大的努力。引进消化吸收再创新：国家和铁道部持续从科研、建设、运营等方面加大投入，促进了高铁线路、车站、列车及运营水平的快速化、网络化及智能化发展。自主创新：随着高铁网络的逐步完善和成熟，中国铁路总公司及国铁集团面向铁路关键环节的自主化、智能化，投入大量的人力、物力资源大力发展，从而使高铁成为国家一张亮丽的名片。用户牵引力曲线如图 2-14 所示。

3. 产业推动力。产业推动力对高铁创新绩效的推动作用服从 $e(t)$ 函数。从无到有：该阶段我国高铁的发展较为缓慢，产业界也做了积极的探索，为高铁的发展奠定了坚实的体系化技术平台和制造能力基础。引进消化吸收再创新：该阶段产业单位在国家政策的引领下，承担了重要的国外技术引进、消化、吸收和再创新的科研及产业转化工作，完成了对引进技术的集成创新工作。自主创新：该阶段产业单位进一步探索，持续从集成创新转换到零部件、子系统及标准化设计制造等全方位的创新工作中来，成功研制了中国标准动车组等高铁典型自主创新产品。产业推动力曲线如图2-15所示。

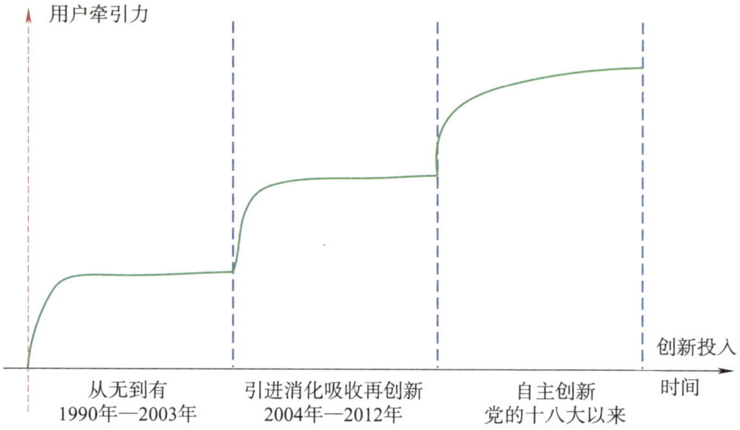

图2-14 用户牵引力曲线

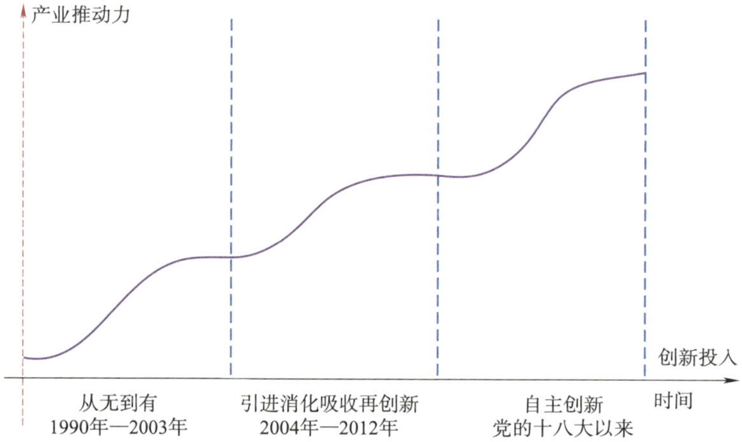

图2-15 产业推动力曲线

4. 科研促进力。科研促进力对高铁创新绩效的推动作用服从 $r(t)$ 函数。从无到有：该阶段我国科研院所积极探索铁路高速发展的路径，在技术攻关等方面做出了很大努力，也为我国高铁发展奠定坚实的技术基础。引进消化吸收再创新：该阶段各科研院所联合企业、高校，进行联合技术攻关及产品技术实验验证等工作，发挥了重要作用。自主创新：该阶段以铁科院为代表的科研院所在高铁标准制定、技术研究、产品研发及试验验证等方面做出了巨大贡献。科研促进力曲线如图2-16所示。

5. 高校支撑力。高校支撑力对高铁创新绩效的推动作用服从 $c(t)$ 函数。从无到有：该阶段高校逐步注意到国外高铁的发展，开始了初步探索研究，并培养了大批铁路高速化、智能化发展的专业科研人才。引进消化吸收再创新：随着高铁创新的逐步发展和市场认可度的提高，高校逐渐增加对高铁创新绩效的支撑力；在中期，高校加大投入，参与更多的研发合作项目，开展更多的技术研究，提供更多的人才培养支持等。自主创新：该阶段高校在前沿理念、基础理论突破及人才培养等方面，持续为高铁发展做出贡献。高校支撑力曲线如图2-17所示。

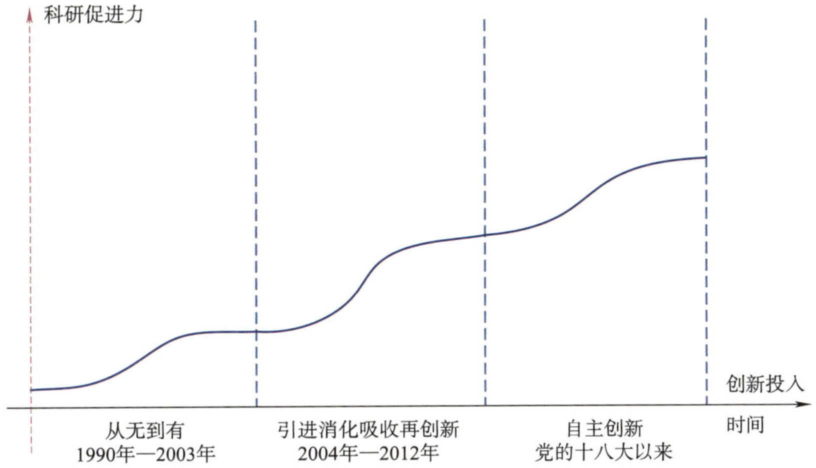

图2-16 科研促进力曲线

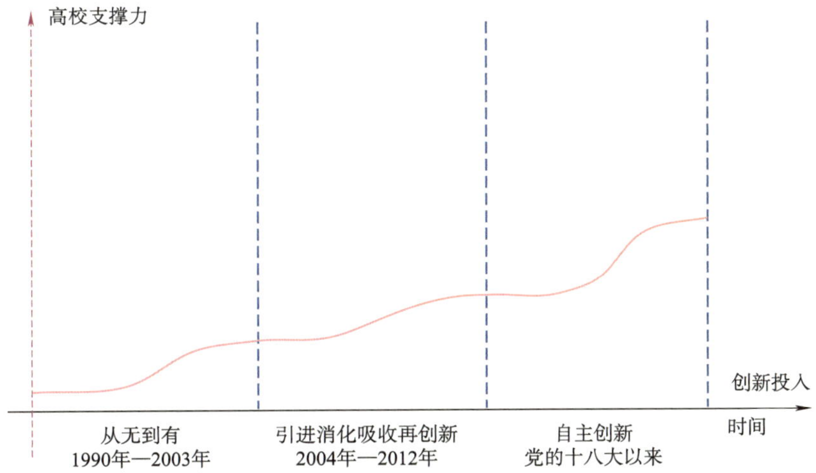

图2-17 高校支撑力曲线

（三）创新绩效函数

基于以上分析，中国高铁技术自主创新体系创新绩效函数为

$$P(T) = \int_{t=1\,990}^{T} f\left\{X(t), \Omega(t)\right\} + \Delta(t)$$

$$= \int_{t=1\,990}^{T} \|[G(t), U(t), E(t), R(t), C(t)]_{n\times 5} \cdot [\Omega(t)]_{5\times n}\|_1 + \Delta(t)$$

$$= \int_{t=1\,990}^{T} \left\| \begin{bmatrix} g_1(t) & u_1(t) & e_1(t) & r_1(t) & c_1(t) \\ g_2(t) & u_2(t) & e_2(t) & r_2(t) & c_2(t) \\ \vdots & \vdots & \vdots & \vdots & \vdots \\ g_n(t) & u_n(t) & e_n(t) & r_n(t) & c_n(t) \end{bmatrix}_{n\times 5} \cdot \begin{bmatrix} \alpha_1(t) & \alpha_2(t) & \cdots & \alpha_n(t) \\ \beta_1(t) & \beta_2(t) & \cdots & \beta_n(t) \\ \gamma_1(t) & \gamma_2(t) & \cdots & \gamma_n(t) \\ \varphi_1(t) & \varphi_2(t) & \cdots & \varphi_n(t) \\ \xi_1(t) & \xi_2(t) & \cdots & \xi_n(t) \end{bmatrix}_{5\times n} \right\|_1 + \Delta(t)$$

式中，$P(T)$为创新绩效；T为创新绩效时间；$X(t)$为创新资源要素集合；$\Omega(t)$为权重因子集合；$\Delta(t)$为市场及外部因素等其他扰动项，取值可正可负；t为时间；$\|\cdot\|_1$为1范数。

$G(t)$为创新主体—政府机构；$U(t)$为创新主体—用户单位；$E(t)$为创新主体—产业单位；$R(t)$为创新主体—科研机构；$C(t)$为创新主体—高等院校。

$g_n(t)$为政府创新资源要素；$u_n(t)$为用户创新资源要素；$e_n(t)$为产业创新资源要素；$r_n(t)$为科研机构创新资源要素；$c_n(t)$为高校创新资源要素。

$\alpha_n(t)$为政府各创新要素权重，取值范围[0,1]，根据政府在每个阶段的主导情况确定取值；$\beta_n(t)$为用户各创新要素权重，取值范围[0,1]，根据用户在每个阶段需求情况确定取值；$\gamma_n(t)$为产业各创新要素权重，取值范围[0,1]，根据产业在每个阶段的贡献情况确定取值；$\varphi_n(t)$为科研机构各创新要素权重，取值范围[0,1]，根据科研机构在每个阶段的贡献情况确定取值；$\xi_n(t)$为高校各创新要素权重，取值范围[0,1]，根据高校在每个阶段的贡献情况确定取值。

根据中国高铁技术自主创新实际情况，确定函数自变量和权重见表2-3。

表2-3　创新资源要素变量和权重

创新主体	创新资源要素	创新资源要素权重
政府机构 $G(t)$	发展战略规划 $g_1(t)$	$\alpha_1(t)$
	相关政策文件 $g_2(t)$	$\alpha_2(t)$
	财政科技支出 $g_3(t)$	$\alpha_3(t)$
	科研项目数量 $g_4(t)$	$\alpha_4(t)$
用户单位 $U(t)$	发展战略规划 $u_1(t)$	$\beta_1(t)$
	投资建设规模 $u_2(t)$	$\beta_2(t)$
	科研投入规模 $u_3(t)$	$\beta_3(t)$
	营业收入规模 $u_4(t)$	$\beta_4(t)$

续上表

创新主体	创新资源要素	创新资源要素权重
产业单位 $E(t)$	产业经营规模 $e_1(t)$	$\gamma_1(t)$
	科研投入规模 $e_2(t)$	$\gamma_2(t)$
	创新平台数量 $e_3(t)$	$\gamma_3(t)$
	专利申请数量 $e_4(t)$	$\gamma_4(t)$
科研机构 $R(t)$	科研人员规模 $r_1(t)$	$\varphi_1(t)$
	科研投入规模 $r_2(t)$	$\varphi_2(t)$
	创新平台数量 $r_3(t)$	$\varphi_3(t)$
	专利申请数量 $r_4(t)$	$\varphi_4(t)$
高等院校 $C(t)$	前沿学科数量 $c_1(t)$	$\xi_1(t)$
	培养人才规模 $c_2(t)$	$\xi_2(t)$
	创新平台数量 $c_3(t)$	$\xi_3(t)$
	专利申请数量 $c_4(t)$	$\xi_4(t)$

综上，根据创新绩效函数，拟合中国高铁技术自主创新体系创新绩效如图 2-18 所示。

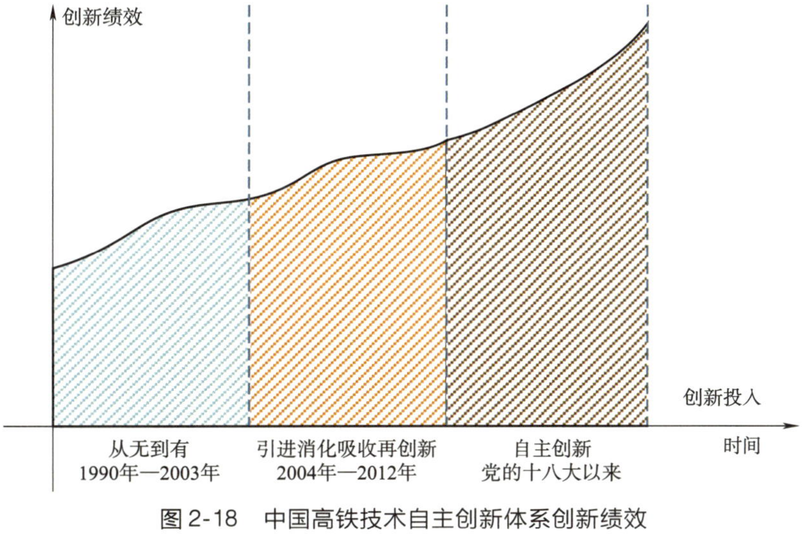

图 2-18　中国高铁技术自主创新体系创新绩效

可以看出，中国高铁技术自主创新体系的创新绩效随着创新资源要素持续投入，总体上呈现持续快速增长趋势，但是在不同发展阶段的增长速率不同。因此，中国高铁技术自主创新体系的创新绩效模式可以概括为：所有创新主体有组织地参与高铁技术自主创新，通过各自优势资源要素投入和创新能力的发挥，以及各主体间资源能力的协同，支撑形成各主体独特的创新效能，最终共同促进中国高铁技术自主创新体系实现创新绩效的非平滑非线性持续增长。这是因为，中国高铁技术自主创新体系的发展具有动态性、阶段性，在达到一个时间节点之后，在用户主导下，主体要素之间会根据环境自动表现出新的结构，改变客体要素的供需关系，从而导致创新效能发生变化，最终引起创新绩效的非平滑非线性增长。

第三章 中国高铁技术自主创新典型事例

自20世纪90年代开始，中国铁路通过持续创新，走出了一条具有中国特色的高铁技术自主创新道路。特别是党的十八大以来，中国铁路深入贯彻落实创新驱动发展战略，聚焦实现高水平科技自立自强，充分发挥新型举国体制优势和科技领军企业作用，持续推进关键技术自主攻关和产业化应用，加强现代技术与高铁融合，形成了以系列化复兴号动车组为代表的一大批高铁重大自主化科技创新成果，高铁成为我国自主创新成功范例。在中国高铁用户责任驱动的以我为主、用产学研深度协同、开放合作的全过程体系化系统迭代创新模式下，涌现出一大批自主创新典型事例，每个事例都充分体现了中国高铁技术自主创新的基本特点与模式。本章选取工程建设、运营管理、高速动车组、列车控制系统、智能高铁等多个领域典型事例，对其中一些最具代表性的技术自主创新特点与模式进行介绍。比如攻克哈大高寒区冻土路基建造关键技术，突出体现了“问题导向、持续创新”；攻克沪苏通长江公铁大桥千米级超大跨度桥梁建造关键技术，突出体现了“目标导向、融合创新”；攻克新八达岭隧道及长城站深埋地下车站等一系列世界性技术难题，突出体现了“绿色引领，追求卓越”；建成世界上交易规模最大的12306铁路互联网售票系统，突出体现了“需求导向、迭代创新”；成功研制具有自主知识产权的CR400复兴号动车组，突出体现了“自立自强、系统创新”；自主研发世界领先水平的自主化CTCS-3级列控系统，突出体现了“自主可控、协同创新”；建成世界第一条智能高铁——京张高铁，突出体现了“文化传承、智能引领”。

第一节
哈大高铁高寒区冻土路基技术创新

哈大高铁作为世界首条高寒区高速铁路，是落实我国“振兴东北”战略、促进东北地区协同发展的一项重要举措。我国是一个冻土大国，在季节性冻土区修建高铁面临着冻土“不冻胀”控制难题，是继青藏铁路攻克多年冻土“不融化”保持技术难题之后又一个世界级挑战。因此，要在我国严寒地区建设高铁，亟待突破高铁路基冻胀机理、变形控制、平稳性长期保持等系统性技术难题。为此，国铁集团组建联合技术创新团队，共同推进技术攻坚和产品研发，历经十余年理论和技术攻关，形成了自主知识产权的严寒季冻区高速铁路毫米级变形标准下路基平稳性控制关键技术及应用体系，推动了我国乃至世界高寒区高速铁路建设技术的进步。在哈大高铁高寒区冻土路基技术创新过程中，突出体现了中国高铁技术自主创新“问题导向、持续创新”的模式特点。图 3-1 为动车组行驶在哈大高寒区冻土高铁线路上。

图 3-1　动车组行驶在哈大高寒区冻土高铁线路上

一、聚焦寒区冻胀关键核心技术难题，勇闯严寒建设运营禁区

季节性冻土区的铁路路基因处于开放的大气环境中，经受周期性冻融循环作用，随着寒季填料中水结成冰和暖季冰融化成水，路基面会产生冻胀抬升或融化下沉现象。当不均匀的冻胀引起轨道几何尺寸变化超过容许偏差时就形成了冻害，严重影响线路的正常运营。我国冬季冻结、暖季融化的季节性冻土区约占国土面积的53.5%，相较于日本、德国等国家高铁冻深普遍在1 m以内，我国严寒季冻区冻深普遍在1 m以上，且占国土面积1/3，针对冻深1 m以上的毫米级冻胀变形控制技术尚属空白。面向严寒季冻区修建高铁路基的世界级挑战，国铁集团坚持以习近平新时代中国特色社会主义思想为指导，坚持问题导向，聚焦高寒区高铁冻土路基建设面临的理论难点与关键技术环节，把握问题核心，系统总结粗粒土填料的冻胀机理、毫米级变形标准下的路基冻胀控制技术、低温严酷环境下高铁线路维护技术三大技术难题和攻关方向，扎实推进高寒区冻土路基关键技术研究。在填料基础理论方面，集成创新了严寒地区粗粒土填料多尺度分析方法，提出了“簇团”结构理论，填补了国内外粗粒土冻胀理论研究的空白；在冻胀控制技术方面，创新了严寒地区高速铁路路基防冻胀结构精细化设计方法，实现了毫米级冻胀精确控制；在寒区高铁维护技术方面，构建“空、车、地”一体化多源时空数据融合的冻胀检测、预测预警体系，集成创新了严寒高铁线路冻胀平顺性控制技术。上述攻关方向系统拆解了我国寒区高铁建设面临的首要核心问题，以其为导向，实现了复杂问题的解耦，构建了技术攻关的具体化推行方案，为构建形成具有自主知识产权的严寒季冻区高速铁路毫米级变形标准下路基平稳性控制关键技术及应用体系提供了重要基础。通过系统攻关，我国解决了冻土“不冻胀”控制世界级难题，形成了具有自主知识产权的严寒地区毫米级变形标准下高速铁路平稳性控制关键技术体系，有力支撑了我国高铁建设突破 −40 ℃以下的工程禁区并实现冬季300 km/h运营，整体达到国际领先水平，树立了世界严寒地区高铁建设运营新标杆。

二、厚积多年寒区路基建造技术经验，持续推进关键技术创新突破

哈大高铁高寒区冻土路基建造关键技术攻关是在我国多年以来对寒区气候条件下路基建造技术积累基础上，不断探索、实践、改进而形成的。早在2006年，我国铁路冻土团队就开始对路基填料的冻胀特性、路基防冻胀结构设计开展了研究。2008年，成高子站试验段的建成，标志着铁路板式无砟轨道在中国乃至世界严寒地区首次应用，为正在

建设中的哈大客运专线提供了技术储备。2010 年起，在建设过程中对哈大高速铁路工程试验段路基变形开展了冻胀监测，开展冻胀区段整治处理。2012 底线路开通运营以后，监测工作一直持续展开。随后 5 个冬季的数据积累为线路的长期安全运营提供了重要支持。在此基础上，提出了冬病夏治的预防措施，确保了高速铁路的运营安全，从 2015 年冬季开始，哈大高速铁路以 300 km/h 速度运行，这不仅提高了哈大高速铁路的经济效益，还显著提高了我国严寒地区高速铁路的社会效益，为更北部的哈齐高速铁路、西北的兰新高速铁路等一系列寒区铁路提供了重要指导作用。在近 20 年的科研攻关过程中，我国铁路路基团队坚持守正创新，在填料室内试验、现场试验段测试、运营长期监测、维护整治等一系列数据与工程经验基础上，不断改进优化，创新提出了路基防冻胀精细化设计方法，自主研发了复杂条件下“空、车、地”多源融合的高速铁路路基冻胀智能监测预警体系，形成了靶向精准修复技术和线路长期适度平顺的冻胀维护综合技术体系，实现了冻胀变形精准控制在 5 mm 以内。持续的科研攻关和实践经验的传承，有力支撑了哈大高铁高寒区冻土路基建造关键技术体系的形成。

第二节 沪苏通长江公铁大桥技术创新

沪苏通长江公铁大桥（图 3-2）作为世界首座主跨超千米的公铁两用斜拉桥，是在满足长江下游通航标准要求的背景下，我国大跨度铁路桥梁首次向千米级跨越的重点标志性工程，在世界铁路桥梁发展史上具有重要地位。党的十八大以前，我国已建成的主跨跨度最大的铁路桥梁为武汉天兴洲公铁两用大桥，其 504 m 的主跨跨径，超过了连接丹麦、瑞典的主跨 490 m 的厄勒海峡大桥，成为当时的世界第一跨径。党的十八大以来，我国高速铁路大跨度桥梁进一步发展，于 2015 年建成主跨 630 m 的合福铁路铜陵长江公铁大桥。沪苏通长江公铁大桥将铁路桥梁主跨跨径从 500 ~ 600 m 级一跃提升至 1 000 m 级，面对来自结构受力、变形控制与桥上行车安全等诸多技术挑战，需要在新材料、新结构、新技术、新工艺和新装备方面开展系统创新和攻关。为此，我国铁路以建设世界一流大跨度桥梁为目标，通过充分发挥国铁集团科技领军企业作用，系统整合科技创新资源，推动技术和管理融合创新，最终掌握了千米级公铁两用斜拉桥设计建造成套技术，取得了 2 000 MPa 级强度平行钢丝斜拉索、500 MPa 级高性能钢、UHPC 超高性能混凝土、1.5 万 t 巨型沉井精准定位施工技术、1 800 t 钢梁架设成套装备技术、基于实船—实桥原位撞击试验的桥墩防撞技术等一系列标志性成果。在沪苏通长江公铁大桥技术创新过程中，突出体现了中国高铁技术自主创新"目标导向、融合创新"的模式特点。

图 3-2　沪苏通长江公铁大桥

一、以建设世界一流桥梁为目标，建造人民群众需要的铁路桥梁

沪苏通长江公铁大桥是目前长江下游最东端且临近出海口的公路、铁路跨江通道。建成后上海至南通的旅行时间由原来 3 h 30 min 压缩至 1 h 6 min，大大缩短了上海与南通及苏北地区的时空距离，极大便利了沿线群众出行，对发挥上海中心城市辐射带动作用、强化长三角经济区域综合交通能力、推动长江三角洲区域一体化发展具有重要意义。在沪苏通长江公铁大桥建成之前，我国最大跨度铁路斜拉桥为 2015 年建成的主跨 630 m 的铜陵长江公铁大桥。铁路斜拉桥跨度从 630 m 跨越至千米级，需要面临设计理论、材料、结构体系、施工装备等诸多方面的技术挑战，必须在广泛吸纳已经建成通车的大跨度公路、铁路及公铁两用桥经验的基础上，分析实桥数据，全面升级和突破设计、施工技术，才能实现世界千米级公铁两用斜拉桥的重大跨越。我国铁路人在"逢山开路，遇水架桥"精神的驱动和感召下，以建设世界一流大跨度铁路桥梁为目标，开展沪苏通长江公铁大桥技术自主攻关。大桥由国铁集团工程管理中心组建成立建设指挥部，全面负责大桥建设管理，由中铁大桥院设计，中铁大桥局施工，铁科院中铁大桥监理联合体监理。在

开展技术攻关前，通过组织科研、设计、施工、监理等路内外专家和参建单位专家，详细梳理沪苏通长江公铁大桥建设存在的诸多技术难点，从材料、结构构造、施工工艺、新型设备等维度提炼出大桥技术挑战。针对大桥技术难点，沪苏通长江公铁大桥建设坚持以开放的胸怀学习借鉴国际先进理念和技术成果，以关键技术自主创新、科技成果转化应用为己任，坚持中国的事必须靠中国人自己来办，牢牢把创新的主导权、发展的主动权掌握在自己手中。建设指挥部规划了科技创新顶层设计，将科技创新作为源头驱动力，明确了总体思路：设计要前瞻性地预判问题，实现重大理论突破；施工要瞄准关键技术难题，攻克施工工艺工法禁区；建设要立足全生命周期，紧盯科技前沿，探索智能建设和运维趋势。

二、以技术与管理融合创新为手段，全方位提升创新效率效能

一方面，作为首座主跨超千米的公铁两用斜拉桥，科技创新工作涉及范围广，参与单位多，亟需通过高效的科研组织管理，充分发挥各参研单位的主观能动性。另一方面，沪苏通长江公铁大桥为世界首座千米级公铁两用斜拉桥，需在往复潮流与深厚沉积层环境下建造世界体积最大沉井基础，沉井下沉过程中受水流、冲刷等影响使得空间精确定位及控制难度极大。在强风和复杂温度场条件下建造世界最高桥塔，高空泵送的混凝土质量和桥塔裂纹控制难度很大。总重接近 1 800 t 的两节段钢梁整体架设在建设时尚无经验可循，既有钢梁架设装备也难以满足吊装重量要求。以上难题涉及材料产品、施工荷载、施工工艺及过程控制、施工装备等诸多方面，而新技术、新产品、新工艺和新装备往往是相互关联的。为此，我国铁路坚持管理创新与科技创新双轮驱动，统筹安排科研管理与新技术、新产品、新工艺、新装备等创新。一是建设指挥部成立了大桥科技创新领导小组，编制了《科技创新管理办法》，对课题立项、研发、成果发布等进行统一管理，坚持“调研—研究（试验）—专家评审”的思路开展科研推进和管理工作；二是紧盯世界桥梁的最前沿成果，进行原创性技术研究、填补行业空白，实现核心技术从零到一的突破；三是树立兼收并蓄的创新意识，广泛吸纳交通、水利、建筑各行各业的科技成果，引进、消化、吸收、再创新，用四化支撑手段对常规工艺工法进行迭代升级，实现“1 + 1 > 2”的裂变效果；四是以铁路建设系统标准化管理为抓手，以系统化的创新体系，促进科技研发成果转化为可操作、可实施的工艺工法，在实践层面总结固化；五是积极推广应用各类科研成果，促进桥梁建造产业升级。与此同时，借鉴了以往大跨度桥梁经验，采用众多桥梁建造的新材料、新结构、新工艺、新装备。大桥建设的多项技术指标雄居国内同类桥梁之最，创下了多个世界第一，填补了桥梁建造领域的许多行业、专业空白。充分依托科技创新，在

设计、建造的科技创新方面取得一系列重大突破。首创了千米级斜拉桥设计、建造技术，2 000 MPa 级斜拉索制造技术，1 800 t 钢梁架设成套装备技术，1.5 万 t 巨型沉井精确定位施工技术，基于实船与实桥原位撞击试验的桥墩防撞技术。实现了引领千米级跨度铁路斜拉桥桥梁建造技术新发展。新材料的研发，带动了 2 000 MPa 级平行钢丝、Q500qE 桥梁钢板等在桥梁行业内的广泛应用，促进钢铁产业升级，带动了相关产业链的发展和进步。1 800 t 架桥吊机的研发，填补了行业空白，增加了国产专业设备占领行业制高点的竞争力，推动我国工程材料、工业装备、建桥技术实现巨大提升。

第三节 新八达岭隧道技术创新

京张高铁是北京冬奥会交通保障线、京津冀一体化经济服务线、百年京张铁路文化传承线。新八达岭隧道及长城站是京张高铁全线控制性工程，地处八达岭核心风景区，全长12.0 km。八达岭长城站设在新八达岭隧道内，最大埋深 102 m，地下部分建筑面积 3.98 万 m^2，是目前世界上埋深最深、规模最大的全暗挖站隧一体高铁车站。工程建设面临密集洞群地下车站修建难（三纵三层结构、洞室 78 个、断面 88 种、最小净距 2.2 m）、超大跨度过渡段隧道修建难（隧道单拱最大跨度 32.7 m、高度 19.5 m、面积 508 m^2）、八达岭长城 5A 风景区环境保护难（隧道穿越八达岭核心风景区，车站位于八达岭长城景区正下方）等工程技术难题。为此，我国铁路通过一系列突破性技术创新，攻克了松散破碎围岩超大跨、深埋密集洞群、环境和文物保护等地下站隧修建关键技术，解决了在世界文化遗产核心区建造超大体量地下工程文环保技术难题，构建了安全便捷舒适的地下站隧环境，显著提升了八达岭景区游客交通体验，有力有效保障了冬奥会运输服务，践行了以人民为中心的宗旨。2022 年，京张铁路新八达岭隧道及长城站工程获得中国建筑行业工程质量最高荣誉——鲁班奖。在新八达岭隧道关键技术攻关过程中，突出体现了中国高铁技术自主创新“绿色引领、追求卓越”的模式特点。图 3-3 所示为复兴号动车组驶出新八达岭隧道。

一、贯彻绿色低碳发展理念，树立高铁工程建设生态文明新典范

把京张高铁新八达岭隧道建成绿色工程，是中国铁路全体建设者的共同追求。针对

图 3-3　复兴号动车组驶出新八达岭隧道

新八达岭长城站隧道建设过程中的技术难题，参建各方在技术创新过程中，提高对社会和环境的责任意识，追求持续发展和社会进步的目标，减少对自然资源的消耗，降低排放和污染物对生态环境的影响，推动绿色可持续发展理念的落实。通过持续攻关，攻克国家旅游风景区站隧工程绿色修建技术，提出风景名胜区高铁车站“站景融合”的设计理念和消隐设计方法，实现“站景融合”。构建深埋地下站隧防灾疏散救援安全体系，营造融合声光风温与建筑美学的地下车站舒适环境。创新隧道施工污水和粉尘处理技术，实现风景名胜区地下隧道的绿色施工。研发下穿国宝级文物微震爆破靶向控制技术，解决隧道下穿长城的文物保护难题，首创锚杆肋柱式槽板竖直挡墙预制装配施工技术，实现风景名胜区车站挡墙的绿色装配施工。

二、践行使命情怀勇攀高峰，打造高铁隧道建造技术创新新高地

在新八达岭隧道工程建设过程中，参建各方继承和发扬了百年京张不断进取、自强不息的民族精神，围绕隧道建造技术难点，坚持自主创新，勇闯技术无人区。首创复杂洞室群地下暗挖高铁车站修建成套技术。创建密集洞群地下车站新模式，提出了基于围岩应力流平衡理论的洞群设计方法，解决了地下车站群洞效应引起的围岩稳定性控制难

题。构建多维密集洞群施工成套技术，解决大体量层叠交错小净距洞群安全快速施工技术难题。首创五精准控制爆破技术，解决小净距密集洞室群微震微损伤精准爆破控制技术难题。创建基于轻量化 BIM 模型的地下工程智能建造管控平台，实现复杂洞室群地下车站多点协同安全快速作业和质量进度精准管控。首创软弱围岩超大跨隧道修建成套技术。提出超大跨隧道岩拱承载量化分析理论，创建超大跨隧道围岩自承载结构体系与构件化设计方法，保障了超大跨度隧道结构的安全。首创超大跨隧道“品”字形施工工法，研制全液压可调式超大断面变截面隧道二次衬砌台车，突破软弱围岩 30 m 级超大跨隧道施工技术。首创高黏高握快速张拉预应力锚索技术，提升锚索的施工效率及施工质量。提出以围岩为承载主体的地下工程耐久性设计理念及方法，研制长寿命混凝土新材料，提高了地下工程结构的使用寿命。

第四节
12306 铁路客票系统技术创新

中国铁路客票和服务系统（含铁路 12306 网）是我国铁路运输服务的核心支撑平台，属于国家关键信息基础设施。铁路在我国综合交通运输体系中处于骨干地位，是人民出行的重要交通方式。2023 年国家铁路完成旅客发送量 36.8 亿人次，高峰日发送旅客突破 2 000 万人次，日均发送旅客突破 1 000 万人次。为实现人民群众“买得方便，走得便捷”，必须提供用得上、用得起、用得好的铁路出行信息和票务服务系统。为此，我国铁路组建了铁路 12306 科创中心，全力推进铁路客票和服务系统产品研发，历经十余年联合技术攻关与自主创新，形成了规模庞大、功能齐全、具有完全知识产权的一站式综合性旅行服务平台，有效支撑了系统研发与应用示范的有机融合，大幅提高了我国铁路旅客服务水平和客运组织效率，显著提升了旅客购票及出行体验。经专家评议，整体达到了国际领先水平。在 12306 铁路客票系统技术自主攻关过程中，突出体现了中国高铁技术自主创新“需求导向、迭代创新”的模式特点。图 3-4 所示为中国铁路 12306 网站和手机 APP 首页。

图 3-4 中国铁路 12306 网站和手机 APP 首页

一、以满足人民需求为导向，发挥机制优势，打造高水平出行服务平台

铁路始终坚持以人民为中心的发展思想，秉持人民铁路为人民的宗旨，在国铁集团的集中统一领导下，联合 18 个铁路局集团公司业务单位、信息系统维护单位及系统研发运维单位（12306 科创中心），发挥业务和技术融合创新优势，协同建好管好用好 12306 网资源，不断推动数字技术和客运业务的融合发展，以技术创新为支撑，开展了便民利民和增运增收的相关工作。贯彻落实“交通强国，铁路先行”战略，立足新理念新格局，吸纳近 200 家成员单位，落地票务服务清算办法，规范市场化经营合作，筑牢合作创新理事会发展基础。创新“1+18”协同办公机制：联合 18 个铁路局集团公司，分多个批次开展协同办公，开展了售票组织策略、营销分析体系、客票管理优化等专题工作。构建了全球访问量最高、售票量最大、渠道最丰富的线上线下一体化票务交易平台，解决了春运、国庆等节假日客流高峰期，部分方向列车“一票难求”，铁路传统窗口售票方式速度慢、成本高，售票能力难以快速扩充，旅客购票不便，彻夜排长队购票等问题，让旅客“买得方便”。实现了高并发、复杂业务逻辑下车票存量的快速查询、高效计算和售票环境的公平公正，日访问峰值达 2 000 亿次，峰值查询达 200 万次/s，日售票峰值近 2 700 万张，80% 以上车票由铁路 12306 网售出，历史性终结了旅客彻夜排长队购票现象。创建了实名制旅客自助服务成套技术和标准，实现融合图像识别、知识图谱等智能化技术的旅客自助服务，解决

了高铁发车密度大、发车间隔小，旅客候车及乘降时间短，铁路旅客运输实行实名制、人工“票—证—人”查验无法满足旅客快速通行需要的问题，全球率先实现高铁无纸化出行，让旅客“走得便捷”。构建了中国铁路客运服务系统与成套装备技术，引领我国高铁旅客服务技术达到世界铁路领先水平。

二、以建设交通强国为己任，持续迭代创新，助力建设现代化数字铁路

党的十八大以来，我国铁路响应交通强国、科技强国建设要求，充分发挥12306科技创新领军信息化平台的作用，加强关键核心技术攻关，努力推进客运生产与服务数字化进程。铁路12306坚定不移走自主研发之路，不断强化提升科技自立自强能力，把关键核心技术牢牢掌握在自己手中。自2013年正式上线试运行开始，向广大旅客提供列车信息查询、购票等服务，在十余年的发展与技术革新过程中，依托人工智能、大数据、5G等技术，持续以技术创新推进产品的迭代、应用特性提升。一方面，坚持问题导向，集中全部力量和有效资源攻坚克难，攻克了行业内公认的海量并发交易等技术难题，建立了自主化技术平台体系；另一方面，坚持目标导向、科技引领，持之以恒迎难而上，构建了“互联网＋铁路”典型应用，形成了成套关键技术和标准，增强了高铁这张“中国名片”的配套软实力；在以上基础上，坚持结果导向，不断提升旅客出行质量，以服务成效为标准，以实实在在的业绩接受旅客的检验、评判。中国铁路客票与服务系统是全球服务人数最多、最复杂的客票系统，无法踩着前人走过的路前进，更没有所谓巨人的肩膀可以依靠，一切都需要靠自己的辛勤摸索，一款APP的升级，其背后包含着铁路为民服务的温情底色。从“软纸车票”到“磁介质车票”再到“电子客票”，从“自主选座”服务到“候补购票”，从“线上订餐”服务到“铁路商城”，从“重点旅客服务”到“适老化及无障碍改造”，从发售“单一火车票”到“空铁公水联运车票”，实现了旅客从“走得了”到“走得好”的转变。铁路12306每一次的迭代创新，都是紧扣社会需求，问诊把脉旅客“痛点”，向多元化、网络化、智能化、个性化发展的成果，折射出“民之所忧我必念之，民之所盼我必行之”的为民情怀和使命担当。

在国内，12306项目成果应用范围覆盖国铁集团、18个铁路局集团公司、近3 000个车站和10 000多列旅客列车，近三年服务旅客超100亿人次，累计节约售票成本超120亿元，节约旅客购票成本超1 000亿元，取得了明显的社会效益和经济效益。在国外，12306客票系统技术适应海外项目需求，在中老铁路、雅万高铁、匈塞铁路成功应用，为中国高铁国际化、“走出去”奠定了坚实基础。12306应人民之所呼，解人民之所需，不

但是群众铁路旅行不可或缺的便民软件，更是展现铁路温馨服务的一扇窗，践行着以人民为中心的发展思想，积极承担社会责任，以优质的服务提升旅客的出行体验，为中国铁路高质量发展添砖加瓦。

第五节 CR400 复兴号动车组技术创新

党的十八大以前，中国高铁技术经过长期积累和引进消化吸收再创新，取得了一批创新成果，特别是在不同地质、不同气候环境下大规模建设高速铁路的经验，使中国高铁建设技术达到了世界领先水平。但作为高铁核心技术的高速动车组依然存在着关键技术未完全掌握、国外技术平台不完全适应国内运用需求等问题，成为中国高铁技术发展和“走出去”的短板。CRH1、CRH2、CRH3 和 CRH5 动车组技术分别来自不同的国家，这些基于国外技术平台的动车组各具特点，但都存在着不适应我国铁路发展的技术问题，由于引进条款的制约，在引进的平台上，一些关键核心技术仍由外方技术总负责，所有的引进技术合同都对中方基于引进平台发展的动车组在“走出去”时设定了严格的限制条件，这些情况严重制约了中国高速动车组的发展。为了把关键核心技术牢牢掌握在自己手中，打造出更适应国内运营环境的动车组，取得运用的主导权和发展的主动权，我国铁路于 2012 年底正式启动 CR400 复兴号动车组(图 3-5)研制工作。经过自主技术攻关，我国成功搭建了具有完全自主知识产权的中国高速动车组技术创新平台，系统掌握了动车组车体、转向架、牵引、制动、网络等核心技术，构建了我国高速铁路装备成套试验验证体系，研发了具有完全知识产权、世界领先的高速列车。2024 年，复兴号高速列车获得 2023 年度国家科技进步奖特等奖。在 CR400 复兴号动车组技术攻关过程中，突出体现了中国高铁技术自主创新“自立自强、系统创新”的模式特点。

一、坚持自立自强、自主创新，打造具有完全自主知识产权的高速动车组

中国标准动车组研发前期，我国铁路统筹规划，开展了自主替代研究、试验方案前期验证以及国家发改委项目申请等各项平行工作，为中国标准动车组研发创造了良好的条

图 3-5 复兴号中国标准动车组

件。CR400 复兴号动车组是中国自主研发的标准动车组,我国铁路明确提出具体的研制目标:一是坚持需求导向,通过用产学研结合,掌握核心技术,软件完全自主,硬件原则自主,运用不受外方限制,实现核心技术自主化,拥有自主知识产权;二是要适应我国铁路运输组织、养护维修、互联互通等运营需要;三是要研制出在性能方面具有世界先进水平、能够代表动车组技术发展方向、能够在"走出去"过程中与国外动车组同台竞争的产品。为此,我国铁路坚持自主创新,遵循安全、经济、智能、舒适、绿色等设计原则,以国内市场需求为导向、兼顾国际市场,整体规划、分步实施、重点突破,稳步推进自主知识产权动车组研制。首先确定动车组的技术条件。根据中国铁路线路条件、运行环境、运输组织、检修维护等特点,系统梳理既有各型号动车组的安全性、可靠性、舒适性、可维修性、经济性及大量试验数据,在此基础上提出动车组顶层技术指标,确定动车组整车及系统技术条件。然后制定动车组的技术方案。以技术条件为研发指导大纲,按照用产学研相结合的研发模式,充分利用合作单位的资源优势,联合完成整车及系统技术方案的设计。再次开展样车制造及试验验证。按照确定的技术方案,由原南、北车集团及相关企业负责标准动车组的样车制造,铁科院负责整车各项试验。中国铁路总公司按规定程序组织开展评审、线路试验及运用考核等相关工作。最后逐步构建动车组的标准体系。在整车及零部件试验验证基础上,结合样车运用考核及拆解检查情况,对技术条件进行不断优化和反复验证,全面掌握高速动车组核心技术,构建了中国动车组技术标准体系。

二、坚持系统观念、统筹推进，集聚行业合力坚决打赢关键核心技术攻坚战

CR400复兴号动车组是高度复杂、对安全性要求极高的机电一体化产品，是高速铁路技术体系的核心，包含九大关键技术和十项配套技术，涵盖机械、冶金、材料、电力电子、化工、信息控制、计算机、精密仪器等众多技术领域。其研发工作的参与单位众多、产业链长，是极其复杂的系统性工程。为此，在研制过程中，中国铁路总公司立足国家铁路建设运营主体和市场需求主体地位，充分发挥铁路科技创新领军企业的作用，组织梳理了动车组主要大部件供应商和九大核心技术、十大配套技术自主化企业清单，提出运用需求并安排系列重大、重点课题，围绕CR400复兴号动车组科技主攻方向和核心技术突破口，组织行业内外优势力量协同开展科技攻关。对于关键核心系统，如车体、转向架、牵引、制动、网络核心部件等，同时选择两家企业分别进行技术攻关，互为备份，确保项目成功。考虑到铁科院是中国铁路行业唯一的多专业、多学科综合性科技企业，具有人才优势和技术积累，在CR400复兴号动车组研制中，由中国铁路总公司全面组织铁科院与中国中车及所属长客股份、四方股份、株洲所、四方所以及北京交通大学、西南交通大学等20余家产学研单位，沈阳铁路局、北京铁路局、太原铁路局、武汉铁路局、上海铁路局、广铁集团等运用单位，组成联合创新团队，编制总体技术条件，共同推进技术攻坚和产品研发，这种协同创新工作模式有效避免了技术体系壁垒。在此基础上，中国铁路总公司组织制定了动车组总体及牵引、高压、网络、车体、转向架等系统暂行技术条件、动车组总体和各系统顶层指标，组织了各系统方案、零部件统型方案制定和专家评审，确定了动车组整车性能和互联互通性能验证试验方案，并组织进行了动车组型式试验、科学研究试验、关键系统服役性能跟踪试验和60万km运用考核、动车组关键系统解体检查性能确认工作。联合创新团队根据顶层技术指标要求，瞄准动车组技术发展最前沿，系统推进CR400复兴号动车组总成、车体、转向架、牵引、制动、网络系统等九大关键技术，以及车钩、空调、风挡等十项主要配套技术系统创新，采用正向设计和循环迭代的设计方法，全方位进行车辆各系统的方案设计、零部件统型方案设计和车辆的试制。样车研制出来后，集中安排大西、郑徐高速综合试验，全面验证CR400复兴号动车组性能指标及优化方案，在世界范围内首次成功实现两列动车组以时速420 km交会及重联运行试验，试验研究水平达到世界领先。CR400复兴号动车组采用的254项重要标准中，中国标准占到84%，整体设计和关键技术全部自主研发，具有完全自主知识产权，推动中国高铁技术迈出了从追赶到领跑的关键一步。

第六节 CTCS-3 级列控系统技术创新

CTCS-3 级列控系统作为高速铁路的"大脑和中枢神经",是保障高速铁路列车安全运行和提高运输效率的关键技术装备。自 2009 年在武广客运专线首次投入运用以来,陆续在多条线路上进行运用,已经成功实现在高寒、酷热、戈壁风沙、海风高盐等不同运营环境下高强度、大密度运行的运营实践,成为我国时速 250 km 以上高铁的标准配置。十余年来,我国铁路在研究借鉴国外铁路列控技术体系和关键技术应用的基础上,结合我国国情和路情,瞄准世界一流标准,以实现自主可控为目标,依托产学研创新平台,在标准体系的先行指引下,采取主体多元、赛马争优的组织方式,全方位推进 CTCS-3 级列控系统技术自主攻关,最终完成了全套完全自主知识产权的 CTCS-3 级列控系统研发及应用,提升了中国列控装备的整体技术水平、国际竞争力和信息安全等级,真正将高铁列车运行控制核心技术牢牢掌握在自己手中。在 CTCS-3 级列控系统技术自主攻关过程中,突出体现了中国高铁技术自主创新"自主可控、协同创新"的模式特点。图 3-6 所示为 CTCS-3 级列控系统架构。

一、矢志实现核心技术自主可控,牢牢掌握高铁发展主动权

关键核心技术是国之重器,是实现高水平科技自立自强的保证。2009 年开通的武广客运专线首次应用国产化 CTCS-3 级列车运行控制系统,但由于部分核心部件、核心技术仍然被国外厂商垄断,导致我国高铁部分在线运营设备故障分析、维修服务、系统升级和信息安全等多方面受制于外方。同时,由于未全面实现自主化,既有的部分高铁列控技术装备无法向海外市场输出。只有加快突破关键核心技术,解决"卡脖子"技术难题,才能不断提升我国高铁发展的独立性、自主性、安全性。为此,2014 年,中国铁路总公司科技研究开发计划重点课题"铁路列控关键技术深化研究",组织开展自主化 CTCS-3 级列车运行控制系统的研发,掌握 CTCS-3 级列控系统核心技术、研制关键设备构建自主化 CTCS-3 级列控技术体系。自主化 CTCS-3 级列车运行控制系统吸收继承了既有系统大量安全可靠的运用经验,在解决自主知识产权问题的基础上,依据中国

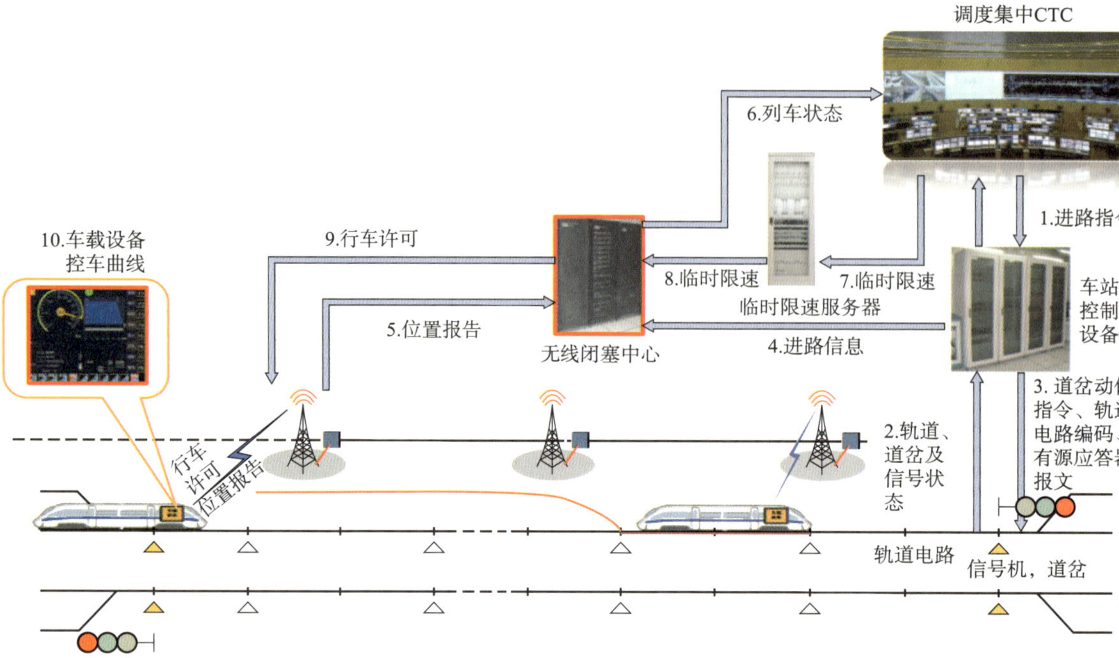

图 3-6　CTCS-3 级列控系统架构

列控标准，面向未来发展需要，在系统架构、功能需求设计、人机交互、安全防护、兼容与扩展等方面进行了大量创新，重点考虑了系统装备的标准化和技术先进性，以支撑当前在用设备的长期运用维护，支撑新建高铁自主化列控系统的应用，支撑高铁技术的可持续发展。自主化 CTCS-3 级列车运行控制系统的标准化主要体现在三个方面，一是自主化装备对既有装备的全面替换性，二是不同厂家设备接口和功能的统一性，三是与欧洲 ETCS 标准的铁路互联互通性。技术先进性方面，通过模块化、一体化的方式优化系统架构设计，采用高性能安全计算机平台和冗余结构提升系统性能和可靠性，采用先进的通信技术和高可信密码技术提升系统整体信息安全水平，采用标准化、可配置的接口技术实现设备的小型化和智能化，彻底解决既有设备运营与维护中遇到的难以突破的问题，提升中国列车控制系统的国际竞争力和信息安全等级，实现安全可靠、技术先进、自主可控的目标。

二、多主体赛马机制激发创新活力，充分释放协同创新整体效能

我国高铁在技术引进消化吸收再创新到自主创新过程中逐步探索形成主体多元、赛马争优的管理模式，与单一主体相比，择优选择多个主体、多种技术路线并行推进，有利于激发科研开发活力，形成良好竞争氛围，提升攻关效率与质量。在中国铁路总

公司的统一组织部署下，中国铁道科学研究院集团有限公司、中国铁路通信信号股份有限公司、北京和利时系统工程有限公司等国内主要列控设备厂家，开展了自主化CTCS-3级列控系统关键设备的攻关，相继完成自测试、SIL4级认证、产品认证测试、第三方实验室测试、大西高铁试验段现场测试等多轮试验。在此期间，中国铁路总公司负责组织专家对多元化实施主体进行覆盖全要素、贯穿全流程的考核评比，不同型号列控关键技术装备均需按照规定程序分别完成各阶段专家组评审，并由专家组分别出具实验室测试报告、现场试验报告、试用考核报告。系统正式投用后，各厂家设备的运用情况在每年的全国铁路电务安全质量通报中以量化对比的形式呈现，这些措施进一步促进了列控系统的持续优化完善和安全质量提升，充分彰显了高铁列控核心技术多主体并行攻关成效。与此同时，为提升创新效率，我国铁路统筹考虑建设、运营和科技创新，将系统装备研发和工程建设、现场试验融合联动，高效推进各单位协同自主攻关。为了在真实线路上对列控系统车地关键设备进行现场试验，需要结合在建线路条件、施工计划和列控系统试验目标，挑选合适的试验线路，经过设计、选型、施工、静调、动调、验收等诸多阶段，对通信、信号、接触网、部分区段轨道结构等进行适应性调整设计，搭建起列控系统试验环境，支持对列控系统进行全方位的试验和验证；需要选择合适的试验线路，减少对在建线路信号系统的改造，降低试验成本，减少安全隐患；需要挑选合理的试验时间，减小对在建线路施工进度的影响。通过将系统研制与工程建设、线路运营有机结合，在不影响工程建设、线路运营的情况下，以最低成本、最高效方式完成现场试验，实现试验目标。2016年，结合自主化CTCS-3级列控系统研发进度，我国铁路选定大西客专开展高速综合试验，验证系统在不同场景、不同工况下的功能和性能，检验系统安全性、可靠性和可用性。通过在大西高铁开展高速综合试验，调试、优化自主化装备功能、性能，改进、完善自主化装备软硬件设计、关键参数配置、接口适配条件等，全面验证了自主化装备的安全性、可靠性、技术先进性，完成了自主化装备从研发到定型的关键一步。

作为中国高铁关键核心技术之一，CTCS-3级列控系统的自主研发标志着中国高铁技术装备领域的突破，也验证了只有自主协同创新才是成就中国高铁的核心密码。

第七节
京张高铁智能高铁技术创新

在中国铁路发展史上，“京张”二字的背后，是从无到有、从追赶到领跑的砥砺奋进。1909 年，“中国铁路之父”詹天佑主持建成了由中国人自主设计和建造的第一条干线铁路——京张铁路。时隔百年，京张高铁在青龙桥站地下中心位置 4 m 处穿过，与京张铁路的“人”字形线路构成一个“大”字，引领世界智能高铁之先。从自主设计修建零的突破到世界最先进水平，从时速 35 km 到 350 km，京张铁路见证了中国铁路的发展，也见证了中国综合国力的飞跃。京张高铁既是传承京张铁路百年历史的文化线，也是全面展示中国高铁技术创新成就的智能高铁示范工程。为了实现从设计水平、建造质量到运营功能整体达到系统最优，我国铁路弘扬百年京张精神，攻克多项技术难题，广泛创新应用新理念、新技术、新方法，开启了世界智能铁路建设运营新篇章。在京张高铁技术攻关过程中，突出体现了中国高铁技术自主创新“文化传承、智能引领”的模式特点。图 3-7 所示为行进在京张高铁上的复兴号。

图 3-7　行进在京张高铁上的复兴号

一、传承百年文化，打造人文工程、绿色工程

1909 年，由詹天佑担任总工程师主持修建的“京张铁路”横空出世，这是中国历史上第一条自筹资金、自行设计、自行施工的长距离铁路，从此拉开了中国自主修建铁路的序幕，京张铁路也成为中华民族自强不息、奋发图强的伟大民族精神的象征。2019 年，跨越百年后的京张高铁以更快、更强的形式延续着京张铁路的生命力，续写着中国铁路沧桑变化的发展史。京张高铁建设全面落实以人民为中心的发展思想，更好适应人民群众日益增长的美好旅行生活需要。坚持人性化设计，优化车站在购票、候车、实名验证、安检等流程，强化动车组无障碍、自助化、信息化服务设施，在车站候车厅、站台等区域的墙壁融入匾额、浮雕、艺术纹样装饰雕刻长城、火车铁路、冬奥等主题壁画，展现了京张铁路与京张高铁实现百年穿越的故事，以传承铁路文化内涵为目标打造京张遗址公园。同时，牢固树立绿色发展和绿色办奥理念，京张智能动车组综合考虑北京冬奥会的绿色低碳要求，在动车组设计过程中大量使用可回收材料，并首次将灰水再利用、空气净化等技术应用于高铁列车，成为目前中国高铁列车谱系中碳排放最低、安全应急能力最强、绿色运维水平最高的动车组产品。深入开展景观化设计提升通道品质，根据沿线自然景观和人文景观将京张高铁划分为城郊风光段、关塞风光段、大泽风光段、燕北风光段、雪国风光段五大景观分区，并结合全线系统景观分区开展“一站一景”一体化设计及站房文化主题设计，实现了车站与城市、建设与运营、智能与服务的完美有机融合。加强沿线生态、文物、建筑、环境保护工作，针对官厅水库大桥跨越北京市备用水源地、一级水源保护区官厅水库库区，设计中为减少涉水工程对水体的影响，全部采用装配化设计、顶推施工就位的方案。“回望百年历史，更觉京张高铁意义重大。”从京张铁路到京张高铁，传承的是中国人独立自主、自强不息的民族精神。

二、坚持智能引领，打造精品工程、智能京张

京张高铁穿越北京核心区、八达岭长城景区、官厅水库等地区，具有地质条件复杂、施工难度大、环境保护要求高等难点，面临着冬奥会期间旅客群体多样、客流量时段集中、出行服务要求高、国际关注度高等挑战。迫切需要集成运用建筑信息模型（BIM）、大数据、人工智能、北斗卫星导航、5G 等新一代信息技术，对京张高铁建造、装备和运营技术进行智能化创新，以数据驱动为核心，实现全面感知、泛在互联、融合处理、主动学习、优化决策，满足冬奥会对京张高铁建设和运营的要求，把京张高铁建设

成精品与智能融为一体、硬件与软件相得益彰的典范之作，全面提升安全生产、运营管理、客运服务的现代化水平。京张智能高铁是一个覆盖全生命周期、涵盖众多业务、集成各类专业技术的复杂巨系统，建设运营管理难度极大。我国铁路提出了“顶层设计、平台先行；模数驱动、轴面协同”的建设理念，瞄准世界前沿围绕智能建造、智能装备、智能运营等技术开展攻关。在顶层设计方面，构建形成了标准、技术、数据三位一体的智能高铁体系架构，有效指导了京张高铁智能化创新实践，填补了世界高铁智能化顶层设计领域的空白。其中技术体系是“根本”，明确了智能高铁在建造、装备、运营领域的技术构成与协同应用；标准体系是“保障”，定义了数据、技术、管理等方面的标准组成，完成 347 项相关标准的制定和立项；数据体系是“支撑”，规范了多专业融合共享的数据资源和基于统一基础平台的铁路大数据应用服务。在管理理论方面，提出面向全生命周期综合效能最优的“以全生命周期管理为主轴线、以全业务要素为基本面、模数驱动、轴面协同”的建设管理思想，即融合表征模型、机理模型和动静态数据等以模数一体为核心，驱动实现智能高铁设计、施工、运营等全生命周期的正向无损传递和反向迭代优化，并以全生命周期为主轴，在全生命周期静态时间截面上，通过不同业务领域、高铁全生命周期不同阶段信息系统的集成融合，基于信息流支撑不同专业、外部环境等各类要素的高效互动，有效协同不同专业、不同领域相关要素，推动资源合理规划配置和有序协同。

几十年来，中国高铁技术自主创新取得了巨大成就，也涌现出很多典型事例，所有这些典型事例汇聚在一起，成就了中国高铁在世界上的巨大影响力和在人们心目中的重要地位。本书选取的只是众多典型事例中的一部分，希望能够在一定程度上反映中国高铁技术自主创新实践的不同方面。在中国高铁技术自主创新过程中也有很多成功的做法，上述事例选取的自主创新特点和模式仅从不同侧面突出介绍事例的创新内容。希望通过上述自主创新特点和模式不同方面和不同侧面的介绍，在一定程度上反映中国高铁技术自主创新伟大实践的基本历程。

贡献篇

党的十八大以来，在以习近平同志为核心的党中央坚强领导下，我国高速铁路持续提升科技自立自强能力，高速铁路发展取得历史性成就，带动我国铁路乃至中国交通的发展水平实现质的跃升，为加快推进我国现代化建设注入了强大动力。在科技创新的强力驱动下，我国已建成世界上最大的高速铁路网和先进的铁路网，打造形成具有世界一流运营品质的高铁品牌，推动铁路基础设施规模质量和服务供给水平大幅提升，促进铁路由瓶颈制约型运输到逐步适应型运输的重大转变，新时代十年铁路建设成果丰硕。高铁不仅为广大人民群众出行提供了安全舒适便捷的交通方式，大大增强了人民群众的获得感、幸福感、安全感，而且还积极引领铁路高质量发展，有力支撑现代化经济体系建设，服务国家重大发展领域，助力人与自然和谐共生，打造形成了我国新的亮丽名片。

第四章　引领铁路高质量发展

推动铁路高质量发展，率先实现铁路现代化，勇当服务和支撑中国式现代化"火车头"，是新时代新征程我国铁路的使命任务。高速铁路以其技术先进性，成为引领我国铁路高质量发展的重要抓手，其建设发展在提升铁路基础设施、技术装备、运输服务、经营管理、人员素质水平等方面具有重要作用。

第一节 提升铁路基础设施水平

高速铁路是我国铁路基础设施体系的重要组成部分。随着《中长期铁路网规划》的颁布实施，一大批具有世界先进水平的高速铁路相继建成投产，"四纵四横"高铁网全面建成，"八纵八横"高铁主通道正加密成型，铁路网技术结构显著优化，铁路网总体能力大幅增强，铁路基础设施整体水平得到明显提升。

一、显著优化铁路网结构布局

（一）铁路网规模快速增长

在高速铁路大规模建设的带动下，我国铁路网营业里程实现快速增长。2012 年—2023 年，全国铁路营业里程由 9.8 万 km 增加至 15.9 万 km，增长了 62.2%，高铁由 0.9 万 km 增加至 4.5 万 km，增长了 4 倍。高铁规模占铁路网营业里程比重逐年提高，由 10% 增长到 28.3%，高速铁路在铁路网中的地位和作用日益增强。2012 年—2023 年铁路及高铁营业里程如图 4-1 所示。

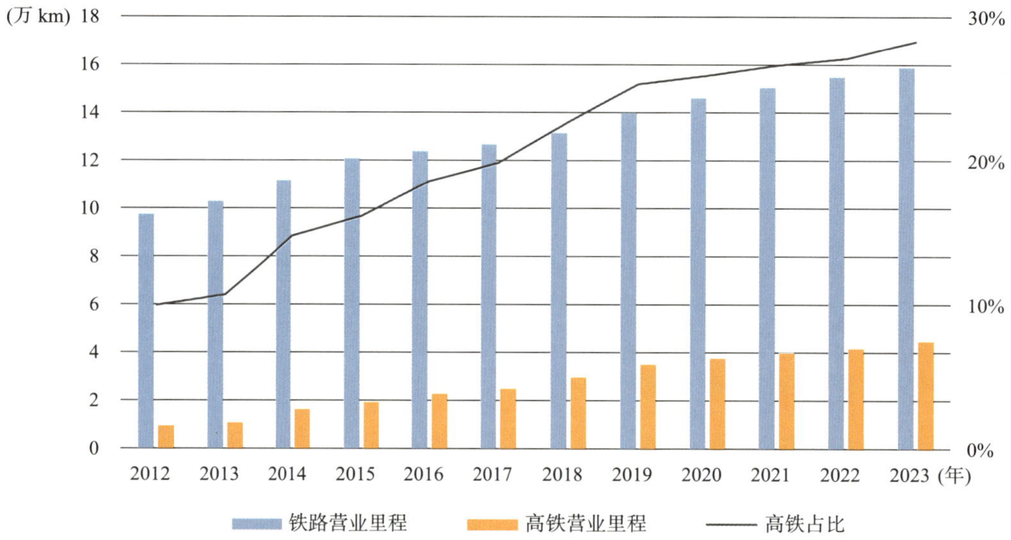

图 4-1　2012 年—2023 年铁路及高铁营业里程

（二）提升铁路复线率和电气化率

我国铁路在项目建设中合理选择速度目标值、单复线、牵引类型等主要技术标准，统筹新线建设和既有线扩能改造，有力推动铁路绿色集约发展。绝大多数高速铁路均为双线、电气化铁路。随着高铁规模增长和在铁路网营业里程中占比的逐步提升，直接带动了全国铁路复线率、电气化率稳步提高。截至 2023 年底，铁路复线率和电气化率分别达到 60.3% 和 75.2%，较 2012 年分别增加 14.8 个百分点和 21.5 个百分点，路网质量得到大幅提升。2012 年—2023 年铁路复线率及电气化率如图 4-2 所示。

（三）促进路网布局不断优化

高速铁路的规划建设促进了铁路网布局不断优化。郑西、西宝、宝兰、西成、成渝等一批高铁项目的建设显著提升了中西部地区铁路网规模和质量，对于促进不同区域铁路网协调发展发挥了重要作用。2012 年—2023 年，中西部地区铁路营业里程由 6 万 km 增长至 10 万 km，其中高铁规模由 0.3 万 km 增长至 2.5 万 km。2023 年，中西部地区高铁规模在全国高铁中占比达到 55%，较 2012 年底提高 18 个百分点。2012 年—2023 年中西部地区铁路网规模、高铁规模变化情况如图 4-3 所示。

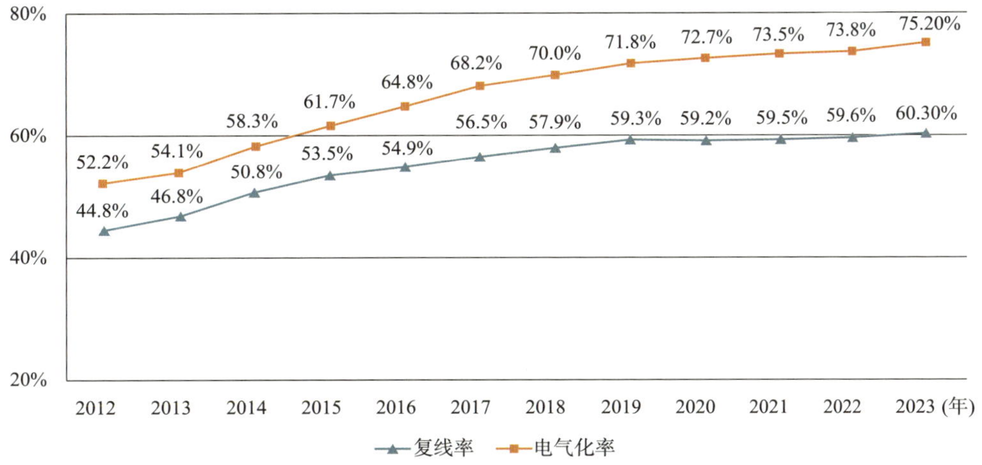

图 4-2　2012 年—2023 年铁路复线率及电气化率

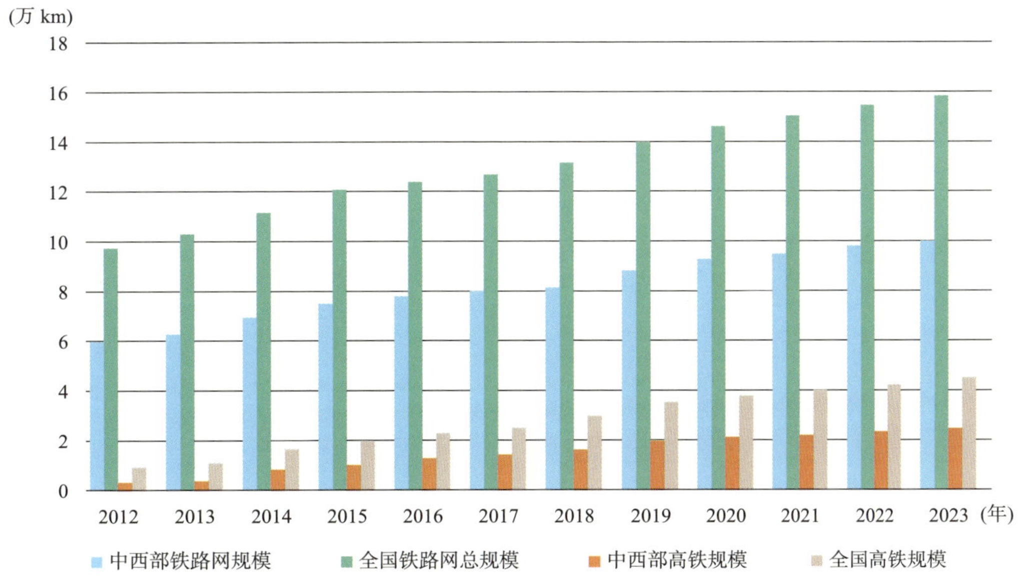

图 4-3　2012 年—2023 年中西部地区铁路、高铁规模变化情况

同时，高速铁路的规划建设，结束了部分地区不通铁路的历史，实现了铁路网更广泛

的覆盖。截至2023年底,铁路已通达覆盖82.7%的县级行政区划、97.0%的地级行政区划、99.5%的城区人口20万人以上城市以及60.7%的原国家级贫困县、93.2%的5A级旅游景区所在地。其中,高铁覆盖83.2%的地级及以上城市、96.1%的城区人口50万人以上城市、97.7%的城区人口100万人以上城市以及31.3%的原国家级贫困县、71.1%的5A级旅游景区。2023年高铁覆盖5A级景区示意图如图4-4所示。

图4-4 2023年高铁覆盖5A级景区示意图

二、大幅增强铁路网总体能力

随着铁路网规模的扩大,特别是高速铁路逐渐成网,我国铁路注重统筹高铁网与普铁网的运用,铁路网总体能力大幅增强,推动解决了长期存在的铁路运输瓶颈问题,为实现人畅其行、货畅其流提供了可靠运力支撑。

(一)实现客运能力的重大跃升

高铁具有载客量高、运力大的优势特点,其建设成网为旅客提供了更高质量的运输产品,带来客运能力的重大跃升。同时,高速铁路的建设有效缓解了普速铁路繁忙干线能力紧张的问题，在我国主要城市群及经济区间形成大能力、多层次的铁路运输通道，满足多样化的旅客需求，显著提升了铁路客运总体供给能力，基本满足了人民群众日常便利出行的需要。

2012 年—2023 年，全国铁路旅客发送量由 18.9 亿人增至 38.5 亿人，实现翻倍。其中，2012 年—2019 年，普速列车旅客发送量基本稳定在 14 亿人次左右；高速铁路完成旅客发送量由 3.88 亿人增加到 23.58 亿人，占铁路旅客总发送量的比重由 20.5% 提高到 64.4%。2019 年—2022 年，全国旅客运输市场受到新冠疫情严重冲击，包含铁路在内的各种运输方式客运量大幅下降，但铁路在全社会客运量中的比重仍有所提高；同时，高速铁路完成旅客发送量占铁路旅客总发送量的比重进一步提高到 68.6%。2012 年—2022 年高铁、普铁完成客运量增长趋势如图 4-5 所示。2023 年新冠疫情后，铁路客运量快速反弹，高峰日发送旅客突破 2 000 万人，全年完成旅客发送量 38.5 亿人。

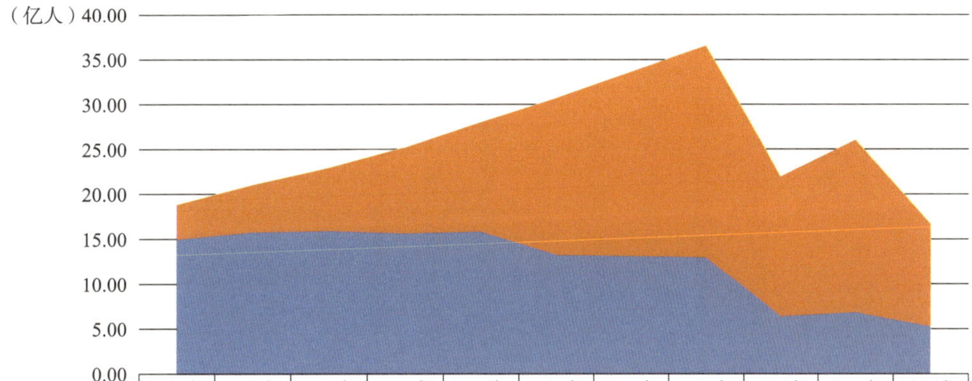

	2012年	2013年	2014年	2015年	2016年	2017年	2018年	2019年	2020年	2021年	2022年
高铁旅客发送量（亿人）	3.88	5.30	7.04	9.61	12.21	17.52	20.54	23.58	15.57	19.22	11.45
普铁旅客发送量（亿人）	15.02	15.80	15.96	15.69	15.89	13.28	13.16	13.02	6.43	6.88	5.28

图 4-5　2012 年—2022 年高铁、普铁完成客运量增长趋势①

京沪高铁开通运营显著提升了京沪通道的客运供给能力，2023 年最大区段图定对数已达 172 对。京沪高铁开通前，京沪普速铁路各区段能力利用率达 98% ~ 100%，客货争能现象较为明显，存在能力不适应情况；开通运营后，2012 年—2023 年京沪通道铁路旅客发送量提高了一倍左右，基本解决了客运能力严重不足的问题。

（二）有效释放铁路货运能力

未开通运营高速铁路时期，我国铁路货运能力供给严重不足，受客运需求影响“一车难求”的现象普遍存在，货运需求长期受到压制，难以满足经济社会发展需要。随着高铁

① 数据来源：2022 年全国铁路统计资料汇编，《中国统计年鉴 2023》。

的快速发展，既有铁路货运能力得到有效释放，客货争能问题得到大幅缓解，货物运输能力保障更加充分，基本适应了经济社会发展的需要。尤其是在应对电煤抢运、节假日客流高峰时，高铁与普铁两张网的统筹运用，有效拓展了铁路运力资源调配空间，显著提高了路网资源的运用效率。

2012 年—2023 年全国铁路完成货运量由 39 亿吨增长至 50. 1 亿吨，年均增长 2. 3%；全国铁路货物周转量由 29 187. 1 亿吨公里，增长至 36 437. 6 亿吨公里，年均增长 2. 0%。2012 年—2023 年全国铁路货运量和货运周转量变化趋势如图 4-6 所示。铁路货运能力的提升不仅满足了货运总量的增长，也为货运品类结构的优化提供了有力保障。铁路大宗货物运量稳步增长的同时，集装箱、商品汽车、冷链运输等专业运输快速发展，占比持续提升，成为铁路货物运输新的增长点。

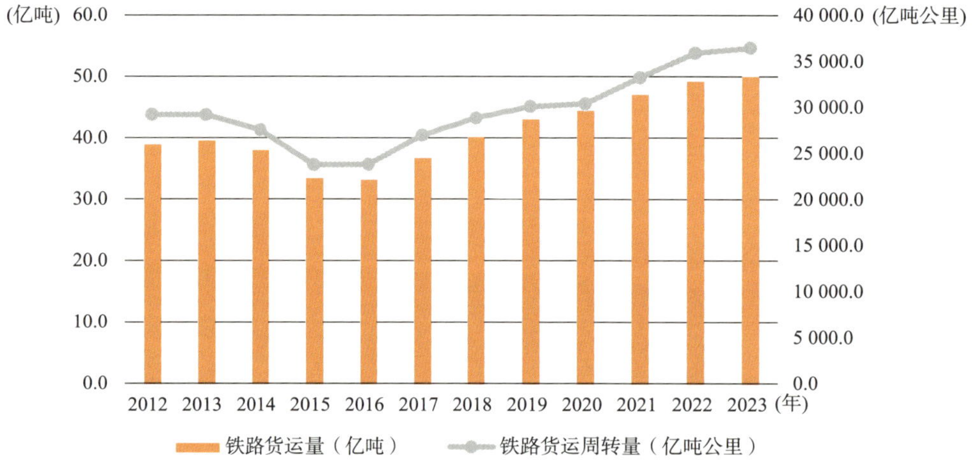

图 4-6 2012 年—2023 年全国铁路货运量和货运周转量变化趋势[①]

2008 年，石太普速线路客流密度为 442 万人公里/公里，重车方向货流密度为 6 813 万吨公里/公里。2009 年 4 月石太客运专线开通运营，同年石太通道客流密度为 638 万人公里/公里，其中客运专线承担客运量占比达 70%，重车方向货流密度达到 8 778 万吨公里/公里。石太通道已基本实现客货分线，其中石太客运专线承担了通道主要客运任务，石太普速线路以承担通道货运任务为主，为保障山西、陕西煤炭东出运力供给、增强铁路对于能源物资的保供能力创造了有利条件。

① 数据来源：2022 年全国铁路统计资料汇编，《中国统计年鉴 2023》。

第二节 提高铁路装备设备水平

我国铁路立足客货运输市场需求，坚持以我为主、开放合作、自立自强，全面推进高速铁路关键技术装备自主研发，实现了高铁技术从跟跑到领跑的重大跃升，并将相关经验推广应用于普速铁路，有效推动了铁路装备技术水平提升，驱动研发制造平台建设，促进安全运维水平稳步提升，带动了铁路装备制造产业链集群发展。

一、推动铁路装备技术水平提升

我国高铁技术装备取得的系列成就源于持续不断的技术创新，过程中不断加强的自主创新能力又为高铁技术持续升级以及整个铁路装备行业的发展提供了强大动力。

（一）机辆装备方面

随着高速动车组技术水平和创新能力的大幅提高，我国铁路逐步形成了适用于不同速度等级、线路条件和应用场景的谱系化复兴号动车组系列产品，在有力保障高铁旅客出行需要的同时，也在普速铁路上得到了越来越广泛的应用。以动力集中动车组为例，为了让更多旅客尤其是不通高铁地区的旅客享受到高品质的旅行生活，我国铁路成功研制了时速 160 km 系列动力集中动车组，其研发制造在外观设计、一体化控制技术、旅客界面等多个方面吸纳了复兴号动力分散动车组的技术和经验，比如其车头采用流线型设计，车体结构采用平滑设计，外观涂装吸收动车组元素，内饰、座椅、全 LED 照明等借鉴高速动车组的成熟设计理念。随着拉萨至林芝铁路开通运营，复兴号高原内电双源动力集中动车组顺利开进西藏、开到拉萨，历史性地实现了复兴号对 31 个省（区、市）的全覆盖。拉林铁路上运行的复兴号列车如图 4-7 所示。

（二）通信信号装备方面

我国高速线路 GSM-R 系统已稳定运行多年，技术较为成熟，采用话音编码和纠错、检错技术，话音质量和抗干扰能力显著提升，支持组呼、基于位置寻址、功能寻址等功能扩展，全面支撑了铁路运输对列车调度通信、列车控制、高速列车运行等需求。部分普速线路已将原有的450 MHz模拟无线列调系统升级为GSM-R系统，有效解决普速铁路无线列调系统制式老化问题。

图4-7　拉林铁路上运行的复兴号列车

随着高速铁路的快速发展，我国自主研发的CTCS-2级和CTCS-3级列车运行控制系统得到广泛应用，并开展了高铁自动驾驶系统（ATO）的研发运用。为应对西部地区铁路轨旁设备安装建设复杂、维护维修困难的问题，国铁集团组织相关科研单位开展了新型列控系统技术攻关工作，该系统通过创新融合北斗系统实现了列控车载设备多源综合定位，能够满足移动闭塞的要求。新型列控系统目前已成功应用于和田至若羌铁路。

（三）牵引供电装备方面

随着高速铁路智能化技术的发展，智能牵引供电系统和简统化接触网得到研究与应用，形成了牵引供电装备技术标准体系，研制的设施与装备不仅应用于京沈高铁、京雄城际、京张高速、赣深高铁等高速铁路，也应用于浩吉等普速铁路中，全面提升了铁路牵引供电装备智能化水平。

智能牵引供电系统在传统牵引供电系统基础上，实现了故障快速隔离，系统自愈重构功能，缩小了故障影响范围和时间，提升了牵引供电的可靠性；实现了视频巡检、智能联动、智能报警，为无人值班、无人值守提供了有力的技术支撑，达到增收创效和节支降耗的效果。积极推进装备标准化、简统化、自主化，研制了以腕臂和定位装置、整体吊弦、中心锚结线夹、终端锚固线夹为主的接触网装备，其相对传统接触网具有结构简洁、合理，综合性能优越等特点，解决了装备种类繁多、耐疲劳性较差等难题，大幅提高了接触网的可靠性、可维修性。

（四）轨道装备方面

高速铁路轨道装备在设计、生产、制造等方面取得重要技术突破，同时将包括钢轨生产、无缝线路技术、长轨条焊接技术、装配式轨道板技术等方面的先进技术拓展应用到普速铁路和城市轨道交通上，提升了轨道装备的整体技术水平。例如，高速钢轨的生产研发推动钢厂提升精炼、精轧、精整、质量自动检测和长尺化技术，升级制造工艺，在保障高速铁路钢轨质量和服役性能稳定提升的同时，应用于普速铁路钢轨的生产制造中，大幅度提高了钢轨源头质量水平。将高速铁路采用的无缝线路技术，应用于普速铁路线路，突破了寒冷地区、大坡道、小半径曲线、桥梁、道岔、高海拔等多方面限制，优化了无缝道岔技术并成功应用于青藏线、兰新线等线路。推动 CRTSⅢ型板式无砟轨道流水机组法生产工艺全面推广，并应用于北京、天津、广州、深圳等城市地铁线路及深大、龙大、深惠等城际和市域线路中。

二、驱动铁路装备研发制造平台建设

我国铁路已建成了具有国际先进水平的装备产品技术平台和制造基地，形成拥有自主知识产权、融合世界不同标准体系的多个轨道交通产品技术平台，形成了满足世界轨道交通装备市场需要的研发、制造和服务能力，能够适应各种复杂的地理环境，满足多样化的市场需求，达到世界先进水平。

（一）机辆装备方面

从设计平台来看，随着高速动车组自主设计研制技术的不断成熟，其产品的轻量化设计、绿色化设计、模块化设计逐步成熟，其形成的标准、规范和方法体系对普铁产品的设计具有重要借鉴意义。同时，我国铁路客车制造企业已基本完成高铁设计平台与普铁设计平台的融合，建立了包含高铁和普铁，适用于不同市场用户、不同动力形式、不同轨距、不同运营环境、不同编组形式、不同载客方式和不同用途的铁路装备产品树，谱系化设计制造平台具有一体化和一致性。高铁设计平台向普铁的移植，特别是模块化谱系化的研发方式提高了配件储备的便捷性，提升了铁路装备设计效率、生产组织效率。

从制造平台来看，铁路装备制造企业在高铁技术引进和自主创新过程中，已普遍完成了制造设备升级、制造过程优化、制造平台升级、工艺流程完善、制造能力提升,基本实现了铁路装备的清洁生产和精益制造。高铁的生产线、工艺技术、人力资源等多个方面也复制应用于普速铁路,提升了铁路装备的柔性化规模化制造能力。例如,中车各主机厂将高铁生产线实现的节拍生产和柔性制造应用于普速铁路装备的生产,满足实现低成本、高效率、多品种柔性制造需求;普速列车也采用了类似高铁的机器人自动化焊接、数控下料成型和柔性化工装,保证关键焊缝质量;普速列车转向架与高铁转向架在同一条生产线中完成,提高了生产质量;普速列车从高铁移植了预组生产线、管路加工生产线、电线下料生产线和定台位定时物流配送模式,提升了总装效率;普速列车引入绿色涂装技术,降低了能耗和污染;普速列车电气导通和功能试验采用了与高铁相似的技术手段,建立了集成功能验证新模式,降低车辆调试周期。

(二)通信信号装备方面

伴随着高铁大规模建设,我国在列控系统的系统设计、架构优化、RAMS 保障等方面的技术和经验日臻完善。随着自主化 CTCS-3 级列控系统技术的推广应用,产品研发流程和设计制造平台逐步完善,形成的标准、规范和方法体系已通过企业内部转化等形式成功应用于普速铁路,其产品研发方法、设计仿真、设计结构和 RAMS 要求等,也为普铁产品的设计提供了重要参考价值和借鉴依据。

(三)牵引供电装备方面

以高铁牵引供电装备研发、制造和建设运维能力优势为基础,推动建设了集技术研发、推广交流、信息服务和人才汇聚为一体的高铁牵引供电装备研发平台,打造了数智化的制造平台,有效推动传统技术创新和产业升级,带动普速电气化铁路相关技术发展。例如,普速铁路接触网施工方面,借鉴高铁支柱测量、计算、预配组装和模拟检测等工序,提高了接触网的整体质量。

(四)轨道装备方面

随着高速铁路轨道装备产品高耐久性和高可靠性设计的逐步成熟,其形成的标准、规范和方法体系已通过企业内部转化等形式,推广应用于普速铁路;其产品结构设计、仿真计算和高频性能,也对普铁产品的设计具有重要借鉴意义。同时,高铁轨道装备在装备制造、生产工艺、质量检测技术等方面的优化,促进了生产设备的完善和生产人员专业素质的提升,有力提升了普速铁路轨道装备的生产制造能力和生产效率。例如,高速道岔的一体成型轮廓铣刀技术,已应用于普速道岔,显著提升其加工精度和质量;普速道岔采用高速道岔的自动化数字检测与质量分析管理系统、数字化质量追溯管理系统，实现了在线动态监测，使道岔生产过程的全透明化，产品质量可追溯化、全流程电子化，促进全生命周期管理。

三、促进铁路装备安全运维水平提升

为确保高速铁路的安全服役，在铁路装备系统研发、检测监测新技术、运维新装备等方面不断强化，并在普速铁路上推广应用，安全保障体系逐步完善，有效提升了通信信号装备、牵引供电装备、轨道装备，尤其是机辆装备安全运维水平。

（一）提高铁路装备本质安全水平

动车组的技术发展和广泛运用，有效促进了铁路装备本质安全水平的整体提升。铁路装备质量标准管理制度和产品源头质量管控体系逐步完善，设计、制造、供应、监造、运营、维护单位质量管控一体化协同机制基本建立；机车车辆、关键零部件监验机制改革加快推进，监造履职责任得到普遍强化；装备采购管理更加规范，采购合同质量安全责任条款不断完善；装备源头质量治理法治化规范化水平大幅提升。在铁路装备保有量和客货运量大幅提升的前提下，机辆安全保持持续稳定，各类责任和非责任事故有效控制，装备设备故障率明显降低，2023 年全路动车组故障率较 2012 年降幅超过 60%，连续 5 年避免了一般 B 类及以上责任行车事故。

（二）修程修制改革取得了显著成效和丰硕成果

随着动车组修程修制改革的深入推进，动车组检修周期得到延长，检修范围和标准得到充分优化，检修工作量、检修停时和检修费用明显下降，动车组上线率明显提升。通过开展动车组修程修制改革，积累了大量工作经验，优化形成了一套科学完善的工作流程，为客车、货车修程修制改革的成功开展提供了有力支撑。参照动力分散动车组一、二级修模式，动力集中动车组采用机辆一体化不解编的运用维修模式，动力集中动车组 D1、D2 修基本分别对应动力分散动车组一、二级修。客车段修时间周期间隔由 2 年延长至 2.5 年，厂修时间周期间隔由 8 年延长至 10 年。

通过引进动车组先进检修设备，提升客车检修装备水平。传统的客车旋轮车床只能在单条轮对状态下完成轮对踏面旋修工作，流程繁琐、作业时间长、作业风险高，多年来一直是多数车辆段检修能力瓶颈，导致客车修时延长。动车组使用不落轮旋床，无须落轮即可快速完成轮对踏面旋修工作。近年来，车辆段逐步引进不落轮旋床，有效提升了检修能力，压缩了检修停时，降低了作业风险。此外，传统的客车轮对超声波探伤一般使用手工探头，作业效率低、劳动强度大、自动化程度低。动车组轮对超声波探伤使用相控阵探伤机自动化作业，具有灵敏度高、效率高等优点。近年来，车辆段逐步引进相控阵探伤机，检修装备实现现代化，提升了以装备保工艺、以工艺保质量、以质量保安全的能力。

（三）提升了机辆装备状态感知、故障综合诊断/预警及智能运维能力

为进一步提升行车安全保障裕度，动车组采用了大量先进的安全监测检测技术及设备对整车及关键系统（部件）的运用、服役状态实现实时感知，并利用故障预测与健康管理（PHM）技术、人工智能技术等新技术开展了故障综合诊断和预警，有效支撑了行车安全保障和智能运维，相关理念和先进技术也拓展至普速客货车辆或动力集中动车组的行车安全监控。比如，复兴号动力集中动车组（CR200J）列车运用综合安全监控系统，采用全列一体化的方式进行数据采集、综合诊断、显示报警、存储下载，形成了控制网、监控网数据互通、独立运行的双网体系架构。在规划机车 PHM 总体技术方案时，借鉴动车组 PHM 技术规范与体系架构，建立机理及数据驱动 PHM 模型，从感知端提高数据范围和颗粒度，实现远程数据实时监控、在途故障快速定位和运行状态评估，在强化机车安全保障能力的同时，进一步推动机车运维水平智能化提升。

四、带动铁路装备制造产业链集群发展

高速铁路装备产业链涉及行业领域多，产业关联度广。从上游来看，主要包括钢材、钢管、铝型材、轮轴毛坯等金属材料，防水材料、减振材料、绝缘材料等非金属材料制造，芯片、电容、电阻等元器件制造，以及轴承、弹簧、线缆、传感器等零部件制造。从中游来看，主要包括高速动车组整车、车体、转向架、制动、牵引供电、通信信号、列车控制等核心关键系统的研发和制造。从下游来看，主要包括运营服务、检修维护等。

高铁技术装备的研发制造位于产业链的中游，是产业链附加值及核心竞争力的关键环节。随着高速铁路的快速发展和关键技术装备自主化水平的日益提高，我国围绕高速铁路机辆装备、通信信号装备、牵引供电装备、轨道线路装备等领域已形成了一套包括主体制造、关键零部件、配件的完善产业体系，建成了国铁集团为龙头、制造企业为骨干、辐射相关行业的产业平台，并实现了从研发设计到生产制造的协同发展。

高铁是高新技术的“集大成者”，通过自主创新，高铁装备发展带动了上下游机械、电气、电子、材料、微电子、计算机技术、网络、通信等产业。高铁装备对于质量、安全、技术

经济性等方面的严苛要求，促进产业链上的各主体不断强化技术攻关，推动管理创新和协同发展，带动了相关产业由价值链低端向中高端迭代升级。高铁装备制造业已成为我国具备全产业链国际竞争优势的战略性新兴产业。

（一）机辆装备方面

我国高速铁路机辆装备已实现涵盖整车、系统、部件三个层面从研发、制造、到运维服务的全链条协同发展，涉及中国中车等整车集成企业，铁科院、株洲电机等相关系统的供给企业。特别是复兴号高速列车作为现代高新技术的集成，零部件数量达 10 万个以上，独立的技术系统超过 260 个，设计生产动车组零部件的企业有上千家，覆盖 20 多个省市。

（二）通信信号装备方面

从通信装备来看，铁路无线通信技术发展经历了模拟通信、集群通信、GSM-R 通信三个阶段，其中 GSM-R 技术是专为铁路设计的数字移动通信技术，是在 3GPP 标准基础上，增加了铁路特定业务，以满足铁路运输对移动通信的需求，在欧洲铁路和我国铁路广泛应用。随着高速铁路的快速发展，铁路 GSM-R 技术得到了更加广泛的应用，推动铁路行业与电信领域共享移动通信技术成果和产业链，历经十余年的努力，我国铁路无线通信建立了涵盖系统研究、标准制定、工程设计、装备研发、生产制造、检验检测、集成交付、运营维护、工程施工的完整产业体系，带动一大批铁路专用通信装备研发制造企业快速发展，助力相关企业向数字化和智能化转型。

从信号装备来看，我国已经完成了高速铁路列车运行控制系统的自主化，但产品中所采用的元器件长期依靠国外进口。为实现全产业链的自主可控，我国铁路开展了基于国产元器件的列车运行控制系统关键装备技术攻关，研究推动轨道电路、应答器、ATP 车载设备、计算机联锁、无线闭塞中心、列控中心、临时限速服务器等设备应用国产元器件，对带动国产元器件制造等上游产业发展具有重要意义。

（三）牵引供电装备方面

我国已经形成了完全自主的高速铁路牵引供电装备产业链，包括牵引变压器、高低压开关柜、简统化接触网、远动控制系统等，既有专注于少数关键技术装备的供应商，也有可独立承揽大中型 EPC 项目的全产业链装备集成供应商。其中，变电设备对上下游电气、电子、材料、计算机技术等产业具有较强的辐射带动作用。综合自动化系统、远动控制系统等作为控制类装备的集成，涉及上万个零部件，覆盖上百家配套企业，并涵盖

CPU、数据库、操作系统等高新技术产品。接触网装备对材料、冶金、机加工等上下游产业具有较强的辐射带动作用，涉及国内核心生产企业超过50家、相关配套企业达200余家，覆盖20多个省市。

（四）轨道装备方面

我国已经实现了无砟轨道、高速道岔、扣件系统和钢轨伸缩调节器等高速铁路轨道装备的全面自主化。以高速道岔为例，涵盖了金属件、非金属件、通信信号、机械制造等不同行业，涉及方案设计、关键部件及零配件生产、整组道岔组装集成、质量跟踪服务等几十家企业。

高速铁路的发展有效推动了铁路装备制造产业规模化，带动了铁路乃至轨道交通装备制造产业链集群发展，催生了新的轨道交通生产力，促进形成了集研发、设计、制造、试验和服务一体的轨道交通装备制造体系，推动打造形成多地区轨道交通装备国家级先进制造业产业集群，并且已向电动汽车、风电装备等领域延伸。

第三节 优化铁路运输服务品质

我国铁路坚持以人民为中心的发展思想，以深化运输供给侧结构性改革为主线，聚焦管好用好世界上最大的高铁网，大力实施客运提质计划，推动铁路运输实现质的有效提升和量的合理增长。高铁的建设运营在丰富铁路运输产品，优化铁路运输组织，改善旅客出行体验，提升铁路市场竞争力等方面具有重要意义。

一、丰富铁路运输产品

随着我国高铁网的不断拓展，铁路客运由普速时代跨入高铁时代。国铁集团通过集约科学运用动车组、机车车辆等运力资源，统筹安排不同速度等级列车、长途和短途列车、本线和跨线列车、白天和夜间列车、客运和货运服务，形成了适应市场、种类丰富、差异化的铁路运输产品谱系，满足了旅客和货物的多样化运输需求。

（一）统筹安排不同速度等级列车，兼顾不同时效性的出行需求

高速铁路的成网运营改变了传统铁路旅客运输产品格局，优化和增加了产品供给，显著改善产品时效性，国家铁路旅客列车平均旅行速度由 2012 年的 70.8 km/h 提高到 2023 年的 123.3 km/h，动车组列车逐渐成为铁路客运主力军。根据 2023 年第四季度列车运行图，我国铁路动车组列车开行数量达到 9 994 列，约为 2012 年的 5 倍，在铁路全部旅客列车开行数量中的占比达到 80% 以上。2017 年，我国自主研发的复兴号动车组列车正式下线运行，并率先在京沪高铁实现时速 350 km 商业运营，树立起世界高铁商业化运营新标杆，以最直观的方式向世界展示了“中国速度”。我国铁路大力实施复兴号品牌战略，将复兴号打造成为中国高铁的标志性品牌，建成了品类齐全、结构合理、涵盖不同速度等级、适应多元化运输需求和不同运营环境的复兴号系列产品体系，实现了对全国 31 个省市区的全覆盖。普速客运产品同步优化升级，夕发朝至列车开行比例不断增加，打造了直达、特快、快速等差异化产品。我国铁路形成了涵盖时速 120 ~ 350 km 速度等级的 G、D、C、Z、T、K 等列车类型，兼顾不同出行目的旅客对时效性的多样化要求。

（二）统筹安排长途与短途列车，兼顾不同距离出行需求

为兼顾长途与短途客流需求，在列车开行安排上，根据各区段的客流密度，采取长途列车与短途列车相结合的开行方式，实现运力投放与客流分布的精准匹配。根据 2023 年第四季度列车运行图，北京西站至昆明南站高铁列车全程运行 2 760 km，运行时间 11 h 16 min，创造了世界上高速列车单程运行距离的最长纪录。对距离较短的高速线路，在高峰时段适当加密动车组列车开行频次，部分线路采取公交化开行策略，以更好地满足旅客特别是通勤旅客出行需求。例如，沪昆高铁沪杭段高峰时段按照 3 min 追踪间隔安排列车开行，根据 2023 年第四季度列车运行图，全天开行动车组列车达 165 对。

（三）统筹安排本线与跨线列车，增加路网节点间通达性

我国幅员辽阔，跨区域人员交流需求旺盛，而开行跨区域列车需经由多条干线。根据这一特点，在每条干线开行本线列车的同时，适量开行跨线列车，增加区域间的通达性。京沪高铁不仅开行北京南站至上海虹桥站等本线列车，还开行北京南站去往杭州、青岛、福州等方向的跨线列车；沈阳北站至成都东站的高速列车，全程运行 2 544 km，跨沈大、盘营、秦沈、津秦、津霸、霸徐、京广、徐兰、西成等 9 条高铁线路。

（四）统筹安排白天与夜间列车，满足不同时段出行需求

为满足不同旅客的出行时间和习惯，白天在主要干线、主要城市间密集开行高铁列

车，同时夜间开行“夕发朝至”动车组卧铺列车，形成优势互补的产品供给格局，最大程度便利旅客出行。例如，北京西站至昆明南站的动车组卧铺列车最高运行速度 250 km/h，晚 8 点左右发车，次日早 11 点左右即可到达。

（五）统筹高铁客运与快运服务，高铁快运业务得到快速发展

为充分发挥高铁成网优势和溢出效应，我国铁路自 2010 年起探索利用动车组列车开展快运服务，2014 年起试办高铁快运业务，利用载客动车组快运柜、确认列车等高铁边际运力资源，推出了当日达、次日达等时限快运产品，在商务文件、试剂样本、温控药品、生鲜食品、精密仪器、贵重物品、急用物品等高端快件市场受到广大客户欢迎。特别是发挥复兴号动车组速度优势，联合社会物流企业在京沪高铁推出“高铁极速达”新产品，实现京沪间 10 h 内快件送达客户，创造了快件服务新速度。2023 年 7 月起，在昆明至成都间试点开行整列动车组移除座椅装载快件列车。

二、优化铁路运输组织

随着高速列车开行范围的不断扩大、开行密度的不断增加，运行场景的日趋复杂，对铁路运输组织提出更高要求。我国铁路坚持全路“一张网”、调度集中统一指挥的体制优势，不断突破运输技术瓶颈，解决了大量复杂场景和条件下运输组织技术难题，在优化通道运输结构、地区客运系统布局、列车开行方案等方面取得明显成效。

（一）统筹同通道多条线路运力资源，优化通道运输结构

协调高普平行通道内高速和普速列车开行，统筹考虑高铁和普铁线路能力。发挥高铁运能大、速度快的优势，通过增开高铁列车吸引普铁客流转移，释放普铁能力。同时，利用高铁富余能力开行普速客车，实现通道内客货运量的整体提升。根据 2023 年四季度列车运行图，秦沈客专线开行普速客车 47. 5 对，兰新客专线开行普速客车 24 对，胶济客专线开行普速客车 16 对，释放了既有沈山线、兰新线、胶济线货运能力，全面促进了通道客货运输能力的双提升。

协调同一方向、不同高铁线路间的运力安排。根据不同高铁的线路里程、速度等级、站点分布等特征，统筹安排列车开行，实现长短途客流均衡运输和高铁资源的合理运用。以北京至上海客运通道为例，京沪高铁线路里程更长、衔接线路更多、覆盖区域更广，以开行长途列车为主，京津城际、沪宁城际、连镇铁路等里程较短线路主要开行短途列车，实现了沿线城市间列车开行的统筹安排，2023 年，京沪高铁、京津城际、沪宁城际短途列

车的开行比例分别为15.5%、98.1%、79.3%，实现了同一方向不同高铁线路运力资源的充分合理运用。

（二）统筹枢纽不同客站分工，优化地区客运系统布局

随着高速铁路引入枢纽，大型枢纽布局发生巨大变化，国铁集团以方便旅客出行为目标，统筹安排不同客站的客流服务对象，枢纽地区客站分工得到优化。以北京铁路枢纽为例，截至2023年底，已形成北京站、北京西站、北京南站、北京北站、清河站、北京朝阳站、北京丰台站7个主要客站的枢纽布局，北京城市副中心站在建。根据北京城市布局和北京铁路枢纽特点，北京站主要服务京哈、京沪方向普速和京哈、京唐高铁客流，北京朝阳站主要服务京哈高铁客流，北京西站、北京丰台站主要服务京广高铁、京雄城际及其他普速线客流，北京北站和清河站主要服务京张高铁客流，北京南站主要服务京沪高铁、京津城际客流。各车站各司其职，在满足全国各地旅客乘高铁出入京需求的同时，对乘车旅客市政交通进行了合理分流，有效缓解了城市交通拥堵问题。

随着相关高铁线路的引入，上海、广州、武汉、成都、西安、沈阳、郑州、石家庄等大型铁路枢纽均实现了客运系统的优化调整，枢纽内各车站的运输能力、运输效率、服务质量和水平大幅度提高，旅客的出行更加便捷高效。

（三）持续优化列车开行方案、精准实施“一日一图”，提高运输效率和旅客满意度

国铁集团系统掌握了世界最复杂路网条件下高铁列车运行计划编制技术，在每季度调整列车运行图的基础上，动态分析周中、周末、小长假等短周期客流变化规律，每日选择实施不同的列车运行方案，精准实施“一季一图”“一日一图”，同时推动列车运行图数字化、智能化编制，有效提升高铁运营效率，减少运力虚靡，降低运营成本。根据2023年四季度列车运行图，北京南站与天津站间周末和高峰期开行列车数量比日常平均增加13.7%。

三、改善旅客出行体验

随着铁路尤其是高速铁路建设的持续推进，我国铁路围绕旅客出行全流程，不断推出便民利民服务举措，创新客票服务方式、改善车站服务环境、推出便捷换乘服务、关注重点旅客出行、推进空铁联程联运，推动旅客出行由“走得了”向“走得好”转变，“坐着高铁看中国”成为广大旅客享受美好旅行生活的真实写照。

（一）创新客票和旅客服务方式，适应人民群众需求

图 4-8　电子客票极大地方便了旅客出行

推动高铁网与互联网“双网融合”，自主研发建设了 12306 铁路互联网售票系统，组织技术力量攻克了高并发海量交易等技术难题，实施车票实名制管理，实现支付方式电子化，成功打造了世界上规模最大的实时票务交易系统。我国铁路形成了网站售票、手机 APP 购票、电话订票、自助售取票等多种售票渠道，其中 12306 售票系统有效注册用户超过 7 亿，客户端装机量超 4.3 亿，售票窗口 3 万余个，自助售票设备 2 万余台，电话订票接入线数 11 万，自助验检设备 5 万余台。2022 年以来，依托 12306 售票系统，全面推广电子客票（图 4-8），闸机检票平均速度从 3.8 s/人缩短至 1.3 s/人，在提升旅客出行体验方面取得明显成效。2023 年国庆假期，铁路单日售票量达到 2 695.2 万张，再创历史新高。

依托 12306 网站和手机 APP，国铁集团推出了自助选座及铺位、候补购票、计次票、“铁路畅行”常旅客会员服务等定制化票务服务，以及互联网订餐、网约车预约、出行保险购买、临时身份证办理、遗失物品登记、车站大屏显示、正晚点查询等个性化便民服务，12306 已从单纯的售票平台，发展成规模庞大、功能齐全的一站式综合性旅行服务平台，让广大旅客充分享受到更加舒适便捷、服务周到的旅行生活。例如，2017 年推出 12306 网络订餐业务上线，为旅客提供更多选择的餐食服务，并提供互联网订餐送至座位服务（图 4-9），让享受沿途美食成为现实，受到旅客的普遍欢迎；2019 年铁路全面推广候补购票，及时、有效地将旅客诉求与余票信息匹配，在一定程度上缓解旅客高峰期购票难的问题；2020 年底推出计次・定期票，可实现在有效期内随时出行、开车前随时预约座位、未启用随时退款，满足固定区间频繁出行的商务或通勤旅客出行需求。

（二）改善站车服务环境，提升旅客舒适度

随着以复兴号为代表的动车组列车广泛运用，铁路旅客列车的安全可靠性、技术先进性和乘坐舒适性显著提升。我国铁路以旅客需求为导向，持续推进站车“厕所革命”，进一步规范客运服务流程和服务标准，深入开展高铁站车客运服务质量监督检查和旅客满意度调查，针对性进行改进，不断提升旅客出行体验，获得了旅客的普遍好评和社会的

广泛认可。

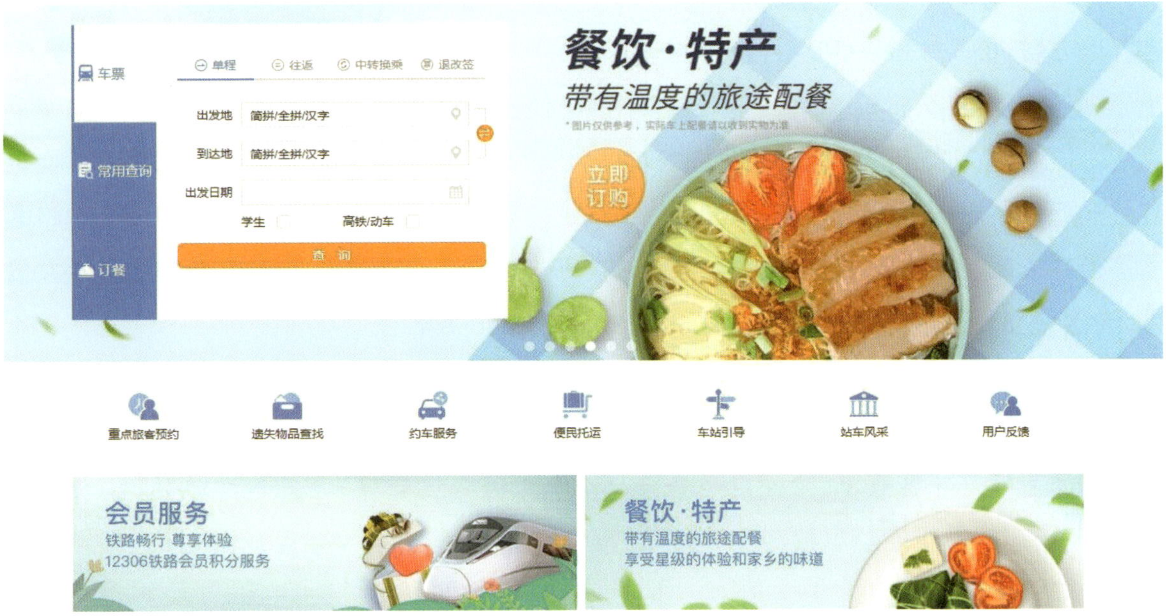

图 4-9 互联网订餐可送至座位

我国铁路持续加强物联网、大数据、人工智能等新技术在铁路客站的创新应用，有效提升车站服务环境。例如，利用物联网技术建立客站环境感知网络，自动采集和感知车站内照度、温度、湿度、$PM_{2.5}$、有害气体等各类环境信息，实时监测车站候车室、检票口、进站口、出站口、换乘通道等关键区域的人流密度、排队长度、通过速度、移动方向、环境舒适度等运行环境信息，为车站运营状态评判及辅助决策提供数据支撑；利用大数据技术统计、分析和指数化管理各项环境监控数据，对站内空调、照明、票务、客服等设备设施进行履历管理、运行状态监测、故障报修处置等全生命周期管理，结合车站客流和运营生产实际情况，形成相应环境舒适度等级，提出提高舒适度等级的对策，在线对其进行调控，实现车站各类环境参数的自动控制和节能控制，提高车站的舒适度。

（三）推出便捷换乘服务，提升出行效率

我国铁路着力打造以高铁客站为核心的综合客运枢纽，实现了高铁与城市轨道交通、公路、民航等多种交通方式的“无缝衔接”和融合发展，大型高铁站的轨道交通接驳换乘比例达到 40% ~ 60%，地面公共交通接驳换乘比例达到 10% ~ 20%。干线铁路、城际铁路、市域（郊）铁路和城市轨道交通“四网融合”正加快推进，客运服务“一体化”水平显著提升。2021 年 2 月，中国铁路成都局集团公司与成都市合作，首次依托 12306 和铁路 e 卡通实现了天府通卡和天府通二维码在成灌线车站直接刷卡乘车，打通了铁路、公交、地铁一卡/码通行服务链条，最大限度吸引客流、提高运营收益，实现了铁路与城市交通一

体融合的良好效果。2022 年 7 月，按照《北京市人民政府中国国家铁路集团有限公司关于深化铁路领域战略合作的框架协议》要求，铁路 e 卡通实现与地铁二维码互联互通，赴京旅客可直接使用 12306 APP 乘坐北京地铁。

国铁集团在部分高铁和普速枢纽客站推广便捷换乘服务，大幅缩短了旅客平均换乘时间。同时，在 12306 网站、手机 APP 和车站售票窗口增加联程车票销售功能，提供换乘接续购票和查询服务，基于历时、换乘次数、总价、换乘中转时间等不同特征条件，向旅客推荐换乘方案。旅客选择换乘方案后，支持一次性提交接续列车车次、席别、乘车人信息，一次性支付全部票款，实现了由被动服务向主动服务转变。

（四）关注重点旅客服务，彰显铁路人文关怀

为满足特殊旅客需求，全面推进高铁车站重点旅客候车区、儿童候车娱乐区、母婴哺乳室、老弱病残孕重点旅客服务专座等设施建设，使高速铁路服务受众面更广，彰显铁路社会责任和人文关怀。

为照顾行动不便的旅客出行，在主要大站配备并免费提供轮椅、担架等辅助器具，提供从到站、候车、乘车、下车、出站全流程服务。围绕保障老年人及脱网人群购票、乘车服务需求，坚持做好人工售票、人工问询引导和人工验证检票等线下服务。依托 12306 客服中心，在直辖市、省会城市和计划单列市主要大站提供特殊重点旅客预约服务，2022 年受理特殊重点旅客预约服务超过 12.3 万件，服务 18.4 万人次。

（五）推进空铁联程联运，增强人民出行幸福感

北京大兴机场站、上海虹桥站、成都双流机场站、海口美兰站等高铁站直接联通机场，为实现空铁联程提供了便利条件。2018 年，国铁集团与中国民用航空局签订战略合作协议，研究推动“空铁联运”服务。2019 年，正式启动空铁联运售票研究工作，围绕列车航班接续安排、票价优惠政策、行程延误处置等方面进行深入合作，为旅客提供“机票 + 火车票”一站式联程购票服务。2020 年 8 月，国铁集团与东航空铁联运服务正式上线，旅客可以通过铁路 12306 手机 APP、东航手机 APP 等方式购买国内空铁联运产品（图 4-10），并可根据需要完成联运产品退改签服务，实现了“一次购票、一次支付、一证通行”。截至 2023 年 3 月，国铁集团已与国航、东航、南航三家航空公司国内空铁联程联运服务，已覆盖包括北京、上海、广州、深圳在内的全国 76 个城市，1 200 余个铁路车站，1 800 余个列车车次，日均销售 1.2 万张联运票，高峰日销售超过 2.5 万张。空铁联运订票平台如图 4-10 所示。

图4-10　空铁联运订票平台

四、提升铁路市场竞争力

高速铁路建设快速推进并逐步成网运营，不仅极大改善了铁路客运服务质量，有效缩短了旅客出行时空距离，基本解决了“一票难求”的问题，全面提升了铁路旅客市场竞争力，并且有效释放了既有普速铁路货运能力，一改以往“客货争能”的局面，为提升铁路货运市场竞争力提供了有力保障。

（一）拉动铁路客运市场份额上升

随着高速铁路的成网运营，传统旅客出行习惯发生了显著改变，动车组逐步成为旅客出行的首选，铁路旅客运输优势运距范围有效扩大，客运市场结构不断优化。根据相关研究成果，在 0～500 km 范围短途旅客运输中，高速铁路、城际铁路具有骨干优势；在 500～1 000 km 范围中长距离旅客运输中，高速铁路具有绝对优势；在 1 000～2 000 km 范围长途旅客运输中，综合考虑票价、正点率等因素，高速铁路和普速铁路“夕发朝至”列车也具有较强竞争优势。2012 年 12 月 1 日哈大高铁开通后，沿线长途客运大巴的运营受到冲击，以沈阳至大连为例，两地长途大巴班次从哈大高铁开通前最高每天 40 多班，降至 2023 年的每天仅 1 班。

同时，通过高普合理分工，提供差异化的运输产品供给，更好覆盖了不同层次客运需求，从而增大铁路在旅客群体中的吸引范围，托起快速流动、充满活力的中国。我国铁路客运需求日益旺盛，铁路旅客周转量占全社会比重由 29.39% 提升到 50.90%。2012 年—2022 年各种运输方式旅客周转量比重如图 4-11 所示。

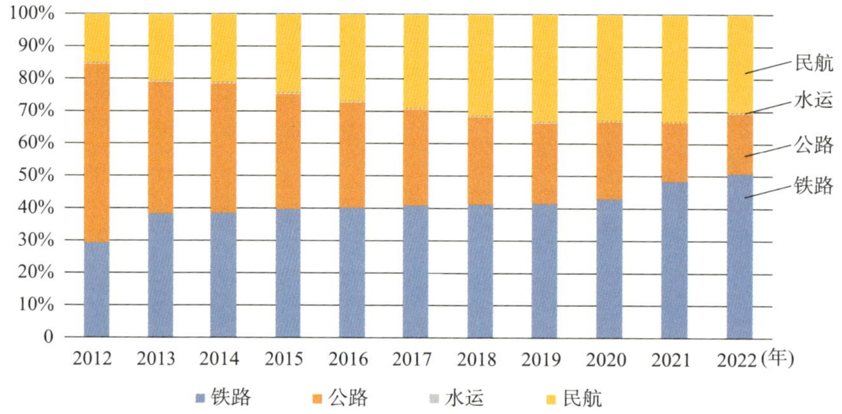

图 4-11　2012 年—2022 年各种运输方式旅客周转量比重①

（二）带动铁路货运市场份额增长

高速铁路逐步成网，促进了既有普速客流向高铁转移，极大缓解了既有普速铁路客运列车大量开行对货运能力的影响，为全面增强铁路货运能力、促进铁路货运市场份额提升创造了有利条件。2012 年—2022 年，铁路货物运输稳中向好，尤其是国家运输结构调整，实施“公转铁”以来，铁路货物周转量比重由 2017 年的 18.9% 提升到 2022 年的 21.3%，有力承接公路转移运量，推动货物运输市场结构优化，对助力打赢防

① 数据来源：2022 年全国铁路统计资料汇编，《中国统计年鉴 2023》。

治污染攻坚战发挥重要作用。2012 年—2022 年各种运输方式货物周转量占比情况如图 4-12 所示。

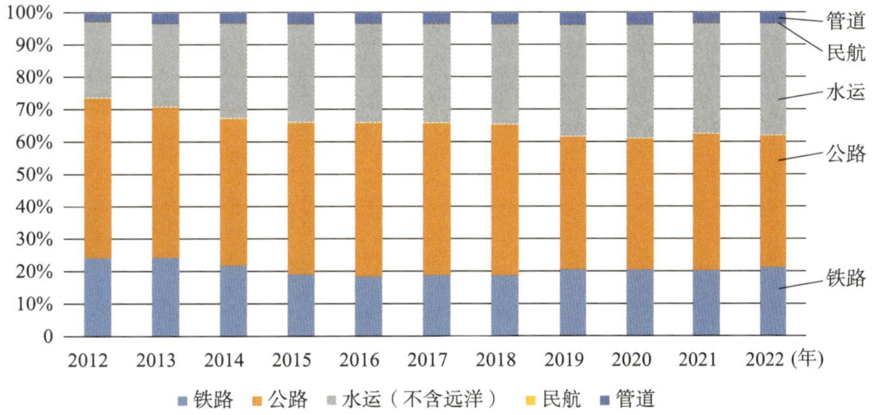

图 4-12　2012 年—2022 年各种运输方式货物周转量占比情况①

第四节 激发铁路经营管理活力

高铁的快速发展，为铁路经营管理提供了新空间、赋予了新动能、激发了新活力，对于提高铁路运输收入、拓展多元经营开发、推动体制机制创新、提升经营管理效能等发挥了重要的促进作用。

一、提高铁路运输收入

（一）出行消费市场持续扩大，铁路客运收入稳健增长

在高铁的带动下，铁路客运市场持续扩大，供给结构不断优化。2023 年国家铁路完成旅客发送量 36. 8 亿人，其中动车组完成旅客发送量 28. 9 亿人；动车组完成旅客发送量占铁路旅客总发送量的比重由 2012 年的 21% 上升至 2023 年的 78. 5%；国铁集团的年客运收入由 2012 年的 1 800 亿元左右增长到 2023 年的 4 839. 3 亿元，经营效果大幅改善。

① 数据来源：2022 年全国铁路统计资料汇编，《中国统计年鉴 2023》。

2012 年—2023 年国铁集团客运收入情况如图 4-13 所示。

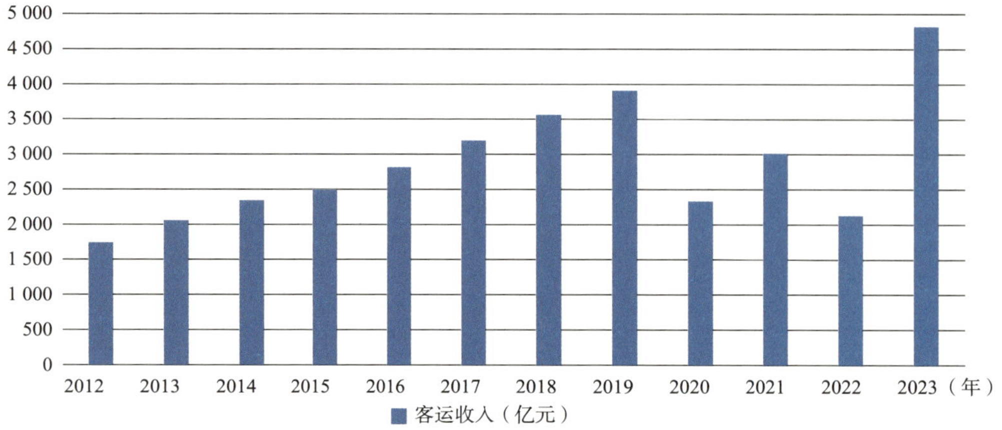

图 4-13　2012 年—2023 年国铁集团客运收入变化情况

（二）积极推进高铁票价市场化改革，高铁出行性价比显著

2015 年，国家发展改革委印发《关于改革完善高铁动车组旅客票价政策的通知》（发改价格〔2015〕3070 号），明确对设计时速 200 km 以上的高铁动车组列车一、二等座旅客票价，由铁路运输企业自主制定。同时，要求铁路运输企业必须制定无折扣的公布票价，并允许铁路运输企业可根据运输市场竞争状况、服务设施条件差异、客流分布变化规律、旅客承受能力和需求特点等实行一定折扣，确定实际执行票价。中国铁路总公司、国铁集团充分用好国家关于高铁动车组票价市场化改革政策，初步建立了符合市场化趋势的公布票价和执行票价定价机制，根据分季节、时段、席别、区段等因素实行多档次、灵活升降、优质优价的票价体系，为旅客出行提供多样化选择。

相较于民航，高铁出行具有更高性价比，而我国高铁性价比较世界典型国家更强。选取中国北京—上海、日本东京—大阪、德国柏林—科隆作为案例，分析典型城市通道高铁与民航的比价关系如图 4-14、图 4-15 所示。从全价票看，我国“复兴号”高铁列车二等座单价相当于民航经济舱的 28%，日本新干线“希望号”列车、德国高铁“ICE”列车普通席单价分别相当于民航经济舱的 36%、50%（图 4-14）；从折扣票看，我国“复兴号”高铁列车二等座单价相当于民航经济舱的 46%，日本新干线“希望号”列车、德国高铁“ICE”列车普通席单价分别相当于民航经济舱的 68%、70%（图 4-15）。

（三）实施高铁票额精细化管理，提升高铁客座率

为进一步优化高铁运力资源配置，满足高铁客流快速增长需要，国铁集团通过合理安排售票组织策略、精确裂解可全程接续短途票额、延长票额全程共用和放开限售时间、

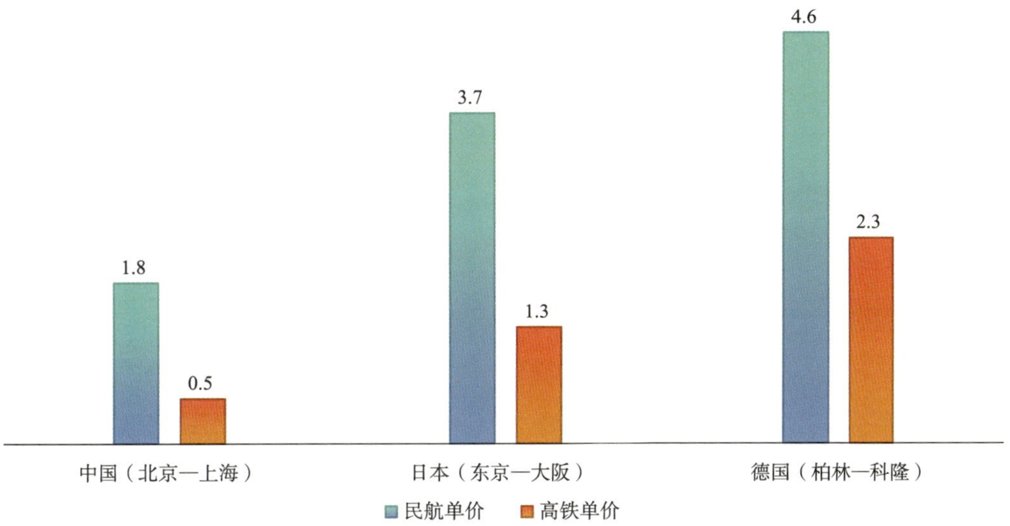

图 4-14　中国、日本、德国典型城市通道高铁与民航的全价票比价关系（元/人公里）

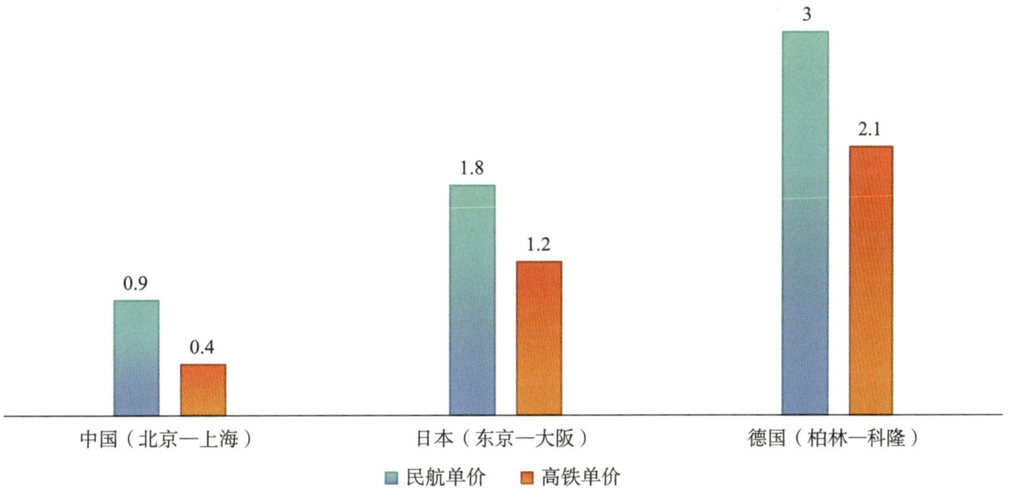

图 4-15　中国、日本、德国典型城市通道高铁与民航的折扣票比价关系（元/人公里）

票额智能预分等手段，实现票额分配“一车一策、一日一策”；预售期内，实时监控列车各区间余票数量和售票速度，建立智能预警反馈机制，及时进行票额调整，充分释放铁路票价调整的红利，同时推动运输服务优化。2019 年，全国高铁列车平均客座率超过 70%，部分热门线路、热门时段高铁列车客座率超过 90%。

二、拓展多元经营开发

我国铁路在高铁的带动下充分利用高铁的市场优势、资源优势，以运输业带动非运输业，延伸高铁运输服务链、拓展铁路供应链、开发资源价值链，大力发展商旅服务、土地开发、工程建设管理、制造维修、科技信息、金融保险等板块业务，在提升铁路整体服务质量和能力的同时，不断提高铁路非运输业发展质量和效益，促进国铁企业持续健康发展。

（一）延伸客运服务链，促进商旅服务板块发展

1. 站车餐食方面。国铁集团以提升旅客满意度为出发点，在确保列车餐饮产品安全、质量和供应基础上，推进高铁站主题餐厅建设，推动互联网订餐站点布局，逐步建立以冷链为主、互联网订餐和车站热链餐食上车销售协同发展的供餐体系，带动了站车餐食业务的发展。2023 年动车组列车日均销售冷链餐食达到 12.8 万份，较 2022 年日均 5.6 万份同比增长 127%，更好满足了消费者的需求。多个铁路局集团公司打造中央厨房，通过集约生产实现餐食的质优价廉。例如，中国铁路西安局集团公司参与的中央厨房项目于 2021 年 9 月建成运营，总投资 4 500 万元，占地面积 5 200 m^2，总建筑面积 8 200 m^2，是西北地区规模化最大的中央厨房之一，该项目引进进口冷链设备 30 余种，采用专业化、智能化、规范化的生产模式，结合现代酒店后厨菜品，研发菜品 50 多种，批量供应餐品 40 余种，日产量 1.6 万份，除每日为 151 对西安局下辖动车组列车进行餐食生产配送外，供应其他铁路局集团公司销量占比约 20%，同时延伸服务供应社会团餐，占比约 30%。

2. 广告方面。高速铁路发展为优化铁路广告媒体布局、扩大铁路广告媒体投放效果、提升铁路广告价值创造了有利契机，有效推动了铁路广告资源规模化、优质化发展，扩大了铁路广告品牌影响力。国铁集团推动高铁站内媒体整体规划设计，打造与地域文化相融合、与站房风格相协调、与公共环境相匹配的广告展现效果。同时，推动广告媒体和广告形式创新，形成报刊传媒、站车传媒联播等多种广告媒体运营模式，探索开发“客服设施 + 广告”“文化展示 + 广告”“互联网 + 广告”等融合型媒体，促进高铁广告传播方式与现代传媒技术有效融合，提高广告媒体创效能力。例如，2023 年，由山南市旅发局联合华铁传媒打造的“藏源山南　雪域领秀”高铁冠名列车极速启程，列车深入抵达北京、上海、重庆、长沙等重要旅游客源地，通过高铁媒体实现“中国速度”与文旅品牌相结合，将山南文旅打造为一张流动的高铁名片，邀约广大游客走进山南，感受高原秘境的魅力。

3. 站车商业方面。为更好适应站城融合发展，国铁集团将商旅服务项目纳入高铁站房统一规划设计，建立提前融入、同步规划、同步设计、分步实施的开发机制。结合旅客服务需求，动态优化高铁站内商业资源功能布局，深入挖掘站内售票厅等既有空间资源价值，提高服务品质和经营坪效。结合地域特点、客流特征、业态模式，构建“线上线下”相结合的商业运营模式，有序发展自助型设备，推动传统商业向现代商业、智慧商业转型。同时，拓展铁路自营的品牌加盟、授权经营门店和定制化商品，打造自主品牌。截至

2023 年末，铁路部门共在 1 600 多个客站，开设商业点位约 9 900 个，经营面积约 100 万 m^2，涵盖餐饮、食品、百货、金融、医疗、快递等服务项目，在完善旅客出行服务链条的同时，推动铁路企业增收创效。

（二）统筹铁路土地资源，促进土地综合开发板块发展

高铁的快速发展显著提升了沿线土地资源的潜在价值，为开展客站商业经营开发和土地综合开发、提升资产效益创造了有利条件。我国铁路积极落实《国务院办公厅关于支持铁路建设实施土地综合开发的意见》（国办发〔2014〕37 号）等政策，统筹铁路土地资源，积极协调地方政府编制土地综合开发规划、衔接国土空间规划，促进综合开发与城镇发展、产业布局、交通枢纽有机融合；落实综合开发规划、用地规模、四至范围及支持政策，因地制宜、分类组织既有铁路土地和新建项目土地综合开发。围绕高铁的土地综合开发主要集中在新建车站、沿线用地地上及地下空间等。特别是以高铁客站为代表的综合客运枢纽，具有极强的汇聚、辐射和带动作用，很多城市围绕高铁站打造新城，土地综合开发取得了显著成效。例如，上海局集团公司结合城市控规调整和当地市场需求，成功开发了合肥高铁花园、杭州西站雨棚上盖等项目。

（三）拓展铁路建设供应链，助力工程建设管理板块发展

高铁快速发展为铁路工程建设管理业务板块提供了广阔的市场空间。国铁集团下属各铁路局集团公司、中国铁设集团公司、铁科院集团公司和经规院公司充分发挥资源和专业优势，积极承揽规划、勘察、设计、施工、监理及咨询等项目，规范开展涉铁工程和市场化代建业务，参与铁路工程项目所需产品物资供应，大力发展工程总承包业务，持续巩固扩大工程监理市场，拓展全过程咨询服务市场。例如，2020 年中国铁设集团公司承揽 39 个工程总承包项目，合同总额 318 亿元，实现了工程建设管理业务的有效拓展。

（四）拓展后勤保障供应链，推动制造维修板块发展

我国铁路坚持技术创新和市场需求双轮驱动，以高铁关键技术装备自主研制、运用需要为重点，加快新产品开发，加速成果转化，提升原创技术需求牵引、源头供给、资源配置、转化应用能力，攻克一批具有高精尖技术含量的关键核心技术，补齐补强高铁配套设施设备及相关部件短板。同时，推进工业制造基地建设，培育优势领军企业，推动专业化、集约化和全产业链经营，提升了产业链价值和规模效应。2020 年，上海局集团公司所属轨道板公司顺利完成商合杭、郑阜高铁 22.4 万块轨道板生产供应任务，年产值 10 亿元以上。

制造维修板块中，多家为高铁提供配套服务的龙头企业成功上市。2020 年 8 月，北京铁科首钢轨道技术股份有限公司（铁科轨道）在上海证券交易所科创板上市交易，发行价为 22.46 元/股，累计发行 5 266.67 万股，主要从事以高铁扣件为核心的高铁工务工程产品的研发、生产和销售。2021 年 8 月，金鹰重型工程机械股份有限公司（金鹰重工）在深圳证券交易所创业板挂牌上市，发行价为 4.13 元/股，累计发行 1.33 亿股，主要从事轨道工程装备的研发、生产、销售及维修业务，相关产品广泛运用于我国高铁、城市轨道交通的新线建设施工和既有线养护，并远销美国、巴西、新加坡、印度、沙特、新西兰等 20 多个国家和地区，是国内轨道工程装备领域的领跑者。2022 年 10 月，哈尔滨国铁科技集团股份有限公司（哈铁科技）在上海证券交易所科创板挂牌上市，每股发行价为 13.58 元，累计发行 1.2 亿股，主要从事轨道交通安全监测检测、铁路信息化、智能装备研发及运维业务，产品广泛应用于高铁、城市轨道交通等重大项目中，并远销美国、澳大利亚、俄罗斯等 20 余个国家和地区，是国内轨道交通安全监测检测、智能装备领域产品体系最全、市场份额最大、专业技术领先的龙头企业。

（五）开发数字化智能化业务，助推科技信息板块发展

在高铁的带动下，铁路网、互联网双网加速融合，以数字化、智能化为引领的一批新模式、新业态应运而生。我国铁路加快推进高铁数据资源在运输业与非运输业的融合应用，运用互联网、大数据等新兴技术，加工整合铁路全产业链数据资源，前瞻性掌握市场需求，积极拓展适应市场的新兴产业，创新发展数字经济、“互联网 +”、智能服务、集成服务等新兴业态，提供信息化、智能化整体解决方案，推动铁路数字化智能化绿色化转型升级，提升生产效率、管理效能和经营效益。截至 2023 年底，12306 网站注册用户超过 7 亿人，单日售票能力达到了 2 000 万张以上。持续拓展高铁动车组 Wi-Fi 服务覆盖范围，研究推进高铁动车组 Wi-Fi +5G 融合项目实施。围绕高铁沿线的光电缆槽道等基础设施资源，我国铁路加强与基础电信企业合作，积极推进公网覆盖建设、既有设施与资源租赁、委托维护等业务，提升高铁通信网络资源价值。

（六）创新金融服务品类，促进金融保险板块发展

高铁为拓展铁路金融保险业务提供了新的空间。中国铁路投资集团有限公司在建好管好海南高铁环线的基础上，入股海南银行，充分运用海南银行资源，拓展金融服务领域，逐步释放银行与铁路的产业协同效应。铁路运输企业深化与中国铁路财产自保保险公司合作，发挥风险管理平台专业作用，加强保险资源整合，健全经营管理体系，完善保险业务销售和服务网络，围绕高铁建设、安全生产、旅客运输等领域，持续丰富保险产品

种类，提升高铁风险保障能力。国铁融资租赁公司积极拓展动车组、机车、车辆等移动设备融资租赁市场，拓展铁路移动装备融资渠道。

三、推动体制机制创新

（一）创新铁路投融资模式，拓宽铁路筹资渠道

2013 年，国务院印发《关于改革铁路投融资体制加快推进铁路建设的意见》（国发〔2013〕33 号），要求对新建铁路实行分类投资建设，多方式多渠道筹集铁路建设资金，积极吸引地方和社会资本参与铁路投资建设，实现铁路建设项目投融资主体多元化，地方政府和社会资本在铁路基建投资中的比重持续提升，由 2013 年的 17% 增至 2022 年的 52%。2018 年 12 月，国内首条以地方为主投资建设的高铁项目——济青高铁开通运营；2022 年 1 月，国内首条由民营资本控股的高铁项目——杭绍台铁路开通运营。高铁投融资体制改革迈出扎实稳健的步伐，对于拓宽铁路建设项目权益性资金渠道、稳步推进铁路分层分类建设、形成铁路投资主体多元化格局、激发市场主体活力等具有重要意义。

京沪高铁是我国铁路投融资模式创新、多渠道筹集建设资金的有益实践，为大规模高铁建设提供了借鉴和参考。2007 年 12 月 27 日，京沪高铁公司由铁道部和沿线省市人民政府分别授权中国铁路建设投资公司、北京市基础设施投资有限公司、天津铁路建设投资控股（集团）有限公司、上海申铁投资有限公司、河北建投交通投资有限责任公司、山东铁路建设投资有限公司、安徽省投资集团有限责任公司、江苏交通控股有限公司、南京铁路建设投资有限责任公司作为出资人代表，协同平安资产管理有限责任公司、全国社会保障基金理事会共同发起设立。

京沪高铁也是我国高铁上市第一股。2020 年 1 月，京沪高铁公司在上海证券交易所挂牌上市，募集资金 306.74 亿元。京沪高铁公司利用募集到的资金收购京福安徽公司部分股权，运营管理线路涵盖了合蚌高铁、合福铁路安徽段、郑阜铁路安徽段和商合杭铁路安徽段等，进一步扩大辐射范围，带动相关线路持续发展。

（二）提升合资铁路公司治理水平，不断完善现代企业制度

伴随投资主体多元化，合资铁路公司成为高铁建设运营的主要组织模式。合资铁路公司成立伊始就构建了产权清晰、权责明确、管理科学的现代企业制度，不断加强组织机构运行决策环节管理，制定各治理主体议事规则，推动公司治理体系日臻完善。同时，合资铁路公司不断健全法人治理结构，股东（大）会、董事会、经理层、监事会议事规则日益

完善,决策效率和治理水平持续提高。此外,结合路地股权调整、区域公司重组带来的控股关系变化、所有权与经营权分离等新情况,合资铁路公司及时修订完善章程,依法规范各出资方的权利义务关系,规范公司治理。

京沪高铁公司是最早一批建立现代企业制度的合资铁路公司,制定了较为完善的公司章程,为各方股东之间友好协商、合力共为提供了坚实的制度保障。股东必须通过股东大会或董事会(董事由股东派出)表达诉求,经董事会审议通过后方能实施,优化改善了铁路企业传统管理模式。同时,京沪高铁公司还率先在董事会下设置了四个专业委员会,分别为战略发展委员会、审计委员会、提名委员会、薪酬与考核委员会,确保决策的合规性、专业性和高效性,为其他高铁合资公司优化治理结构、提升治理效能作出了示范。京沪高铁公司部门组织结构如图4-16所示。

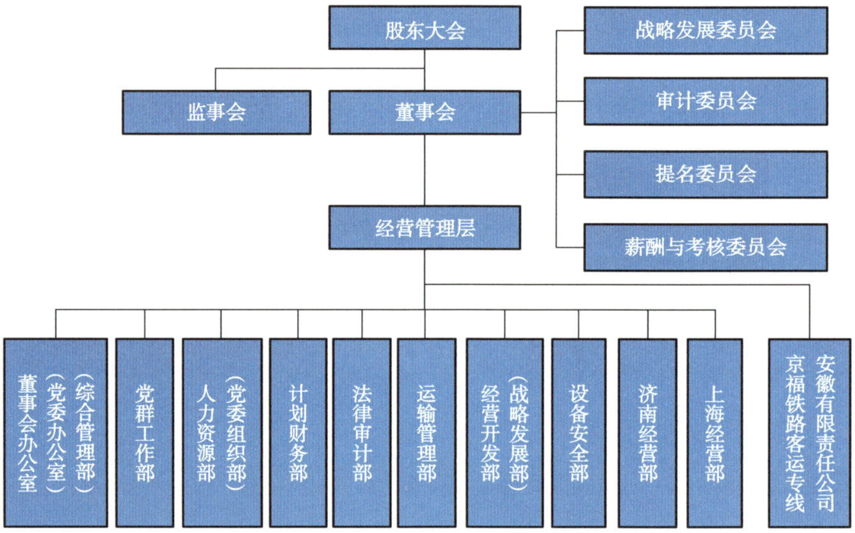

图4-16 京沪高铁公司部门组织结构

(三)深化路地合作构建新型路地关系,打造长期合作和利益共享机制

随着铁路,特别是高铁快速发展,路地双方共同着眼地方经济和铁路建设,围绕完善路网布局、调整运输结构、增强客货运输能力、强化综合交通枢纽功能、统筹谋划多式联运方案等重要事项进行友好协商,路地合作不断深化,新型合作关系逐步建立。

路地积极签署高铁项目合作框架协议。截至"十三五"末,国铁集团已和全国多个省、自治区、直辖市签署了战略合作框架协议,明确各方责任,国铁集团充分发挥专业优势,积极开展铁路项目建设运营,为地方经济社会发展提供有力保障;地方政府充分发挥属地优势,积极做好本区域内铁路建设项目协调服务工作,落实各类保障措施,确保合作内容落到实处、取得实效。路地合作框架协议的签署为双方协同发展注入了新的动力。

路地凝聚共识推进铁路建设项目征地拆迁。地方政府作为征地拆迁主体，熟知当地居民、厂矿企业单位情况，更有利于解决征地拆迁难题，加快征地拆迁速度，确保工程建设顺利进行。在高铁建设的过程中，征地拆迁费用直接计入项目股份。这种新型征地拆迁组织方式是路地共建铁路并发挥地方政府行政优势的成功实践，对科学有序推进铁路发展，建设社会和谐工程具有重要意义。

路地携手共建铁路沿线环境综合整治长效机制。2017 年 4 月住房城乡建设部、国家铁路局、中国铁路总公司三部门联合下发《关于建立高速铁路沿线环境综合整治长效机制的意见》，为路地合作保障高速铁路沿线环境的安全有序提供了方向指引。路地双方共同加强沿线新建项目和原有建筑、生产生活设施改造规划管理和安全管控，确保高铁两侧无违反法律法规、国家或行业标准的生产活动。同时，建立“双段长”责任制，铁路运营单位和地方街道（乡镇）沿高铁线路，按城区内每 1 km、城区外每 5 km，安排相关负责人各 1 名担任段长。“双段长”负责定期巡查线路，建立巡查记录和问题台账，及时处置和上报相关问题。

（四）创新委托运营模式，完善委托运输管理机制

随着高铁大规模发展，委托运输管理已成为各类铁路运营管理的重要模式。采用委托运输管理模式时，合资铁路公司（委托方）与铁路局集团公司（受托方）按照市场化方式签订委托运输管理协议，以契约关系取代行政命令，明确双方权责。委托运输管理模式实现了资产经营和运输生产的剥离，由铁路局集团公司进行运输组织和运输生产调度指挥，合资铁路公司只对资产进行管理，并对运输生产过程进行监督，有利于充分发挥合资铁路公司及铁路局集团公司的各自优势。例如，京沪高铁公司将运营管理委托给北京、济南、上海三家铁路局集团公司，将牵引供电、电力设施维修管理等业务委托给中铁电气化局集团公司，充分发挥相关单位的专业优势、资源优势、人才优势、管理优势，同时各方充分沟通协商，形成经营管理合力，确保了安全稳定运营和降本增效，实现集约化经营，全面提升合资公司整体效能。

四、提升经营管理效能

（一）优化资本布局，推动路地股权调整

大力推进合资铁路公司路地股权调整。截至 2023 年底，分省实施京广、沪昆两大高铁通道所涉 7 个省、18 个合资铁路公司的路地股权调整，已完成京广高铁湖北、

湖南、广东、河南及沪昆高铁江西、湖南、浙江、云南股权调整工作。通过股权调整，有力推动国铁资本向路网干线集中，保持国有资本对铁路干线的绝对控制力。同时，国铁集团按照“一省一公司”框架推进区域合资公司重组，先后组织推动17个省（市、区）、70家合资公司重组，已完成海南、吉林、江苏、山东、重庆、黑龙江、广东、浙江、四川、云南10家区域公司重组，其中江苏、山东、重庆、浙江、四川等区域公司由地方控股。通过区域重组，增强了合资公司资源统筹效能和抗风险能力，落实了地方政府出资人对区域性铁路公司的经营责任，有利于发挥各方优势改善合资铁路经营、推动合资铁路持续健康发展。

（二）强化资金管理，降低资金使用成本

积极拓展股权融资等多元化筹资渠道，着力改变仅仅依靠债务融资的单一模式，增强发展后劲。资本金方面，积极争取中央预算内投资，落实路地双方出资责任。债务融资方面，统筹用好市场化融资方式，保持与金融机构的良好合作关系，多渠道筹集低成本资金。

（三）实施节支降耗，压缩各类成本

作为高铁运营受托方的各铁路局集团公司充分发挥自身的资源和专业优势，多措并举压缩高铁合资公司经营成本。在控制物资存量和采购成本方面，充分发挥国铁采购平台优势，通过集约化采购实现规模经济效益，监控关键物资价格变化，扩大采购价格信息共享范围，尽可能降低采购成本。在压缩维修成本方面，推进修程修制改革，合理安排固定设备和移动设备大修、维修工作量，加强重点科目标准定额管理，推动综合维修一体化改革，减少直接运营成本支出。在降低能耗方面，推进用电分类管理，力争牵引用电单耗同比不增加，强化大客站节能降耗工作，减少能源支出。在控制用工成本方面，统筹各类用工资源，推进通用工种与其他用工有效衔接配置，实施综合用工成本管控机制，推进业务外包负面清单管理。

（四）强化考核评价，落实绩效考核硬约束

在项目后评价方面，落实铁路建设项目后评价管理办法，有序开展高铁项目后评价相关工作，系统归纳、整理和研究形成高铁项目后评价总结报告，为后续项目前期工作提供借鉴和参考，不断提升高铁项目投资决策水平和投资效益。在经营业绩考核方面，以提升整体效益和提高发展质量为目标，聚焦承担重点任务突出贡献、促进增收创效、严控生产经营成本等方面，“一企一策”优化铁路局集团公司及高铁合资公司负责人经营业绩考核办法。加强激励约束，坚持安全、效益、效率导向，建立与各铁路局集团公司及高铁

合资公司市场化清算体系相匹配的工资决定机制，实现工资总额与经济效益紧密挂钩、同向联动；加大收入分配向关键岗位、生产一线岗位和紧缺急需的高层次、高技能人才倾斜力度，完善健全体现创新要素价值的薪酬激励机制。

第五节 强化铁路人才队伍保障

人才是推进铁路高质量发展的重要力量。我国铁路始终把人才队伍建设作为根本来抓，以满足铁路现代化建设需要为目标，以高速铁路人才队伍建设为重点，以提升能力素质为核心，整合人才资源，提升人才素质，塑造人才品格，通过充分发挥高铁人才的技术领军、辐射带动作用，为铁路全行业储备、培养了一大批优秀人才，涵盖铁路运营、勘察设计、工程建造、装备制造、科技研发等各领域，形成了集科技人才、专业技术人才、技能人才等多层次的铁路人才队伍，有力支撑了我国铁路事业大发展。

一、完善人才培养模式

为适应高速铁路发展对高素质、高技术人才的迫切需求，以高速铁路人才队伍建设为重点，我国铁路落实人才优先发展战略，统筹推进各类人才队伍建设，稳步推进人才治理能力建设，构建了全方位多层次的人才培养体系。

坚持人才队伍优先规划。我国铁路深入实施人才优先发展战略，把人才工作放在铁路改革发展大局中谋划推进，在铁路发展中长期规划和“十三五”“十四五”铁路发展规划中设人才工作专项，针对川藏铁路等重点工程，专门编制人才工作规划并出台配套措施。定期分析人才现状，分专业、层级、岗位预测人才需求，研究解决人才工作关键性、体系性问题，促使人才规模、质量、结构与铁路发展相适应，确保人才的持续有效供给。

健全人才培养机制。我国铁路始终坚持需求导向建立起与高速铁路发展要求相适应的人才引进配置、培养开发、考核评价、选拔使用、激励保障等工作机制。我国铁路注重突出实践导向，将人才培训与高铁建设运营、装备制造过程紧密结合，创新完善了提前介入挂职培训、联调联试过程培训、制造厂家现场培训、重点项目滚动培养、既有高铁示范培训等人才培养模式，将高铁现场实践资源变成人才的“蓄水池”“孵化器”，为高铁发展提供了持续的人才供给。

实施人才选拔培养工程。我国铁路扎实推进实施“百千万人才”工程、“铁路工匠”引领工程、“智能 + ”人才素质提升工程等，紧扣发展要求，开展重点领域专业领军人物、专业（学科）带头人、拔尖人才（青年技术骨干）、铁路工匠、技能大师选拔培养，构建支撑发展、引领创新的人才矩阵。出台激励措施，引导各类工程人选组建创新团队，承接高速铁路建设运营重大项目、重点工程、重点课题，在急难险重任务中“当先锋、挑大梁”，“项目集聚人才、人才推动项目”的格局充分显现。

二、提升人员能力素质

人才素质建设是人才队伍建设的核心。依托完善的人才培养体系，我国铁路充分发挥高速铁路对创新型、复合型高端人才需求的引领带动作用，持续推动人才队伍的整体素质提升。在积极培养数量充足的现场操作人员，提升了一线职工素质的基础上，加大领军人物和具有领导能力的人才培养力度，推动人才队伍结构持续优化，铁路全行业人才队伍建设取得新成效。

人才学历层次不断提升。截至 2022 年底，铁路职工中本科及以上学历占比达到 21.5%，较 2012 年底提高 11.5 个百分点；专科学历占比达到 35.7%，较 2012 年底提高 14.7 个百分点。其中，干部队伍中研究生及以上学历占 6.2%，本科学历占 67.2%，分别较 2012 年底提高 4.1、28.3 个百分点。铁路技能人才队伍中，大专及以上学历占比达到 53.5%，较 2012 年底提高 35.4 个百分点。

队伍结构持续优化。铁路干部队伍中专业技术人员比例，由 2012 年的 51.4% 提高至 2023 年的 72.4%，其中高级专业技术人员比例达到 15%，较 2012 年提高 6.3%，正高级专业技术人员由 2012 年的 647 人增加到 2023 年的 3 063 人，增加了 373.4%。同时，铁路操作技能人员队伍中技能人才比例由 2012 年的 84.9% 提高至 2022 年 90.5%，高级工以上技能等级占比由 2012 年的 38.1% 提高至 2022 年的 47.6%。

高层次专家队伍建设取得重要突破。党的十八大以来，铁路专家队伍中先后有 6 名专家当选“百千万人才”国家级人选，10 名专家入选科技创新领军人才，74 名专家享受国务院政府特殊津贴，3 名专家当选国家勘察设计大师。国家级优秀高技能人才数量不断增加，截至 2022 年底，铁路技能人才队伍中获中华技能大奖 5 人，享受政府特殊津贴的 58 人，全国技术能手 261 人。

三、提高劳动生产效率

随着职工队伍素质的提升，以及高速铁路发展带动下引发的自动化、智能化技术手段的运用，我国铁路生产经营管理现代化水平不断提升，运输生产力布局进一步优化调整，运输业每营业公里用工稳步下降，劳动生产率持续提高。我国铁路每营业公里运输业人数由2012年的17.8人下降至2022年的11.4人，如图4-17所示。运输业劳动生产率（按运输收入计算）由2012年的33.52万元/人增长至2022年的45.99万元/人，如图4-18所示。

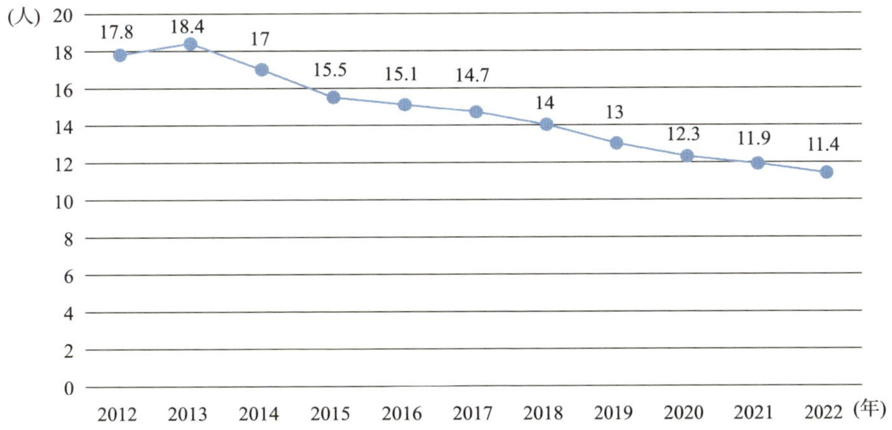

图4-17 2012年—2022年我国铁路每营业公里运输业人数

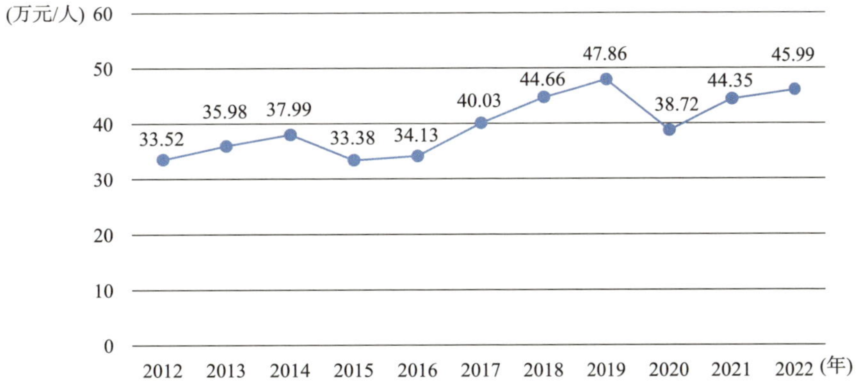

图4-18 2012年—2022年我国铁路运输业劳动生产率

第五章 支撑构建现代化经济体系

建设现代化经济体系是全面建设社会主义现代化国家的重要任务。高速铁路通过大幅压缩时空距离,改变了人们原有的时空观念和出行习惯,促进生产要素的流动和资源的优化配置,形成空间经济聚集与联动,重塑了我国经济地理格局。高铁的建设发展是现代经济发展的内在要求,在助力国民经济增长、优化产业结构布局、促进人员物资流通等方面发挥重要作用。

第一节 助力国民经济增长

高速铁路建设投资大、产业链长,对国民经济多个领域具有较强投资拉动作用。高速铁路的成网运营,提升了沿线地区的交通区位优势,有效促进了区域经济社会发展,强化了沿线城市间经济交流合作,构建形成了一系列高铁经济走廊,有力助推了国民经济增长。

一、发挥投资拉动作用

投资是拉动国民经济增长的“三驾马车”之一,铁路是国家扩大有效投资的重要领域。我国铁路建设投资持续保持高位运行,2013 年—2023 年,全国铁路固定资产投资累计完成 8.6 万亿元,其中基本建设投资完成 6.4 万亿元,是历史上铁路建设规模最大、投资最集中的时期。大规模高铁建设有效拓展了我国交通基础设施投资空间,在扩内需、稳增长、调结构、保就业等方面起到了十分显著的作用,对促进经济社会持续健康发展发挥了重要支撑和拉动作用。

高速铁路具有投资大、产业链长、辐射面广、带动效应强的特点,投资乘数效应明显,能够有效带动冶金建材、工程建设、装备制造等上下游关联产业产值增长,创造大量就业岗位。根据国家统计局发布的有关数据,新建铁路每 1 亿元投资,平均消耗钢材 0.333 万吨、水泥 2 万吨、沙土 3.11 万吨、石头 5.16 万立方米以及设备 0.085 亿元,人工方面则消耗 22.86 万工时。我国高铁每 1 亿元投资能够拉动上下游关联产业产值 10 亿元以上,创造就业岗位 600 多个。高铁装备制造、工程建设领域的中车集团、中国中铁、中国铁建等企业均进入世界企业 500 强排行榜。

高铁发展还对资本市场发展产生了积极影响,“十三五”期间,铁路建设累计发行债券 1.01 万亿元、银行贷款 1.92 万亿元,对我国股市、债市平稳健康发展起到了积极作用。截至 2023 年,国内上市公司中涉及高铁概念的公司有 40 多家,市值 1.1 万亿元以上。

二、促进区域经济发展

我国铁路发展曾催生出石家庄、郑州、长春、哈尔滨、株洲、蚌埠等一批“火车拉来的城市”。高速铁路在提升沿线地区交通区位优势,提高对外交通能力和质量方面具有更加显著的作用,实现了客流增长与经济发展之间的良性互动。高铁的开通运营,能够有效促进人力资源、物产资源、文旅资源等走出去,以及资金、技术、人才、理念引进来,直接带来沿线城市要素资源集聚和消费增长,显著改善了投资环境、促进了地产物业升值、增加了商业和就业机会、催生了一批高铁经济新业态。高速铁路已成为促进区域经济社会发展的重要引擎。根据中国社科院 2019 年发布的《城市竞争力蓝皮书:中国城市竞争力报告》,通高铁的城市比不通高铁的城市可持续竞争力高出 57%。

随着合蚌高铁、合福高铁等线路相继开通运营,合肥在高速铁路网的枢纽地位显著提升,加速驶入了高质量发展的“快车道”,逐渐成为长三角一体化发展的重要增长极。2015 年 9 月,力晶科技 12 英寸晶圆厂落户合肥,总投资 135 亿元,构建了从设计、制造到封测的全流程半导体产业链;2017 年,合肥与兆易创新合作共建 DRAM 生产线,总投资超过 1 000 亿,吸引了超过 200 家半导体企业在合肥落户,形成了围绕“中国芯”千亿产业集群,合肥也被工信部列为九大集成电路集聚发展基地之一。2020 年,蔚来中国落户合肥,开启了合肥新能源汽车产业升级的新篇章。到 2022 年,合肥市完成地区生产总值超过1.2万亿元,常住人口达到963.4万人,较2012年分别增长188.5%、27.2%,远高于124.7%、3.9%的全国平均水平。

贵州省地处我国西南内陆山区,曾经基础设施条件落后,交通区位较差,制约了地区经济社会的发展。随着贵广高铁的开通,贵州正式进入高铁时代,沪昆、渝贵、成贵、贵南等高铁的相继开通,使贵州与粤港澳大湾区、长三角地区、成渝双城经济圈的时空距离大幅缩短,一跃成为西南地区重要的内陆交通枢纽,为许多大企业、投资商投资兴业提供了便利、增添了信心。微软、西门子、阿里巴巴、富士康等一大批500强企业相继入驻贵州,物资、资金、信息加速流动。贵阳贵安新区建成了全国首个国家大数据综合试验区,吸引了华为、腾讯、苹果等数据中心落户,数字经济产业蓬勃发展,成为助推新时代贵州经济高质量发展的新引擎。

三、构建高铁经济走廊

高速铁路在区域和城市间形成了高速、便捷、安全、可靠、大能力的客运通道,将沿线主要经济据点串点成线、拓线成轴,促进不同城市之间资源合理配置、产业优势互补、市场分工协作,在提升沿线城市传统产业发展水平和竞争力的同时,催生了会展商务、高端咨询、生态康养、教育科技、文化体育等经济新模式、新业态,形成一条条创新要素集聚、空间联结、产业联动的高铁经济带。

2014年,以贵广、南广高铁开通为契机,粤桂黔三省区签署了《建设贵广、南广高铁经济带合作框架协议》,提出以产业互补协作、生态联防联建、旅游连线扩片发展等为重点,以项目为合作交流载体,以建立健全常态化合作机制为支撑,不断扩大合作领域,提升合作层次和水平。协议签订以来,沿线地区积极响应,多次举办高铁经济带合作联席会议,联手推进旅游、经贸、能源、产业、生态环保等方面的合作,形成了区域协调联动、共商共建共赢的高铁经济带。据不完全统计,截至2022年底,已累计开展合作项目190余个,总投资达3 800多亿元,成为高铁经济带建设的典范。

第二节 优化产业结构布局

建设现代化产业体系,是加快构建新发展格局,着力推动高质量发展的重要任务。

高速铁路的建设运营加强了区域间的沟通与联系，加速了跨区域资源优化配置，是促进沿线地区产业分工协作、加快区域间产业梯度转移、推动产业转型升级的润滑剂和加速器。

一、促进产业分工协作

由于资源禀赋和经济发展水平不同，不同地区在某个时期的经济比较优势也存在差异。通过产业分工协作，能够充分发挥地区间既有比较优势，促进资源要素在区域内合理配置，实现最大价值和效益，同时还有利于打造跨地区产业创新发展体系，提升区域整体创新能力和生产效率，推动创新链和产业链融合发展，不断增强区域产业链的韧性和完整性。高铁能够大幅缩短时空距离，为沿线地区产业发展提供了机会与潜力，有效促进了沿线城市间产业合理分工和高效协作，既实现了同一产业链条不同环节优势互补、协同发展，又推动了不同产业因地制宜、差异化发展，形成了具有沿高铁线路分布特征的产业分工格局。

随着京沪高铁的建设运营，沿线地区高端装备制造业分工布局不断优化，实现了各类资源在产业链不同环节的合理配置。人才、技术优势突出的北京、上海、天津等超大、特大城市主要承担科技创新、研发设计、技术咨询、教育培训、国际合作等环节；河北、山东、安徽、江苏等沿线省份中工业体系较为完备的主要城市承担生产制造、集成组装、试验检测等环节；具有资源密集和劳动密集优势的沧州、德州、蚌埠、滁州、镇江、丹阳等城市承担零部件生产、原材料供应等配套服务环节，形成了沿京沪高铁分布的装备制造产业分工协作体系。

进入高铁时代前，长三角地区产业同构现象较为普遍，食品饮料、纺织、印刷、塑料等产业同构率高达 80% 以上，以汽车、石化、电子信息业为重点产业的城市分别有 11 个、9 个、12 个。随着沪宁、沪杭、京沪、宁杭等高铁相继开通，长三角地区内部产业分布格局实现了重构。上海形成以制造业总部服务为主的知识型服务业产业体系；杭州形成以现代商务休闲、文化创意等为核心的高附加值产业体系；宁波形成以现代物流、电子商务为主的商贸产业体系；苏州、无锡、常州等城市形成具有区域特色的新型制造业产业体系。高效便捷的高速铁路网显著提高了区域经济运行效率，为长江三角洲区域一体化发展奠定了坚实的产业基础。

二、加速产业梯度转移

随着工业化、城镇化进程的快速推进，我国东部沿海经济发达地区，面临着土地能源等资源制约、人力成本大幅上升、环境承载能力不足等突出问题，区域内劳动密集型和资源密集型等传统产业发展空间受限，增长动力减弱，迫切需要向中西部地区转移，为高技术含量、高附加值的新兴产业创造更多发展空间，实现“腾笼换鸟”。中西部地区资源丰富、要素成本低、发展潜力大，与东部地区优势互补，具有“筑巢引凤”承接东部地区产业转移的需求和条件。

高速铁路的成网运营对加快区域间产业梯度转移具有重要的推动作用。相较于其他交通运输方式，高速铁路显著加强了大范围、远距离区域间的沟通与联系，实现了人才、技术、信息、资金的跨区域高效流动，不仅为相对发达地区产业转型升级提供了有力的要素保障和充足的市场空间，也促进了欠发达地区改善营商环境、吸引企业投资、创造就业机会、健全产业体系，推动形成了东中西部协同互补、梯次发展的产业格局。

疏解北京非首都功能是京津冀协同发展的“牛鼻子”。随着京津冀地区高铁干线和城际铁路网的不断完善，北京非首都功能向周边地区的疏解速度进一步加快。河北省建立“1 +5 +4 +33”重点承接平台体系，以雄安新区集中承载地为核心，5 个协作平台为重点，4 个特色专业平台和 33 个个性化平台为支撑，综合承载力不断提升。截至 2023 年底，已有 4 家央企总部和超 160 家央企二、三级子公司落户雄安新区，近 4 000 家来自北京的企业在雄安新区注册，河北全省已累计承接京津转入单位 4. 39 万个。武广高铁建成运营后，打破了长期制约华中、华南地区融合发展的交通瓶颈，形成了产业转移高速通道；围绕珠三角地区的“港澳为店粤为厂”格局加快转为辐射中南地区的“粤港澳为店湘鄂为厂”新格局，粤港澳地区相关产业沿武广高铁不断向湖南、湖北等内陆地区纵深转移。

三、推动产业转型升级

产业转型升级既包括区域产业结构的优化，由“二一三”“二三一”逐步向“三二一”转型，由传统产业向新兴产业转型；也包括某一产业内部提质升级，由高消耗低产出向低污染高效益转型，由粗放型规模增长向集约型高质量发展转型。

高铁的建设运营有利于沿线地区提升交通区位优势，集聚优质生产要素，积蓄产业发展势能，培育形成一些原来不具发展基础或发展优势的高端产业，促进了高端制造业、旅游业、教育医疗、房地产、会展等产业蓬勃发展，推进相关产业实现量的扩充和质的跃升，为沿线城市构建现代产业体系提供了新动能、创造了新机遇。

在高端制造业方面，高速铁路显著提升了沿线地区人才、技术、资金的吸引力，推动了传统制造业技术革新和创新发展。依托京沪高铁，苏州市大力建设高铁新城，致力于打造大数据产业发展新高地。2012年，苏州市政府与紫光集团达成战略合作，成立紫光数码（苏州）集团，落户苏州高铁新城；2017年，紫光云引擎科技（苏州）有限公司在苏州高铁新城成立，通过打造世界领先的全面智能制造平台，逐步成为推动苏州制造企业转型变革的“工业云引擎”，对苏州乃至全国工业云产业发展起到重要引领作用。

在旅游业方面，高铁的开通运营丰富了旅客出游方式，激发了旅游需求潜力，扩大了旅游目的地的吸引范围，促进旅游资源开发，拓展区域旅游合作，催生旅游新模式。2023年9月广汕高铁开通运营，中秋国庆假期“黄金周”期间，汕尾旅游总人数达435.13万人次，同比增长157.88%，其中70%以上来自粤港澳大湾区，旅游总收入达20.53亿元，同比增长172.59%。2017年12月西成高铁开通后，形成了串联秦岭大熊猫、金丝猴等国家一级保护动物栖息地的一条黄金旅游带，2018年春节期间，西安实现旅游收入达100亿元，同比增长137.08%，成都实现旅游收入140.3亿元，同比增长27.4%。2015年6月合福高铁开通运营，开行了“婺源赏花”“武夷山观光”等旅游专列，深受游客欢迎，产生了良好的经济效益和社会效益。此外，“高铁+”景区、酒店、主题线路等个性化定制旅游产品不断推出，推动旅游文化产业提档升级。

在教育医疗产业方面，高铁的开通运营推动了沿线地区间教育和医疗资源共享，沿线教育交流和医疗合作更加密切，实现了区域教育医疗产业的创新发展。2023年9月，沪宁沿江高铁开通，常州市金坛区深度融入沪宁“1 h高铁圈”，同时河海大学常州新校区正式启用，金坛同步跨入高铁、高校的“两高”时代，有力推动了常州市的教育产业发展。京沪高铁的开通促进了沿线教育医疗资源的流动，沧州市与北京师范大学、南开大学等7所知名院校深入开展教育合作，与中国人民解放军总医院、天津市肿瘤医院等52家医院实现联合办医。

在房地产业方面，高铁的开通提升了沿线城市发展潜力，进而激发了房地产市场活力，促进房地产项目的开发和销售。依托新济南东站的建设，带动了一批房地产项目建设，土地资源得到了充分的利用，土地的价值和效益明显提升，站区周边由原来的传统工业区、城乡接合部逐步转变为产城融合、宜居宜业的现代化新城，显著提升了城市品质和人口吸引力。片区人口由新济南东站建设前的13万人增长为15.4万人。

在会展业方面，高铁的开通建设，有利于促进会展资源集聚，支撑品牌会展的培育和承办，有力推动会展经济蓬勃发展。2014年依托长沙南站打造长沙会展新城，经过多年的建设发展，长沙会展新城已形成“高铁枢纽、国际会展、中非经贸”三大优势，成为“枢纽+机场+会展会议+生态+自贸”为一体的极具发展潜力的“开放高地”，并成功举办了中非经贸博览会、湖南国际工业陶瓷展览会、中国（长沙）国际轨道交通展览会等一系列重要展会。

第三节 促进人员物资流通

随着高速铁路的发展，居民活动的时间成本显著节约，空间范围逐步扩大，出行目的更加多元化，商务交流和旅游交流需求大幅增加，同时高铁也一定程度上提升了物流的效率效益。

一、缩短交通时空距离

高速铁路的建设成网拉近了地区间的时空距离，2023 年我国 31 省会城市（直辖市、首府）间铁路平均通达时间①较 2012 年减少近 50%，如图 5-1 所示，西部地区重庆、贵阳、昆明等城市改善效果尤为显著，区域时空可达性大幅提升，有力推动地区间的交流与合作。

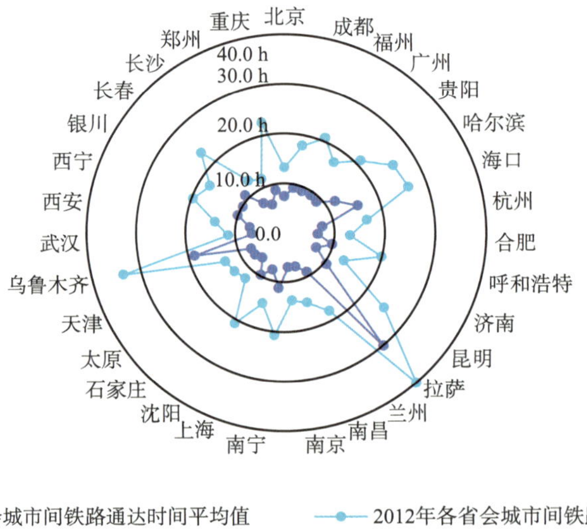

图 5-1　31 个省会城市（直辖市、首府）间铁路平均通达时间分布图

便捷的高铁交通圈拓宽了人民群众的活动半径和出行范围，改变了人民群众出行观念，提升了经济活动效率。高铁成网后，通达半径 500 km 的城市群形成 1～2 h 交通圈，

① 铁路平均通达时间是指某一城市至其他各城市间运输时间的平均值。

实现公交化出行;1 000 km 跨区域大城市间 4 h 左右到达,实现当日往返;2 000 km 跨区域大城市间 8 h 左右到达,实现朝发夕至。截至 2023 年底,北京与天津、石家庄、保定、张家口、承德、唐山等周边城市实现 1 h 通达,与太原、郑州、呼和浩特、济南、邯郸、大同、秦皇岛等城市 2 h 通达,与沈阳、长春、上海、合肥、南京、武汉、西安等城市 4 h 通达,与哈尔滨、长沙、南昌、福州、成都、重庆、兰州、银川、广州、深圳等城市 8 h 通达,高铁交通圈的形成进一步拉近了全国各地与首都北京的时空距离,促进了人员物资流动。

高速铁路带来旅客出行时间价值上的节约,间接创造了经济效益。高铁开通前后,城市间旅客时间价值节省较为显著。根据相关研究,基于国内生产总值对典型城市间高铁节省的旅客时间价值进行估算,2019 年北京至上海间为 69.5 亿元、上海至南京间为 20.3 亿元、武汉至广州间为 22.4 亿元。2019 年典型的高铁线路旅行节省时间及旅客时间价值节省情况见表 5-1。

表 5-1　2019 年典型高铁线路旅行节省时间及旅客时间价值节省情况

高铁名称	出发地	目的地	高铁未开通前最短旅行时间	高铁开通后最短旅行时间	缩短时间	旅客时间价值[①](元/小时)	节省的旅客时间价值(万元/年)
京沪高铁	北京	徐州	6 h 39 min	2 h 21 min	4 h 18 min	99.41	84 617.8
	北京	上海	12 h 03 min	4 h 18 min	7 h 45 min	104.41	695 349.7
京广高铁	武汉	广州	10 h 44 min	3 h 40 min	7 h 04 min	69.6	223 722.2
京哈高铁	沈阳	哈尔滨	4 h 37 min	2 h 03 min	2 h 34 min	42.63	19 302.9
京港高铁	南昌	赣州	3 h 59 min	1 h 37 min	2 h 22 min	55.39	354.5
大西高铁	太原	西安	11 h 37 min	4 h 11 min	7 h 26 min	54.97	230.9
徐兰高铁	郑州	徐州	2 h 47 min	1 h 28 min	1 h 19 min	54.07	129.8
沪宁高铁	上海	南京	2 h 40 min	59 min	1 h 41 min	93.08	202 507.6
沪昆高铁	上海	昆明	34 h 26 min	11 h 30 min	23 h 54 min	75.08	27 284.1

二、推动商务交流往来

商务交流是指在商业和经济领域中进行的信息、思想、观点、意见和数据的交换和传

① 旅客时间价值计算方法为 $\varphi_i = \frac{\mathrm{GDP}}{t \cdot Q}$

式中 φ_i——旅客时间价值;

GDP——某一地区国内生产总值;

t——人年均工作小时数;

Q——地区人口数。

递，其频繁程度通常反映一个地区的经济活力和水平。高速铁路的建设发展，使区域间的商务交流更加便捷、合作更加紧密、交流日益频繁。京沪高铁开通后，有力促进了北京、上海、河北、山东、安徽、江苏等沿线省市间的商贸交易和企业合作，其中，济宁与上海、苏州、无锡、天津等城市签订多项产业转移和配套合作协议，实现互补、扩散、连锁对接。

同时，沿线城市依托高铁车站打造高端商务区，吸引各地企业、人才、资金等要素集聚。郑州东站高铁商圈吸引众多世界知名企业、金融组织入驻，基础设施建设、人才交流、商业与服务业得以迅速发展，升级为集高级商务、高端服务、高新产业于一体的高品质新城区。成都东站高铁商圈构建了“枢纽＋时尚消费”“枢纽＋城际商旅”“枢纽＋健康服务”三大主导产业链，先后引进了一大批商业项目，集聚各类500强企业及分支机构36家，其中世界500强企业19家，促进区域的商务交流发展。

三、激发旅游交流活力

交通业为旅游业的发展产生了供给推动力，旅游业则为交通业的发展提供了需求拉动力。高铁以高质量的运输服务供给，更好满足了游客对出行时效性的要求，创造了新的旅游出行需求。同时，高铁推动了区域旅游资源的整合，实现区域旅游一体化，加强区域内旅游的流动性，促使高铁沿线景区由传统的独自发展转变为优势互补、协同发展，为促进区域间旅游交流、激发旅游增长活力注入了强劲动能。

武广高铁开通后，第一个春节乘坐高铁到武汉的游客超过5万人，旅行社接待高铁旅游团近1 000个，国内外游客分别同比增长187%和75%。贵广、沪昆高铁开通后，贵州省旅游业实现井喷式增长，2016年—2019年四年间游客量同比分别增长42%、40%、30%、21%。

高铁的开通提升了沿线地区间旅游合作意识，粤湘鄂三省以武广高铁开通为契机，签署了《粤湘鄂旅游黄金通道合作协议》《粤湘鄂红色旅游联盟》《武广高铁及广佛肇、长株潭、武汉城市圈旅游服务质量与安全互动监管合作协议》等8个旅游合作协议，共同打造集中体现沿线地区自然、人文特色的旅游产品。京广高铁的通车改变了沿线城市的旅游格局，北京、天津、河北、河南、湖北、湖南、广东7省（市）和31个城市代表成立“京港澳高铁沿线（7＋31）旅游市场推广联盟”，推动打造国内一流、国际知名的“京港澳高铁旅游休闲产业带”，丰富旅游市场，实现旅游产业的协同发展。

四、助力物资高效流通

高铁的建设运营为构建高效联通的现代物流网络，推进物流提质、增效、降本提供助力。我国铁路顺应快捷物流市场需求，创新挖潜铁路运输资源，充分发挥高铁成网优势，利用载客动车组列车、确认列车等高铁边际运力资源，服务商务、个人零散急件以及电商、快递物流和生产制造企业批量快件运输需求等。2017 年“双十一”期间，中铁快运携手顺丰速运在京沪高铁推出“高铁极速达”，实现 10 h 之内货物送达，受到一致好评。2018 年 5 月，该业务再次拓宽覆盖长三角 14 个城市的高铁站，快件业务可通达 40 多个城市，可以实现 1 h 内上门收件，11:00 前寄件，当日 21:00 前送达；11:00 ~ 16:00 寄件，次日 12:00 前送达。自 2017 年起，每年“双十一”电商物流高峰，中铁快运利用载客动车组列车、确认列车、行李车、特快班列等多种铁路快捷运力资源，为“双十一”电商网购高峰提供方便快捷的铁路干线运输服务，受到社会各界广泛关注和好评。

2023 年 5 月中铁快运面向医药冷链、时令生鲜、商务文件、个人紧急件等高时效需求快件的“高铁急送”业务正式上线，服务城市覆盖（除西藏自治区和港澳台地区）全国省会、直辖市和各主要城市，实现了城市群内平均 4 h 送达、跨城市群平均 8 h 送达，有效满足了急件运送需求。2023 年 7 月昆明洛羊镇站、成都双流西站高铁快运试点列车双向始发对开，利用整列移除座椅动车组开展高铁快运批量运输试点工作正式启动。

同时，随着高铁的成网运营，进一步实现了同通道高铁、普铁运力资源的优化配置，通过减少通道内普速铁路旅客列车开行数量，缩减了货物列车避让旅客列车的频次和时间，提高了货物列车的平均旅行速度，扩大货物运输能力有效供给，提高了快捷货运班列开行数量和质量。京沪高铁开通前，既有京沪线快货列车旅行速度约 80 km/h，京沪高铁开通后，京沪线快货列车旅行速度不断提高，最高可达 120 km/h 以上。高铁的发展为促进铁路货运向现代物流转型发展，构建现代铁路物流体系，降低全社会物流成本，促进物资高效流通创造了有利条件。

第六章 | 服务国家重大发展领域

党的十八大以来，习近平同志立足党和国家事业发展全局，着眼新时代新形势新任务，亲自谋划、亲自部署、亲自推动一系列重大国家战略，是集中体现国家根本利益的战略谋划和重要部署。我国铁路深入贯彻落实国家发展要求，高铁规划建设始终围绕服务国家重大发展领域，在促进区域协调发展、推动新型城镇化发展、助力脱贫攻坚和乡村振兴中发挥了重要支撑作用。

第一节 促进区域协调发展

立足解决我国发展不平衡不充分问题，党中央高度重视并持续推动区域协调发展，深入实施西部大开发、东北全面振兴、中部地区崛起、东部率先发展，部署推动京津冀协同发展、长江经济带发展、粤港澳大湾区建设、长三角一体化发展、黄河流域生态保护和高质量发展等区域重大战略。高速铁路的建设成网，有效强化了区域联系，成为支撑重点区域发展、下好区域协调发展“一盘棋”的关键一子。

一、强化区域联系

我国幅员辽阔，由于资源禀赋、地理位置、历史传统等的差异，区域间尤其是东、中、西和东北四大板块间的发展水平存在不平衡的情况，随着我国经济由高速增长转向高质量发展，区域协调发展的重要性更为突出。北至“白山黑水”，南至“热带雨林”，东临大海，西入戈壁的高速铁路网，突破了地域对国民经济整体性的物理阻隔，促进更大范围分工协作，为我国区域经济协调发展注入了强劲动力。

（一）推动东、中、西和东北四大板块协调发展

高铁的规划建设，有力支撑了西部大开发形成新格局，推动东北全面振兴取得新突破，促进中部地区加速崛起，服务东部地区率先实现现代化。东、中、西和东北四大板块之间均已实现高铁互联互通。高铁的建设发展加速了人才、资本、信息、技术等要素自由流动和优化配置，使东西互济、南北协同、陆海联动发展成为可能，有效推进产业梯度转移和资源跨域调配，奏响了全域合作互动、优势互补的新乐章。

贵广、云桂、南广、沪昆等高铁建设运营后，为云贵两省打通了连接中东部地区的“黄金大动脉”，不仅优化了西南地区铁路网结构，也在西部地区经济发展的大美画卷上增添了重要的一笔，加快了面向长株潭、粤港澳和长三角等区域的产业承接转移，构筑起数字经济产业和先进制造业新高地，为重塑西南地区的产业优势和经济优势提供支撑，更好推动东西双向互补发展和协同并进。

沪昆高铁横贯上海、浙江、江西、湖南、贵州、云南 6 省市，串联长三角城市群、长江中游城市群、黔中城市群、滇中城市群，其建设大大缩短了西南地区与华南、华东和中南地区的时空距离，全程最快运行时间由之前的近 36 h 缩短至 10 h 左右，改写了中西部的“经济版图”，有力促进了东西部区域协调发展。

（二）加强城市群间便捷联系

随着高速铁路的规划建设，各大城市群间的联系进一步加强，特别是京津冀、长三角、粤港澳、成渝四大城市群间实现多通道联通，时空距离大幅缩短，截至 2023 年底基本实现了两两之间 8 h 内可达。2016 版《中长期铁路网规划》和《“十四五”铁路发展规划》实施完成后，四大城市群间均可实现多通道连通，同时串联中原、关中、长江中游、粤闽浙

沿海等相关城市群，见表6-1，城市群间交流更加便捷可靠。

表6-1　四大城市群互联互通高铁通道（含在建及规划线路）

城市群	通道数量	通道构成
京津冀—长三角	3	
京津冀—粤港澳	3	
京津冀—成渝双城	4	
粤港澳—成渝双城	3	

续上表

城市群	通道数量	通道构成
长三角—成渝双城	3	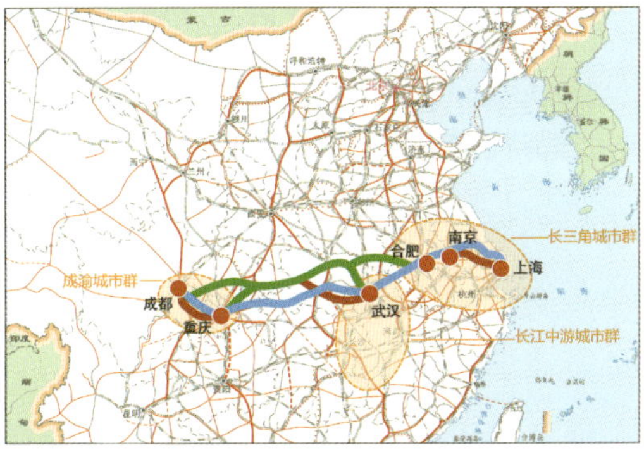
长三角—粤港澳	4	

（三）促进省会城市间快速交流

受益于高速铁路的覆盖和连接，各省会城市间实现了快速交流，加强了相邻各省间的经济社会联系，助力区域整体实力的提升。比如，哈大高铁串联了东北地区 3 个省会城市和 7 个地级市，是东北地区铁路网的骨干，将哈尔滨至大连的旅行时间由原来的 10 h 缩短为 3.6 h，并拉近了沿线诸多城市的距离，为东北区域经济协调发展创造了有利条件，成为东北全面振兴发展的重要引擎。银西高铁建成后，银川到西安的旅行时间由 12.5 h 缩短至 3 h，沿线的庆阳市也结束了不通铁路的历史，西安作为西北地区最具吸引力的文化旅游“网红”城市，拥有大量的旅游客流，银西高铁的开通也使得游客拥有了银川、庆阳等更多的延伸目的地可以选择，为宁夏、甘肃的相关产业发展起到了积极的作用。

二、支撑重点区域发展

围绕促进京津冀协同发展、长江经济带发展、长三角一体化发展、粤港澳大湾区建设、成渝地区双城经济圈建设、黄河流域生态保护和高质量发展，建成投产了一大批高铁干线和城际铁路，在支撑和推动重点区域发展方面取得重要成果。

（一）服务京津冀协同发展和雄安新区建设

推动京津冀协同发展，是党中央为实现京津冀优势互补、促进环渤海经济区发展、带动北方腹地发展作出的重要战略部署。2015 年 4 月，中共中央政治局审议通过的《京津冀协同发展规划纲要》指出，推动京津冀协同发展核心是有序疏解北京非首都功能，要在京津冀交通一体化、生态环境保护、产业升级转移等重点领域率先取得突破。为进一步推进京津冀协同发展，打造经济社会发展新的增长极，中共中央、国务院于 2017 年决定设立河北雄安新区，这是新时代推进京津冀协同发展的又一历史性战略选择。

为落实京津冀协同发展规划，打造"轨道上的京津冀"，更好服务京津冀协同发展和雄安新区建设，我国铁路扎实推进项目建设，推动建成了京张、京沈高铁和京雄城际等项目，以及北京朝阳站、北京丰台站、雄安站等一批大型综合客运枢纽；在京津冀地区形成了以京沪、京广、京张、京哈等高铁为骨架，多方向辐射全国的对外高铁通道格局，和以京津、京雄等城际铁路为主、重点城市相互连通的城际铁路网。截至 2023 年底，京津冀地区高铁营业里程达到 2 624 km，高铁网密度达到 1.22 公里/百平方公里，是全国平均水平的 2.5 倍。雄安至商丘、雄安至忻州、天津至潍坊等高速铁路建设有序展开，丰台至雄安高速铁路前期工作加紧推进。

方便快捷的高铁城际网，对发挥京津冀地区高端创新集聚优势、提升区域产业协同水平具有重要意义，在支撑以首都为核心的世界级城市群发展、加速北京非首都功能疏解、推动雄安新区高质量建设、培育现代化都市圈等方面均发挥了重要作用。

（二）服务长江经济带发展

长江经济带横跨东中西三大区域，具有独特优势和巨大发展潜力，是我国综合实力最强、战略支撑作用最大的区域之一。2016 年 3 月，中共中央政治局审议通过的《长江经济带发展规划纲要》确立了长江经济带"一轴、两翼、三极、多点"的发展新格局，从大力保护长江生态环境、加快构建综合立体交通走廊、创新驱动产业转型升级、积极推进新型城镇化、努力构建全方位开放新格局、创新区域协调发展体制机制、保障措施等方面描绘了长江经济带发展的宏伟蓝图。

为落实长江经济带发展规划，充分发挥铁路绿色骨干优势，促进沿江综合立体交通走廊建设，我国铁路扎实推进项目建设，先后建成了渝万、杭黄、汉十、郑万、徐宿淮盐、连淮扬镇、合安、昌赣、成贵、昌景黄等高速铁路。截至 2023 年底，长江经济带高铁营业里程达到 1.9 万 km，高铁网密度达到 0.95 公里/百平方公里，是全国平均水平的 2 倍。同时，北沿江、合宁、重庆至黔江和宜昌至郑万联络线等高铁正加快建设，一条横贯东西的高标准沿江高铁通道正孕育形成。

便捷高效的高铁干线网，极大促进了长江经济带下游地区资金技术等优势资源向中上游地区的转移，显著降低了跨区域流通成本，有力推动了地区间产业合作升级，在带动中上游地区的经济社会发展和提升人民生活水平等方面发挥了重要作用，为长江经济带建设赋予了新的动能。

（三）服务粤港澳大湾区建设

粤港澳大湾区是我国开放程度最高、经济活力最强的区域之一，在国家发展大局中具有重要战略地位。统筹推进粤港澳大湾区建设，是党中央在一个国家、两种制度、三个法域和关税区、流通三种货币的条件下，推进区域深度合作的战略部署。2019 年 2 月，中共中央、国务院印发的《粤港澳大湾区发展规划纲要》提出建设富有活力和国际竞争力的一流湾区和世界级城市群，形成以创新为主要支撑的经济体系和发展模式，区域发展协调性显著增强，对周边地区的引领带动能力进一步提升。

为落实粤港澳大湾区发展规划，服务支撑国际一流湾区和世界级城市群建设目标，我国铁路扎实推进项目建设，先后建成了赣深高铁、穗莞深城际新塘至洪梅段、东莞至深圳段、广佛城际南环线、广汕、汕汕、珠海机场城际等项目。截至 2023 年底，粤港澳大湾区高铁营业里程达到 1 597 km，高铁网密度达到 2. 86 公里/百平方公里，是全国平均水平的 5. 3 倍。同时，广湛、深汕、深茂铁路深圳至江门段等高铁和琶洲支线等城际铁路的建设正加快推进，三极畅通、轴带支撑、对外放射的“极 + 轴 + 放射”状铁路客运网络正加速构建。

高铁干线和城际铁路等共同构筑了外通内畅的轨道交通网络，形成了一条条创新要素集聚、空间联结、产业联动的经济带，全面提升大湾区经济社会运行效率、拉动沿线城市经济腾飞，有效壮大区域发展整体竞争力，对助力粤港澳大湾区建成国际一流湾区和世界级城市群具有重要意义。

（四）服务长三角一体化发展

长江三角洲地区自然禀赋优良，经济基础雄厚，城镇体系完善，科教文化发达，已成为全国发展基础最好、体制环境最优、整体竞争力最强的地区之一。2019 年 12 月，中共中央、国务院发布的《长江三角洲区域一体化发展规划纲要》指出加快建设现代化经济体系，着力推动形成区域协调发展新格局，加强协同创新产业体系建设，提升基础设施互联互通水平，强化生态环境共保联治，加快公共服务便利共享，推进更高水平协同开放，努力提升配置全球资源能力和增强创新策源能力，建成我国发展强劲活跃增长极。

为落实长江三角洲区域一体化发展规划，支撑构建“轨道上的长三角”，我国铁路扎实推进项目建设，先后建成京港（台）高铁商丘至合肥段、合肥至安庆、安庆至九江、盐城至南通、杭绍台等高速铁路。截至2023年底，长三角地区高铁营业里程达到7 150 km，高铁网密度达到2.04公里/百平方公里，是全国平均水平的4.5倍。同时，北沿江、合宁、通苏嘉甬等高铁和沪苏湖等城际铁路正加快建设，合肥至武汉、甬台温等高铁和镇宣、盐泰锡常宜等城际铁路前期工作正有序推进，以上海、南京、杭州、宁波、合肥为主的多中心、放射状铁路客运网络正加速形成。

发达的区域高速铁路网，有效引导和支撑长三角地区产业资源配置与布局，助力地区产业体系实现协同分工、错位发展，对发挥地区产业基础优势、提升跨区合作能力具有重要意义，为长三角地区更好地发挥我国经济“稳定器”和“主引擎”作用、当好区域一体化的排头兵、打造新时代改革开放新高地发挥了重要作用。

（五）服务成渝地区双城经济圈建设

成渝地区双城经济圈位于“一带一路”和长江经济带交汇处，是西部陆海新通道的起点，是我国西部人口最密集、产业基础最雄厚、创新能力最强、市场空间最广阔、开放程度最高的区域。2021年10月，党中央、国务院印发的《成渝地区双城经济圈建设规划纲要》指出强化重庆和成都中心城市带动作用，引领带动成渝地区统筹协同发展，促进产业、人口及各类生产要素合理流动和高效集聚，加快形成改革开放新动力，加快塑造创新发展新优势，加快构建与沿海地区协作互动新局面，加快拓展参与国际合作新空间，突出双城引领，强化双圈互动，促进两翼协同，统筹大中小城市和小城镇发展，促进形成疏密有致、集约高效的空间格局，打造带动全国高质量发展的重要增长极和新的动力源。

为进一步强化铁路对成渝地区双城经济圈发展的支撑引领作用，加快形成内联外通的铁路网格局。我国铁路在既有沪汉蓉、成渝、西成、成贵、渝万等高速铁路和成灌、郫彭、内江至自贡至泸州等城际铁路的基础上，推动成渝中线、渝昆、重庆至黔江、西渝、成南达万等高速铁路和川藏、川青铁路等一批重大项目开工建设。截至2023年底，成渝地区高铁营业里程约2 300 km，高铁网密度达到1.24公里/百平方公里，是全国平均水平的2.4倍。

内外联通的高铁网，为提升成渝地区双城经济圈吸引力和竞争力、推动形成陆海内外联动、东西双向互济的对外开放新格局打下了坚实基础，对增强成渝地区创新发展要素集聚能力、统筹产业布局、促进两地“同城化”发展具有重要意义。

（六）服务黄河流域生态保护和高质量发展

黄河是中华民族的母亲河，黄河流域是我国重要的生态安全屏障，也是人口活动和经济发展的重要区域。2021 年 10 月，中共中央、国务院印发的《黄河流域生态保护和高质量发展规划纲要》指出着力改善黄河流域生态环境，优化水资源配置，促进全流域高质量发展，构建黄河流域生态保护"一带五区多点"空间布局，构建形成黄河流域"一轴两区五极"的发展动力格局。

为强化铁路对黄河流域经济社会发展的支撑保障作用，发挥铁路绿色骨干优势，我国铁路在既有郑西、宝兰、兰新、大西、呼包、郑济、日兰等高速铁路基础上，建成了中卫至兰州、西安至银川等高速铁路。截至 2023 年底，黄河流域九省区高铁营业里程 11 837 km，高铁网密度 0. 33 公里/百平方公里，略低于全国平均水平。同时，包银、包鄂、延榆鄂、西延、川青等高铁项目正加快实施，联通西宁、兰州、银川、包头、郑州、济南等沿黄重点城市的高铁网正逐步形成。

构建串联黄河流域沿线的高铁网，是释放沿线既有铁路货运能力、实现运输结构调整、打造绿色运输通道的有力抓手，对打好环境问题整治、深度节水控水、生态保护修复攻坚战，明显改善流域生态面貌，更好推动落实黄河流域生态保护和高质量发展具有重要意义。

第二节 推动新型城镇化发展

推进以人为核心的新型城镇化是我国现代化建设的历史任务。随着高速铁路、城际铁路的建设运营，中心城市辐射带动作用明显增强，大中小城市协调联动发展，依托高铁车站的城市新区规划建设成为城市发展新的增长极。在新型城镇化建设的进程中，高速铁路对支撑构建城镇化战略格局、助力打造轨道上的城市群和都市圈、依托枢纽经济引领城市发展等方面发挥了重要作用。

一、支撑构建城镇化战略格局

我国城镇布局和主要经济带格局呈现纵横交错的网格式特点。"十四五"国民经济和社会发展规划纲要提出全面形成“两横三纵”城镇化战略格局，优化提升京津冀、长三角、珠三角、成渝、长江中游等城市群，发展壮大山东半岛、粤闽浙沿海、中原、关中平原、北部湾等城市群，培育发展哈长、辽中南、山西中部、黔中、滇中、呼包鄂榆、兰州—西宁、宁夏沿黄、天山北坡等城市群。

我国高铁网的规划布局，始终坚持与以人为核心的新型城镇化和城市发展紧密契合。2016 版《中长期铁路网规划》提出构建“八纵八横”高铁主通道，与我国主要城市群空间分布特征和城镇化战略格局相互呼应、相得益彰。截至 2023 年底，“八纵八横”高铁主通道线路已建成 3.64 万 km，连通覆盖了全部 19 个城市群，为全面形成“两横三纵”城镇化战略格局提供有力支撑。19 个城市群衔接“八纵八横”主通道情况见表 6-2。

表 6-2　19 个城市群衔接“八纵八横”主通道情况

城市群	衔接“八纵八横”主通道
京津冀城市群	沿海通道、京沪通道、京港（台）通道、京哈—京港澳通道、京昆通道、京兰通道、青银通道
长三角城市群	沿海通道、京沪通道、京港（台）通道、沿江通道、沪昆通道
珠三角城市群	沿海通道、京港（台）通道、京哈—京港澳通道、兰（西）广通道、广昆通道
成渝城市群	京昆通道、包（银）海通道、兰（西）广通道、沿江通道、厦渝通道
长江中游城市群	京港（台）通道、京哈—京港澳通道、呼南通道、沿江通道、沪昆通道、厦渝通道
山东半岛城市群	沿海通道、京沪通道、青银通道
粤闽浙沿海城市群	沿海通道、京港（台）通道、厦渝通道
中原城市群	京哈—京港澳通道、呼南通道、陆桥通道
关中平原城市群	京昆通道、包（银）海通道、陆桥通道
北部湾城市群	沿海通道、呼南通道、包（银）海通道、广昆通道
哈长城市群	京哈—京港澳通道、绥满通道
辽中南城市群	沿海通道、京哈—京港澳通道
山西中部城市群	呼南通道、京昆通道、青银通道
黔中城市群	包（银）海通道、兰（西）广通道、沪昆通道
滇中城市群	京昆通道、沪昆通道、广昆通道
呼包鄂榆城市群	呼南通道、包（银）海通道、京兰通道
兰州—西宁城市群	兰（西）广通道、京兰通道、陆桥通道
宁夏沿黄城市群	包（银）海通道、京兰通道、青银通道
天山北坡城市群	陆桥通道

二、助力打造轨道上的城市群和都市圈

在国内外超大、特大城市向城市群、都市圈演进的过程中，铁路都发挥着重要的作用。随着高速、城际铁路建设发展，全国 1 h、2 h、3 h 高铁交通圈正逐步形成，加速了城市群、都市圈地区资源要素流动，放大了中心城市的辐射作用，促使中心城市与卫星城市合理布局，推动了“同城化”发展，为居民“职住分离”提供了条件，有效推动城市群一体化发展和现代化都市圈建设。高速、城际铁路发展是助力打造轨道上的城市群和都市圈的关键，为城市群和都市圈轨道交通网络化布局、便捷化服务、一体化运营、融合化发展和智慧化升级贡献力量。

高速铁路建设有力保障了“轨道上的京津冀”“轨道上的长三角”等典型区域建设，同时在助力更多城市群、都市圈的形成和发展上取得显著成效。河南率先提出并打造“米”字形高铁网格局，对中原城市群、郑州都市圈的蓬勃发展起到了关键的推动作用。截至 2023 年底，郑州都市圈内徐兰高铁横跨东西，连接开封、郑州与巩义；京广高铁纵贯南北，连接新乡、郑州与许昌；郑太高铁连接郑州与武陟县、焦作市；郑济高铁连接郑州与原阳县、平原新区；郑万高铁连接郑州与长葛市；郑阜高铁连接郑州与尉氏县，基本形成了 1 h 交通圈，能够满足高强度、快节奏的都市圈内部出行需求，明显提升了郑州中心城区辐射效应，带动了周边重要产业集聚区和城镇组团等都市圈重要功能区的发展，对牵引郑州都市圈建设作用重大。同时，以郑州为中心的 1 ~ 2 h 高铁经济圈，覆盖中部地区近 4 亿人口的消费市场，实现与京津冀、长三角、珠三角等发达区域的互联互通、协作发展，带动了整个中原城市群的快速发展。

三、枢纽经济引领城市发展

随着城市化进程的推进和城市空间的拓展，大城市面临着人口高度聚集、基础设施短缺、土地资源紧张等一系列问题，给城市发展带来巨大压力。依托高铁车站推进周边区域开发建设，有利于城市空间有效拓展和内部结构整合优化，调整完善产业布局，促进交通、产业、城镇融合发展。2018 年国家发展和改革委员会、中国铁路总公司等联合发布了《关于推进高铁站周边区域合理开发建设的指导意见》（发改基础〔2018〕514 号），要求站城一体、综合配套，因地制宜、规范有序推进车站周边区域开发建设，实现与城市发展的良性互动和有机协调，鼓励和推动了站城融合发展。

依托高铁车站规划建设高铁新城，是站城融合的重要创新成果，不仅为城市发展注

入了新的动力,也有力推动了城市格局重构、扩容提质。我国高铁沿线城市秉承着高起点规划、高标准建设、高水平管理的理念,推动形成了多个以高铁站点为核心的综合客运枢纽,成为吸引投资、引领城市发展的新引擎。

杭州西站是带着“站城融合”标签、高质量建设的新一代高铁枢纽标杆性作品。杭州西站整体以“云之城”为设计理念,以“城市未来生活典范区”为目标,以“云端站房”为设计概念,打破传统站前广场形式桎梏,构建站城立体广场,模糊站城边界,衔接站城空间,立体站前广场承载多样化的城市活动,既是站的形象,又是城的功能。同时,杭州西站站场拉开,形成中央进站系统,首次实现站与城的零距离衔接,全方位提升交通效率,城市综合开发可以直接贴合客站,拉紧站城联系。杭州西站采用上盖开发、土地联动,“站城融合”土地开发情况如图 6-1 所示,通过政策创新,实现竖向划分,利用雨棚上盖空间进行物业开发,提供酒店、办公、会议、商业等城市服务功能,丰富客站城市功能,打造活力交通枢纽。杭州西站站房南北两侧规划建设中的 8 栋摩天塔楼和一座世界级的城市公园,未来将聚集数字经济、总部办公、高端酒店、会议展览、空中观景空间等多种业态,通过运用 TOD 模式,实现交通枢纽与城市建设、产业发展的紧密融合。

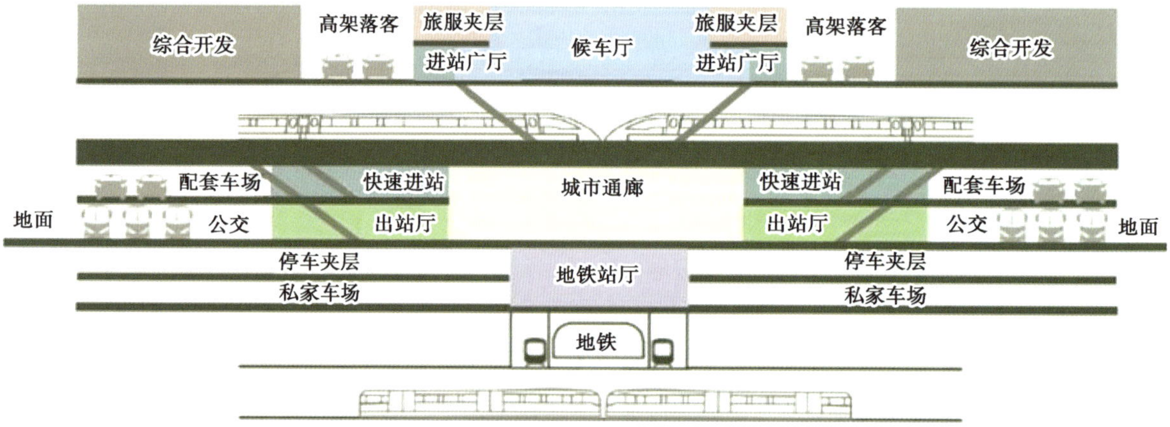

图 6-1　杭州西站“站城融合”土地开发情况

在济南西站的带动下,济南市以槐荫区为主的西部新城区快速崛起,推动了济南西进战略的实施。2011 年前,济南西站所在片区以农村、郊区、旧货市场为主,京沪高速开通后,一大批知名开发企业入驻片区,济南西站周边区域快速开发。2022 年,槐荫区地区生产总值占全市的比重 6.2%,对全市的贡献度进一步提高,同时,获评为全国首批知识产权强县建设示范区、全省第一批医养结合高质量发展创新引领区、全省基层治理实验区、山东省“就业环境友好型城市”、省级全域旅游示范区。

随着郑州东站的建成运营,郑州铁路枢纽地位进一步提升,带动郑东新区实现蜕变,吸引了一大批企业入驻投资,逐步集聚科教、公共服务、休闲及旅游娱乐等功能,形成了机械电子、高纺、生物、文化创意、生物医药以及 IT 等高精尖产业的布局。产业的布局优化往往还伴随着土地价值的快速提升,2019 年郑东新区土地出让收益达到 223.4 亿元,较 2015 年增幅高达 20 倍以上;即便受到新冠疫情影响,2020 年和 2021 年,郑东新区土地出让收益依然稳定在 100 亿元以上水平,呈现出蓬勃向上的发展态势,如图 6-2 所示。郑东新区已经成为郑州城市发展进程中新的经济增长点。

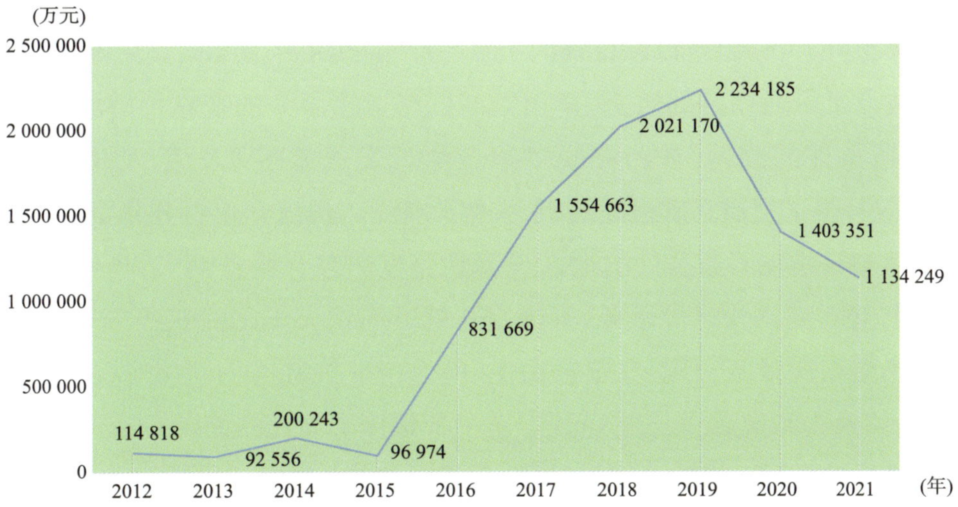

图 6-2 2012 年—2021 年郑东新区土地购置费变化趋势

多个城市正在规划打造高铁新城。南京市依托南京南站规划了南部新城,定位为以交通枢纽、现代金融服务业、软件产业以及居住为主的现代化都市新中心,是承接南京市产业和人口转移的重要区域,对于优化城市布局,提高城市承载力、聚集力和辐射力等具有重要作用。广州南站的所在地原本为村庄,随着交通枢纽的形成,正在成为大型现代化高铁新区,并以建设“泛珠 CBD”为目标,打造集出行、购物、文化、娱乐、居住于一体的“都市综合体”。

第三节 助力脱贫攻坚和乡村振兴

我国铁路聚焦脱贫攻坚和乡村振兴要求,重视发挥行业优势,强化老少边及脱贫地区铁路建设力度,并通过合理规划线路走向和车站分布、建设高铁无轨站等,最大限度兼顾了乡村地区百姓出行需求,改善了交通公共服务均等化水平,提高地区经济持续发展内生动力，促进劳动力就业，在巩固脱贫攻坚成果同乡村振兴有效衔接中发挥重要作用。

一、改善交通公共服务均等化水平

高速铁路向欠发达地区延伸，拓宽了当地人力、物资、原材料供应渠道，大幅改善交通公共服务均等化水平。党的十八大以来至2023年底，老、少、边及脱贫地区铁路建设投资达4.7万亿元，占铁路建设总投资的78%；投产新线4.9万km，其中高铁2.7万km，140多个县结束了不通铁路的历史，全面提高铁路运输服务的普惠性、均衡性、可及性。同时随着交通条件的改善，铁路在脱贫地区累计发送旅客9.2亿人，完成货物运输42.4亿t，有效补强了交通基础设施短板，大幅改善了人民群众出行和物资流通的条件。

高铁无轨站是指在不通高铁的地区设置铁路客运综合服务站点，提供购取车票、候车换乘、联程运输、高铁快运等服务，开通直达就近高铁火车站的专线班车，让不通高铁的地区便捷享受高铁服务，是落实服务民生、助力精准扶贫的创新之举。高铁无轨站解决了高铁出行"最先和最后一公里"问题，进一步延伸了高速铁路的辐射范围，让许多经济发展较为落后的县、乡、镇连通了高铁网，促进了当地"高铁+旅游""高铁+物流""高铁+产业"多业态融合发展，在打好打赢脱贫攻坚和实施乡村振兴战略中发挥了重要推动作用。截至2022年底，全国共建成无轨站160个。

例如，南昆高铁开通后，广西凌云、巴马、北流、融水等14个县开通了高铁无轨站，覆盖人口超过770万人。依托高铁无轨站，广西凌云县通过每天常态化开行至百色的往返直通大巴，实现了与南昆高铁以及全国高铁网的连通，旅客从凌云高铁无轨站出发，4 h可抵达南宁，7 h左右抵达广州。2019年10月，全国首个乡镇级高铁无轨站——柳州市融水苗族自治县大浪镇高铁无轨站开通运营，让"无长途班线、无汽运企业、无铁路通达"的大浪镇人民群众能够快速到达柳州和三江南高铁站，便捷享受贵广、衡柳、柳南高铁服务，更好融入广西自贸试验区、粤港澳大湾区以及粤桂滇黔高铁经济带。

二、提高地区经济持续发展内生动力

高铁的开通能够显著提升沿线地区吸引力，促进了产业转移承接，通过带动旅游、现代农业等相关产业发展，提高地区经济持续发展内生动力，助力贫困地区脱贫致富。例如，安六高铁开通后，六盘水实现1 h通达黔中经济圈、4.5 h通达成渝双城经济圈，显著提升了六盘水的旅游市场吸引力，仅2020年冬季，六盘水接待游客人次超过1 000万人次、实现旅游收入73亿元，较历史最好的2017年分别增长19.2%和12%。

交通基础设施的发展会降低贫困地区农业产品的生产成本、运输成本和劳动力转移成本，推动农业发展。例如，宝兰高铁开通运营后，通过改善交通条件，极大促进了定西市现代农业的发展，定西市通过推广“龙头企业 + 合作社 + 基地 + 农户”的中药材种植模式，建立道地中药材标准化种植基地 193 个，面积约 30 万亩，中药材标准化种植率从 2017 年的 51.4% 提高到 2022 年的 80% 以上；先后引进广州医药集团、天津红日药业、中国中药、康美药业等知名制药企业落户定西，三年来共签约引进项目 64 个，总投资 141.8 亿元，对促进相关从业人员脱贫致富起到了十分突出的作用。

欠发达地区的铁路项目在建设过程中，通过与沿线贫困地区发展规划、脱贫攻坚、生态保护等深度融合，能够直接帮扶沿线贫困群众，实现精准扶贫。铁路建设项目通过积极协调当地发展规划，实施永临结合，合理设计建设临时道路、水电、通信等配套临建设施，待项目竣工后无偿移交当地留作长期使用，有效改善贫困地区基础设施条件，方便当地群众出行及生活所需。例如，贵南高铁在施工建设期间，为沿线滇桂黔石漠化区河池市环江毛南族自治县修建乡村道路约 30 条、70 余公里，培训使用当地贫困劳动力 2 300 余人次，支付工资 480 余万元，采购生产物资 3.7 亿元、农产品 2 300 余万元，同时还吸引了麻竹、旱藕等一批特色产业项目落地开花，进一步促进了当地经济发展和群众就业增收，2020 年 5 月该县正式脱贫摘帽。

三、助力就业和观念变革

高铁大幅拉近了欠发达地区与发达地区的时空距离，带动了人员交流，大量的贫困人口通过劳务输出实现脱贫。比如，宝兰高铁建成运营后，极大方便了沿线贫困地区人口外出务工就业，天水市秦安县劳务输转人数明显增加，特别是中长途省外输转，务工人员遍布全国 90 多个城市，绝大多数分布在长三角、珠三角及西北五省。

在铁路项目建设中，施工单位优先选择当地劳务人员，并提供有关培训，提高贫困群众的劳动技能水平和自我发展能力，为解决贫困群众长期稳定就业、实现真脱贫创造良好的基础条件。比如，银西高铁在建设期间雇用咸阳市永寿县劳务人员共计 2 228 人，发放劳务工资 7 105 万余元，有效促进当地居民就业和收入水平提高，带动经济社会发展。

此外，高铁的开通还促进了欠发达地区人民群众思想观念、发展理念、生活方式的深刻变革，在参与经济活动的过程中变被动等待为主动探索，为新发展阶段脱贫地区全面实施乡村振兴战略、加快融入国家现代化进程奠定了坚实基础。

第七章 | 助力人与自然和谐共生

尊重自然、顺应自然、保护自然，实现人与自然和谐共生是中国式现代化的重要特征之一。高铁将生态优化、节约集约、绿色发展等理念贯穿到规划设计、建设运营全过程，在服务支撑“双碳”目标、实现资源减量化再利用、推进铁路绿色转型等方面发挥了重要作用，书写了铁路助力人与自然和谐共生新篇章。

第一节 服务支撑“双碳”目标

铁路是世界公认的绿色交通工具，高铁在节能降碳方面较公路、民航等运输方式具有明显的比较优势，对于进一步发挥铁路在综合交通运输体系中的骨干优势，在绿色交通体系建设中当好先行，落实国家碳达峰碳中和工作目标要求具有重要意义。2023 年，国铁集团印发《国家铁路碳达峰行动实施方案》，明确提出“国家铁路总碳排放量（包括直接和间接排放）在 2030 年前达峰”的总体目标，为推动高铁绿色低碳发展指明了方向。

一、降低能耗水平

相比于公路、民航等高度依赖石油能源的交通运输方式，高铁有很强的节能效应和可持续发展优势，与我国的能源安全特征更加匹配。单位旅客周转量能耗方面，高铁远低于其他交通运输方式，约为公路的35%、民航的13%。

以京沪通道为例，京沪高铁单位旅客周转量能耗为4.9吨标准煤/百万人公里，将京沪通道内京沪高铁、京沪高速公路和京沪航线的总旅客周转量和总能耗量进行对比（图7-1）发现，京沪高铁完成了超过50%的旅客周转量，却仅消耗13%的能源，是京沪通道内相对节能的运输方式。

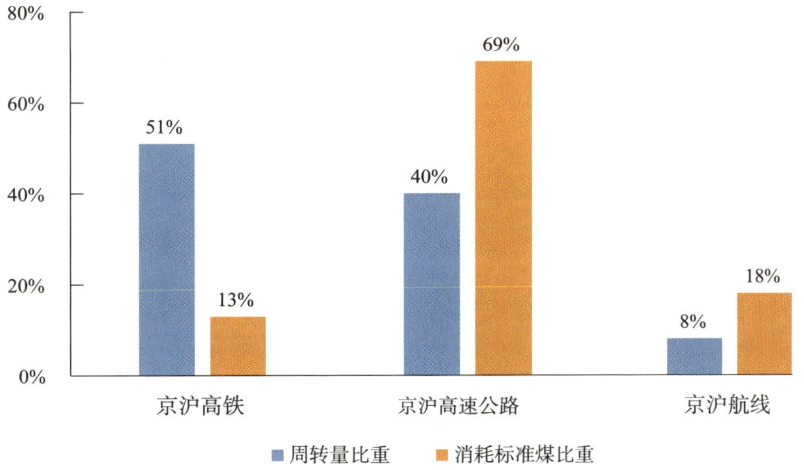

图7-1　京沪通道内三种运输方式周转量及能耗量占比

二、减少碳排放

高铁采用电力牵引，运行过程中不产生直接碳排放，发电过程产生一定间接碳排放。单位旅客周转量碳排放量方面，高铁明显低于其他交通运输方式，约为公路的80%、民航的28%。此外，高铁释放了平行径路普铁货运能力，为国家调整交通运输结构、加快实施“公转铁”创造了有利条件，2012年—2022年，国家铁路货运量从32.23亿t增至39.02亿t，增长6.78亿t，与公路完成同等运量相比，相当于减少二氧化碳排放约6 000万t。

以京沪通道为例，完成相同旅客周转量情况下，京沪高铁相对于京沪高速公路和京沪航线，产生更少的碳排放量。将京沪高铁、京沪高速公路和京沪航线的旅客周转量和总碳排放量对比后（图7-2）可以看出，京沪高铁承担的旅客周转量超过50%，碳排放仅为29%。

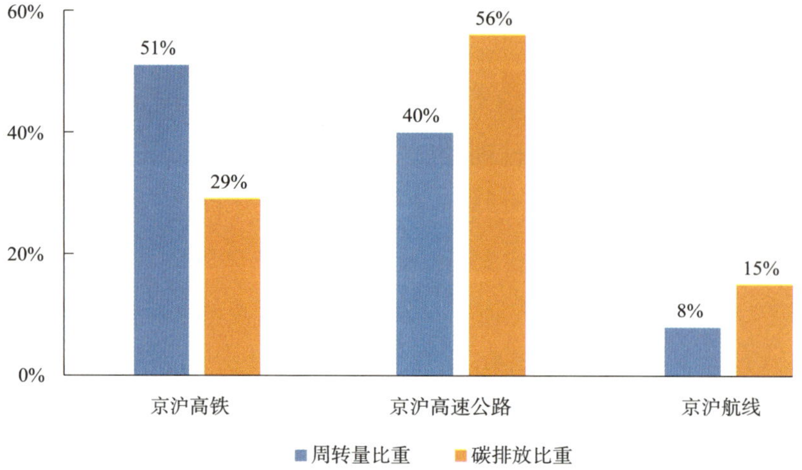

图 7-2　京沪通道内三种交通方式周转量及碳排放量占比

三、增强碳汇能力

我国铁路着力打造铁路绿色长廊，提升铁路沿线生态系统碳汇能力，推进落实碳中和。因地制宜推进高铁、普铁线路两侧绿化工作，持续提升铁路可绿化线路的绿化率，选取乡土及适生品种，打造一线一景、一站一景，有力推动绿色美丽的万里铁道线建设，不仅为铁路设施设备构筑起了一道道绿色的安全屏障，也形成了一条条串联景观节点的绿色纽带。同时，铁路沿线生态系统碳汇监测体系建设持续推进，森林、草原、湿地、土壤、冻土等碳汇本底调查、碳储量评估、潜力分析有序开展。

结合不同线路沿线地形地势、植被景观、气候类型等特征，打造形成了各具特色的绿色高铁长廊。京津城际结合沿线起伏的地势，实施大规模的绿化工程，种植四十余种花灌木，打造了一条长达 71 km、面积达 226 万 m^2 错落有致、色彩分明的绿色廊道，如图 7-3 所示。沪宁城际沿线绿化突出“远近兼顾、主次分明”，区分出三个视野层次，在每个沿线层次林带上，80% 以上选用根深、长寿的常绿树种，乔木、灌木高低错落，实现旅客出行如出游。杭黄高铁按照“四季常绿、三季有花、乔灌结合、错落有致”的绿化原则，打造了一条外美内实、赏心悦目的绿色景观长廊。京雄高铁按照“近景看花海、远景看森林”思路，科学搭配彩叶树种、阔叶树种和花灌木，按照“林窗补绿、林冠添彩”原则对沿线绿化带进行改造提升，解决以往树种单一、色彩单调、缺行断带、长势衰弱等问题。

四、打造绿色客站

我国铁路树立客站建设新理念，把绿色低碳作为客站建设的重要指标，严格执行绿

图 7-3 京津城际打造绿色长廊

色建筑相关标准，2023 年起，新建大型客站按照三星级绿色建筑标准设计建设；积极开展“零碳客站”试点示范工作，推动建设一批节能低碳型铁路客站。新建高铁客站广泛采用“建构一体”设计理念，将建筑“外在艺术形式”与结构“本质真实构件”二者进行充分结合，降低装饰装修材料消耗及后期维护成本。实施既有客站绿色改造，重点开展绿色照明改造，在站房、灯桥、灯塔、景观等照明采用 LED 光源，持续推广能源管控技术，实现对空调、照明、电梯等耗能设备的节能优化控制，提高能源利用效率。加强光伏发电与建筑一体化应用实践，新建铁路建筑屋面优先采用光伏建筑一体化模式，既有屋面分区分类推进光伏建筑一体化改造，集光伏发电、储能、直流配电、柔性用电于一体的“光储直柔”建筑试点也在稳步推进。

例如，厦门北站采用了多项绿色技术，实现能耗减量，车站正上方屋面采用感应式智能天窗设计，可根据实时监测的光照强度、风力大小、降雨及室内外温差等数据，自动开合天窗及窗帘，为旅客营造舒适换乘环境的同时实现节能降耗，每年可减少约 40 天的通风系统运转；同时，车站还安装了智能光纤照明系统，面积约 7 000 m^2，一次光能利用率最高可达 80%，全年可节约用电约 40 000 kW · h。

第二节 实现资源减量化再利用

高铁建设和运营过程中，通过优化用地标准、推广以桥代路、实施永临结合、强化循环利用等绿色手段和措施，节约了大量宝贵资源，对全面提升资源运用效率，推动资源再生利用产业化，促进铁路发展与资源环境承载力相适应具有重要意义。

一、优化用地标准

我国铁路围绕高铁建设持续优化用地标准，加强铁路建设用地的科学管理，从源头上提高土地资源利用效率。《客运专线铁路建设用地宽度暂行规定》对高铁最大限度减少土地占用提出明确要求，主要包括：路堤两侧排水沟、护道边缘外宽度由原来不小于3 m改为不小于2 m；桥梁用地宽度由原来距线路中心线两侧各为8 m改为桥下设检查通道侧距铁路中心线为7.2 m，另一侧距铁路中心线为5.8 m。经过实际调研和测算，每建设1 km路基，与原标准相比可以节省土地3亩，铁路项目土地占用面积大幅压缩，土地利用效率显著提升。

高速铁路能够以较少的土地资源消耗满足人们的交通需求。四车道、八车道高速公路的路基面标准宽度分别为26.5 m和41.5 m，双线高铁的路基面标准宽度为13.6 m，是四车道高速公路宽度的一半，八车道高速公路宽度的三分之一。根据相关研究，在同等运输能力条件下，高铁的占地面积是高速公路的十分之一左右。高铁的快速发展对做好土地节约集约利用大文章，建立资源节约型可持续发展的交通运输体系具有重要意义。

二、推广以桥代路

高铁线路的建设大多采取"以桥代路"方式（图7-4），有效减少了线路对沿线城镇的切割，保护生态环境的同时更节约了土地。我国平原地区普速铁路路基每公里占地约5.2公顷，双线高铁一般结构桥梁建设用地指标为每公里占地1.8公顷，采用桥梁比路基节约三分之二的土地占用，"以桥代路"节约用地效果非常显著。

例如，京津城际全线87%的线路采用了高架形式，有效减少了高铁线路对城镇的切割，比采用路基铺设方式节省土地资源300余公顷。郑徐高铁桥梁长度占线路总长的93.5%，比采用路基铺设方式节约用地190余公顷。京沪高铁建设避良田、让沃土，以最大限度节约集约用地为原则，先后两次修改设计，优化桥梁、涵洞设置（图7-5），将全线桥梁长度从最初设计中的400 km增加到最终设计中的1 024 km，超过线路总长的80%，比采用路基铺设方式节约用地600余公顷，比普铁京沪线节约用地70%以上，单位用地运输效率是高速公路的8.88倍、民航的1.63倍。

图 7-4　高铁项目以桥代路

图 7-5　京沪高铁并行设计减少夹心地、利用支挡收坡减少占地

三、实施永临结合

大型临时工程用地一直是铁路建设项目的“用地大户”，也是自然资源部门监管工作重点之一。铁路施工过程中严格控制临时用地，充分考虑永临结合，用正式工程的车站站区、站房、维修基地、货场等永久工程的位置先行修建临时工程，待临时工程使用完后，对地面以上构筑物凿除清理，再按正式工程的设计方案进行施工。另外，按照“因地制宜、综合利用”的思路，临时用地尽可能利用铁路既有用地或荒坡、废弃地；采取桥梁、钢轨、轨枕、混凝土制板多层叠放技术，优化制梁场、存轨基地、存枕基地及混凝土制板场的平面布置，减少土地资源临时占用。

例如，京沪高铁通过优化梁场、板场布局，采取双层存梁、永临结合等措施将大型临时用地控制在 1 500 多公顷，同时对临时用地耕土进行剥离保护，为复垦造地奠定基础。

南广高铁梧州南站建设过程中，合理安排路基站坪、制梁场、铺轨基地三者工期，采取永临结合方式，实施三位一体施工安排：先期开工填筑梧州南站路基、站坪；填筑完成后，在站坪上建设苍梧制梁场；预制梁完成，架梁后期改为铺轨基地，铺轨结束后建设永久性的梧州南站。梧州南站工点充分利用了不同阶段工程项目工期进度的时间差，把三种性质的工程项目合理安排在同一地块，节省了大量土地和工程造价，并减少了临时占地引起的生态环境受损。兰新客专在建设过程中尽可能利用工程永久用地或租用地方既有建设用地，减少临时占地约 30 公顷；与地方建设结合，通过填坑造地、铺路制砂等对弃土弃渣进行综合利用，在节约土地资源的同时实现经济效益提升。

四、强化循环利用

我国铁路多措并举，开展建设项目相关资源循环利用。加强建设项目给排水设计审查，实行既有污水处理回用系统，提高污水处理回用率，减少新鲜水用量。加大对特大型、大型车站及车辆段（所）污、雨水回收及利用的研究及推广应用工作。加快新旧设施更新利用，推广铁路建筑施工材料、废旧材料、建筑垃圾再生材料的循环利用技术，倡导施工营地等临时工程采用装配式建筑。统筹铁路建设项目弃渣，综合用于垫砌填方段路基、回填取土场凹地、充填平整低洼坑地、加高培厚河流堤防等其他相关工程，部分优质弃渣作为混凝土骨料料源，开展路面垫层基层施工。

例如，雄忻高铁首次系统开展了出渣及临时工程源头减量研究和实践，提出了减量方向及方法：减少取土场 2 处、弃渣场 42 处（比例 37.5%）、大临工程 7 处，采取永临结合 10 处，共减少弃渣 619.07 万立方米，节约临时占地 972 亩，节省投资 9 075 万元。贵南高铁河池站循环利用填埋弃土打造形成百亩林地，在福来弃土场填埋平整形成约 9 公顷平地，交由河池市复绿约 9 公顷林地，林地收益归属当地集体经济，在实现绿色发展的同时助力乡村振兴。

第三节 推进铁路绿色转型

我国铁路认真践行“绿水青山就是金山银山”的理念，在高铁规划阶段坚持生态选线,建设和运营过程中充分发挥环保优势,加强绿色技术攻关,提升绿色管理能力。作为生态优先绿色发展的重要载体,高铁对推进铁路绿色转型具有重要意义。

一、贯彻生态选线理念

高铁在规划设计阶段贯彻生态选线理念,尽可能绕避生态敏感区,减少对河流、动植物分布区域的分割和阻断,维持原有的自然变迁过程和生物生活习性,有效减少环境扰动、最大程度保护沿线生态。

例如,西成高铁在规划设计时,为绕避秦岭山区集中、连片、整体性较强的保护区域,选择了涉及生态敏感区少、对秦岭生态环境影响最小的线路走向方案;同时以桥隧相连的方式穿过菜子坪大熊猫走廊带、天华山国家级自然保护区实验区,以特大桥形式跨越朱鹮国家级保护区,针对鸟类保护安装特制的大规模防护网,大幅减少高铁建设对重点保护野生动植物生存环境的破坏以及对秦岭整体生态功能的影响。贵广高铁选线避开了19个自然保护区、风景名胜区、森林公园、水源保护地等,减少路堑开挖造成的水系破坏、水土流失等问题。杭黄高铁在规划设计的过程中累计开展了1 500 km的测量工作,设计方案历经6年评审和修订,最终定线绕避了16处重要生态敏感点,串起7个5A级风景区。

二、充分发挥环保优势

与其他交通方式相比,高铁在降低一氧化碳、一氧化氮、二氧化硫以及粉尘、煤烟等污染物排放方面具有显著的比较优势(表7-1),有利于减少对沿线地区环境的负面影响。

表7-1　不同交通运输方式对环境污染程度一览表(单位:克/人公里)

排放物质	公路	民航	高铁
CO	1.26	0.51	0.003
NO	0.25	0.7	0.1
SO_2	0.03	0.05	0.01

高铁在建设和运营阶段严格落实各项环保要求。采取植物防护、骨架护坡+植物防护、锚杆框架梁+植物防护、浆砌片石防护及挡土墙等措施防止水土流失;建造跨越水域的高铁桥墩时,为避免施工活动污染水体水质,采用泥浆船外运处置钻孔泥浆,确保泥浆“零排放”;施工结束后,进行场地清理和土地复垦,如图7-6所示;采用金属插板式声屏障降噪技术,阻隔和吸收高速动车组运行产生的刺耳噪声;在列车上采用真空密闭式集

便器等，避免污染环境。

图 7-6　京沪高铁建成后沿线制梁场土地复垦

例如，成都东站选用射流曝气活性污泥法对该站废水处理设施进行改造扩能，以消除悬浮在水中的活性污泥为目标，通过培养特殊微生物融入污水发生反应，完成水源净化，设计处理能力为 80 立方米/天。京广高铁应用隔音地板、高隔声车窗、高隔声内风挡、浮筑地板结构等多种新技术，使气动噪声降低 7%。雅万高铁在施工过程中聚焦沿线生态保护、城乡建设及居民生活环境改善，通过创新开挖工法，减小施工噪声，及时处理灰尘与工业垃圾，实现了现代科技与人文自然的协调发展。

三、加强绿色技术攻关

我国铁路不断推进先进绿色适用技术迭代和应用。围绕 CR450 科技创新工程关键核心技术，开展车辆动力学、车体轻量化、噪声控制等关键技术研究，打造更环保、更节能的新一代高速动车组技术平台。深化高铁牵引供电新技术研究应用，围绕高铁智能建造、智能装备、智能运营，开展面向全生命周期的协同化设计、数字化制造、智能化施工、装配式建造技术研究，降低电能消耗和损耗。作为 2022 年北京冬奥会重要配套工程，京张高铁首次采用 CR400BF 型复兴号智能动车组（图 7-7），该动车组采用正向设计模式，大量使用可回收材料，并首次将灰水再利用技术、空气净化技术等应用于高铁列车，产品全生命周期内碳排放量较上一代中国标准动车组减少 2 万 t，成为中国高铁列车谱系中碳排放最低、安全应急能力最强、绿色运维水平最高的动车组产品。

图 7-7　CR400BF 型复兴号智能动车组

我国铁路积极探索绿色基础研究和前沿技术，有序推进太阳能、风能、动力电池、氢能源、生物质能等新能源技术应用研究，不断深化石墨烯、碳纤维、碳化硅、纤维增强复合材料、智能自适应材料、高性能钢及混凝土材料等新材料研究应用，新一代信息技术量子科技、区块链等前沿技术与铁路绿色低碳技术正在加速融合。

四、提升绿色管理能力

为持续提升铁路节能环保基础能力，我国铁路加强高铁、普铁节能环保指标计划制定和考核，形成减污降碳的激励约束机制，加强指标的过程监督，深入开展重点用能单位和重点排污单位考核。加强铁路能耗计量监测能力建设，着力完善站区、段所能源（水）计量器具的配备，建立计量器具台账，强化日常维护，加快淘汰技术落后的能源计量器具，推进水电计量器具智能化改造。计划统计系统节能环保模块功能持续完善，节能环保相关信息系统数据对接和信息共享不断强化，信息化、智能化数据统计分析能力显著提升。

我国铁路建立完善碳排放标准规范体系，结合高铁和普铁各自特点，根据国家温室气体排放统计核算相关要求，持续加强建设、运营期统计核算边界和方法研究，国家铁路碳排放核算核查、碳减排技术、碳基准等标准逐步完善，碳排放统计日益规范，有力支撑碳减排、碳管理等工作。

第八章 打造中国高铁亮丽名片

高速铁路作为大国重器，以最直观的方式向世界展示了“中国速度”，成功打造了中国铁路国际品牌，成为中国递向世界的一张亮丽名片。尤其是共建“一带一路”提出以来，我国铁路围绕服务更高水平对外开放，扎实做好境外铁路项目建设和运营工作，持续提升中欧班列开行质量，加强铁路国际交流合作，提升中国铁路的全球影响力，为推动世界高铁发展、共建“一带一路”行稳致远发挥积极作用。

第一节 塑造中国高铁良好国际形象

中国高铁技术创新水平和建设运营成果领跑世界，彰显了过硬实力，开拓了“高铁外交”的崭新天地。高速铁路成为中国对外展示大国气象的“新名片”，根据当代中国与世界研究院发布的《中国国家形象全球调查报告 2016—2017》，我国在海外认知度最高的科技成就中，高铁以 30% ~40% 的认可度高居第一。

一、彰显中国高铁显著优势

与世界其他主要国家高速铁路相比，我国高铁在设备规模、运营效率、运输能力、技术体系等方面优势显著，为塑造中国高铁良好国际形象奠定了坚实基础。

（一）设施设备规模大

高速铁路营业里程方面，根据国际铁路联盟（UIC）统计数据，截至 2022 年底，西班牙高速铁路营业里程为 3 917 km，日本 3 146 km，法国 2 735 km，德国 1 631 km，意大利 921 km。我国高铁营业里程已达 4.2 万 km，占世界高铁里程的 70% 左右，位居世界第一。各国高速铁路营业里程如图 8-1 所示。

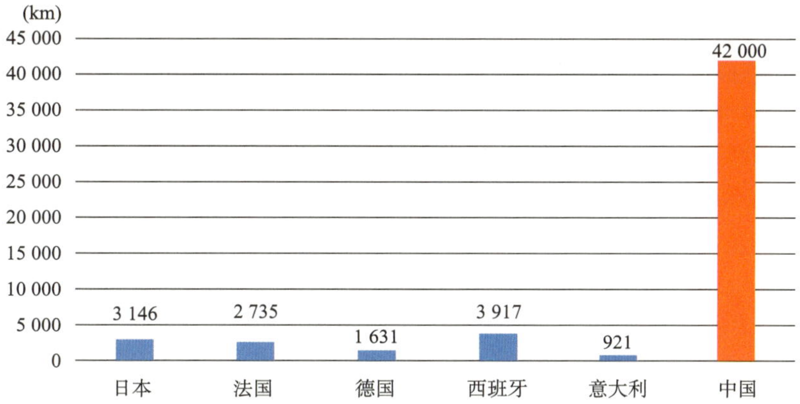

图 8-1 各国高速铁路营业里程

高速动车组保有量方面，根据国际铁路联盟（UIC）2023 年 2 月公布的统计数据显示，动车保有量日本为 399 组，法国为 412 组，德国为 372 组，西班牙为 263 组，意大利为 254 组。截至 2022 年底，我国高铁动车组（不含时速 160 km 动力集中动车组）保有量已达到 3 950 组，约占世界高铁运营动车组的 70%，稳居世界首位，我国已成为全球高速动车组保有量最大的国家。各国高速铁路动车组保有量如图 8-2 所示。

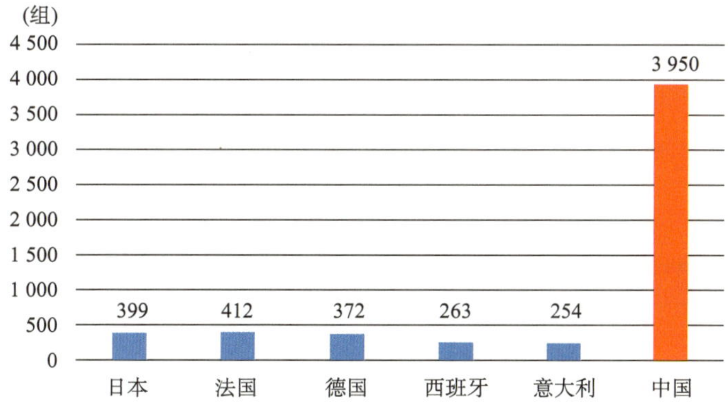

图 8-2 各国高速铁路动车组保有量

（二）运营速度高

我国是世界上唯一实现高铁时速 350 km 商业运营的国家，较日本、法国、德国、西班牙和意大利等国家高铁时速高 30 ~ 50 km，树立了世界高铁商业化运营标杆。各国高速铁路最高运营速度如图 8-3 所示。

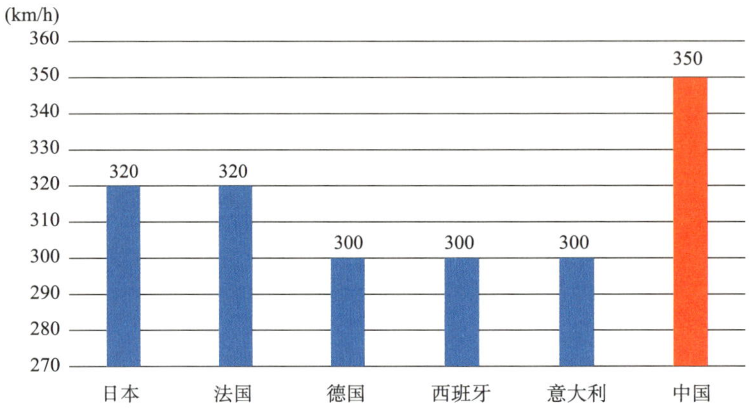

图 8-3　各国高速铁路最高运营速度

（三）运输能力强

高速铁路客运量方面，根据国际铁路联盟（UIC）统计数据分析，2019 年日本、法国、德国、西班牙和意大利的高速铁路客运量分别约为 3.55 亿人、1.26 亿人、0.99 亿人、0.41 亿人和 0.60 亿人，而我国高速铁路客运量约达到 23.58 亿人，约为日本的 6 倍，位居世界第一。各国高速铁路客运量如图 8-4 所示。

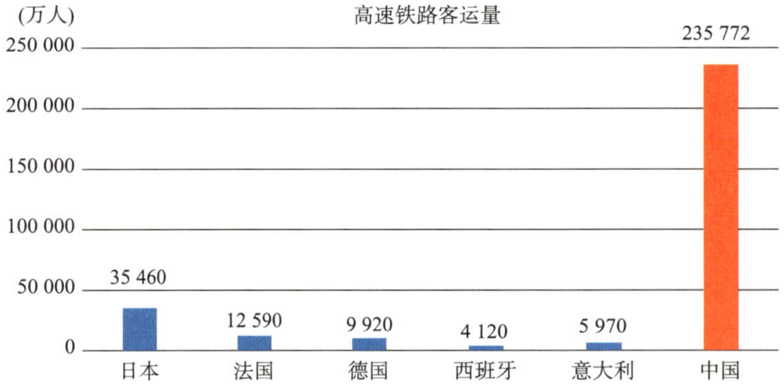

图 8-4　各国高速铁路客运量

高速铁路周转量方面，2019 年日本、法国、德国、西班牙和意大利的旅客周转量分别为 993 亿人公里、567 亿人公里、332 亿人公里、161 亿人公里和 211 亿人公里，而我国高速铁路旅客周转量达到了 7 746.7 亿人公里，同其他国家相比，大幅领先。各国高速铁路旅客周转量如图 8-5 所示。

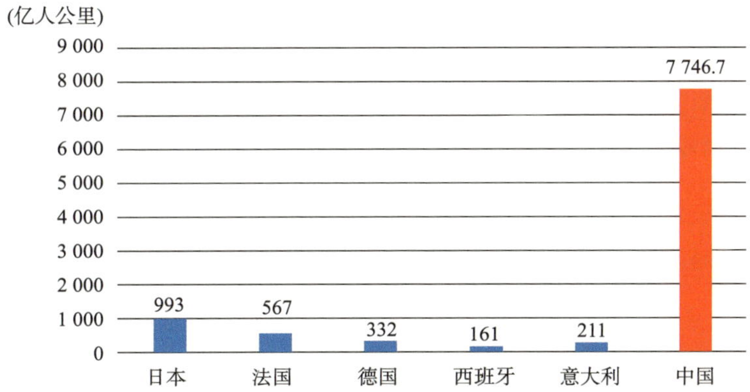

图 8-5　各国高速铁路旅客周转量

（四）技术体系先进完备

我国已形成了涵盖高铁工程建设、装备制造、运营管理三大领域的成套高铁技术体系。工程建设领域，我国高速铁路适应高原、高寒、风沙、湿热等极端气候和地质条件，在高铁路基、轨道、长大桥梁、长大隧道、大型客站和系统集成等方面攻克了大量世界性技术难题，系统掌握了不同气候环境、不同地质条件下建造高铁的成套技术。装备制造领域，形成了涵盖时速 160～350 km 不同速度等级的复兴号系列产品，在京沪、京津、京张、成渝高铁和京广高铁京武段等线路实现时速 350 km 运营，并在京张高铁率先实现时速 350 km 自动驾驶，强化了我国高铁技术世界领跑地位。运营管理领域，全面掌握复杂路网条件下高铁运营管理成套技术，解决了不同动车组编组、不同速度、长距离和跨线运行等运输组织难题，实现了繁忙高铁干线列车高密度、城际铁路列车公交化开行，并构建形成人防、物防、技防“三位一体”的安全保障体系，保证了高铁安全高效运营。

在此基础上，部署实施“CR450 科技创新工程”，测试中两列复兴号实验列车成功实现明线上单列时速 453 km、相对交会时速达 891 km，创造了高铁动车组列车明线交会速度世界纪录。此外，动车组车轮、车轴、轴承等关键零部件自主化研制取得重要阶段性成果，自主化 CTCS-3 级列控系统、简统化接触网等高铁核心技术补短板取得重要突破。

二、开拓“高铁外交”崭新天地

借助高铁技术自主创新成就，中国高铁已成为向世界展示负责任的发展中大国形象的崭新名片，有力助推中国“高铁外交”风靡世界、成为高质量共建“一带一路”倡议的重要环节。

（一）党和国家领导人大力推介中国高铁

党的十八大以来，党和国家领导人先后在重要国事访问、接待外国政府首脑等外交活动期间广泛宣传中国高铁，向外方充分展示中国高铁技术成就，多次邀请外国政要体验中国高铁，感受中国速度，获得了国际社会广泛关注，也成为海内外媒体热议的话题，充分体现了中国高铁外交顶层引导的特征。

京津城际铁路建成以来，先后接待了 65 个国家 300 余名政要，各类国际组织 200 余批次、5 000 多人次来访，进行考察体验。2014 年 12 月 23 日，泰国总理巴育访华期间参观了全国铁路调度指挥中心，并体验了京津城际列车。2018 年 6 月，习近平主席与俄罗斯总统普京一同乘坐京津城际铁路，并向普京总统介绍中国高铁的规划、建设、运营等情况，充分展示了中国高铁的先进技术成果。

2017 年 6 月 8 日，习近平主席访问哈萨克斯坦，在参观阿斯塔纳专项世博会中国国家馆时，邀请纳扎尔巴耶夫总统“开高铁”，试驾了展厅内的中国高铁体验舱。2015 年 11 月，国家领导人邀请中东欧 16 国领导人共同乘坐从苏州开往上海的高铁列车，展开了一场别开生面的高铁外交，让各国对我国高铁有了更全面的了解和认识。

（二）中国高铁获得了国际社会广泛赞誉

许多外国领导人在乘坐或考察中国高铁后赞不绝口，中国高铁获得了国际社会的广泛赞誉。时任法国总统奥朗德在访问中国期间表示，中国高铁已经达到了世界领先的水平，是一项令人印象深刻的技术成就，它的速度、准时性和安全性都令人惊叹。时任英国首相卡梅伦在访华期间称赞中国高铁技术，表示英国应该学习中国在高铁领域的经验，并将其运用到英国的交通基础设施建设中。时任德国总理默克尔对中国高铁技术表示赞赏，并表示希望德国能够在高铁技术领域与中国展开合作。时任西班牙首相拉霍伊在参观中国高铁项目后表示，中国高铁是“未来铁路技术的模范”，并表达了对中国高铁技术的赞赏。时任芬兰总统绍利 · 尼尼斯托访华期间对中国高铁的快速发展给予了高度评价，称中国在高铁技术上取得了巨大的进步。时任新加坡总理李显龙在参观中国高铁时表示，中国高铁系统高效、现代化，并称中国高铁为一个杰出的技术成就。

（三）促进国际工程合作

在党和国家领导人大力推介下，中国和相关国家陆续达成了多项重要的高铁合作意向，为促进国际高铁工程项目落地实施起到了关键作用。

2009 年 10 月，在中俄领导人会晤期间，两国签署了“关于在俄罗斯联邦境内组织和发展快速及高速铁路运输谅解备忘录”，就高铁项目合作达成了共识。

2013 年 11 月，中国、匈牙利与塞尔维亚三国总理共同宣布，合作建设连接贝尔格莱德和布达佩斯的匈塞铁路，并成立联合工作组落实推进工作；2014 年 12 月 17 日，在塞尔维亚贝尔格莱德举行的第三次中国—中东欧国家领导人会晤期间，中、匈、塞三国签署了“关于匈塞铁路项目合作谅解备忘录”，标志匈塞铁路项目正式启动。

2015 年 4 月 22 日，习近平主席在雅加达会见印度尼西亚总统佐科，双方见证了“中印尼雅加达—万隆高铁合作谅解备忘录”合作文件的签署，雅万高铁是第一条全面采用中国技术、中国装备、中国标准，并由中国主持建造的高速铁路，是中国高铁成功“走出去”的重要一步。

2015 年 4 月，中英两国成立了铁路联合工作组。在第一次联合工作组会议上，中英两国针对英国高铁 HS2 项目的总体计划、相关政策、高铁设计、建设和运营能力等问题进行了交流，并以联合工作组为平台，鼓励两国企业和金融机构深化参与 HS2 项目合作。

此外，中国还与泰国、印度尼西亚等国签署了一系列高铁合作协议；与蒙古国签署了高铁合作协议，计划建设连接两国的高速铁路。

随着部分合作项目的顺利推进，中国高铁逐步成为走向世界的名片，中国高铁外交迈出坚实步伐，为共建“一带一路”和国际产能合作提供强大动力与保障。

第二节
推动国际交流合作深入开展

自共建“一带一路”提出以来，中国铁路“走出去”步伐不断加快，一批标志性高速铁路和旗舰项目顺利推进，推动中国方案走出国门、走向世界，国际铁路联运通道网络逐步形成，中欧班列安全稳定畅通运行，开创了亚欧国际运输合作新局面，搭建了沿线经贸合作新平台，有力保障了国际产业链供应链稳定，为国际交流合作注入新动力。

一、铁路国际工程合作建设卓有成效

在党中央、国务院的大力支持推动下，围绕服务共建“一带一路”，我国铁路积极谋

划、主动作为,雅万高铁、中老铁路、匈塞铁路、拉合尔轨道交通橙线国际工程合作项目取得重要进展。我国铁路建设者们铺筑发展振兴路,将和平、发展、合作、共赢的理念播撒到世界各地。

(一)雅万高铁:首次全系统、全要素、全产业链“走出去”

长期以来,印尼既有铁路技术标准低,设备落后。雅万高铁修建以前,印尼雅加达至万隆间只有一条修建于100多年前的老旧既有铁路,时速仅50多公里,旅行时间长、舒适度差。建设一条从雅加达到万隆的高铁是印尼迈向现代化的必由之路。2013年10月,习近平主席对印尼进行国事访问期间提出建设“21世纪海上丝绸之路”,雅万高铁是中国共建“一带一路”和印尼“全球海洋支点”构想对接、中印尼两国务实合作的旗舰项目。

雅万高铁连接印尼首都雅加达和旅游名城万隆,线路全长142.3 km,设计时速350 km,全线共设置哈利姆、卡拉旺、帕达拉朗、德卡鲁尔4座车站,是印尼和东南亚第一条高速铁路,雅万高铁线路示意图如图8-6所示。在中印尼两国元首的亲自决策和推动下,雅万高铁于2018年6月全面开工建设,经过中印尼铁路建设者的共同努力,2023年6月22日,雅万高铁联调联试综合检测列车运行时速首次达到350 km,标志着雅万高铁已达到设计速度标准,实现了联调联试阶段性任务目标;2023年10月17日,雅万高铁正式开通运营,标志着印尼迈入高铁时代,中印尼共建“一带一路”取得重大标志性成果。

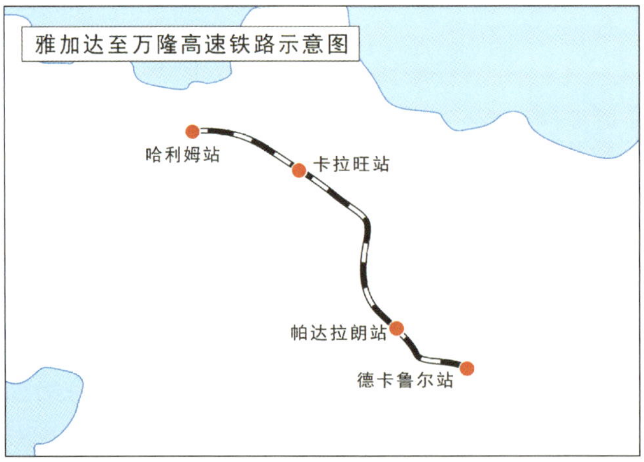

图8-6 雅万高铁线路示意图

雅万高铁的建设有效缩短了当地旅客出行时间,便利了当地民众出行。雅万高铁开通运营后,雅加达到万隆的旅行时间由3个多小时缩短至46 min,运行时间节约了近四分之三,极大缓解了雅加达到万隆城际间的道路交通拥堵状况,方便了当地民众出行,创造了“同城效应”。此外，雅万高铁引入互联网售票、车厢无线网络覆盖、刷脸进站、自助售取检票等先进运输服务技术，为印尼民众提供了现代化的出行体验。

雅万高铁的建设促进了印尼经济社会发展。雅万高铁有助于加速释放“千岛之国”的经济发展潜力，提高棕榈油、橡胶、咖啡等热带农作物产品的流通速度，成为有效拉动内需，提振国内消费市场和缩减贫富差距的重要引擎。同时，雅万高铁建设过程中，中方企业大量采购和使用印尼本地生产的水泥等原材料，大量招聘印尼员工参与建设，为当地累计创造就业 5.1 万人，培训印尼员工 4.5 万人。此外，通过高铁技术转移，雅万高铁实现了设备本地化生产和人员本地化培训，这对增强印尼装备制造能力，提升工业化水平，实现可持续发展起到了重要促进作用。

雅万高铁是中国高铁全系统、全要素、全产业链走出去的“第一单”，采用了完整的中国技术、中国方案、中国标准和中国装备。在雅万高铁建设过程中，中国铁路建设者们注重将前沿技术“本土化”，工程技术人员结合印尼当地实际，在精密测量控制系统、CTCS-3 级列控系统、防灾安全监控系统及其他智能化、信息化技术的“本土化”运用中，攻克了多项技术难关，取得了众多创新成果，既保障了列车的高效安全运行，也进一步提高了中国技术的国际化水平。雅万高铁是国际上首个由两国政府主导搭台、企业对企业进行合作建设和管理的高铁项目，是铁路国际投资模式的一大创新。雅万高铁作为中印尼共建“一带一路”合作的“金字招牌”，向世界证明了中国高铁技术的先进性和广泛适用性，提升了中国高铁的国际影响力和认可度，对改善地缘政治格局也起到了积极作用。

（二）中老铁路：首条以中方为主投资建设、与中国铁路网直接联通

中国与老挝友谊源远流长，双方拥有高水平的政治互信、良好的经贸合作与人文交流基础。老挝是东南亚唯一的内陆国，交通条件差、人员流动困难。因此，老挝于 2016 年提出通过建设一条现代化铁路变“陆锁国”为“陆联国”的战略，此间正值中国推出共建“一带一路”倡议、积极推动互联互通的阶段，两国发展目标高度契合。中老铁路是泛亚铁路中通道的重要组成部分，是第一条以中方为主投资建设、全线采用中国技术标准并与中国铁路网直接联通的国际铁路。

中老铁路是连接中国云南省昆明市和老挝万象市的电气化客货混运铁路，线路全长 1 035 km，中国段线路占比超过 50%，采用标准轨距，旅客运输设计速度 160 km/h，货物运输设计速度 120 km/h。中老铁路由昆玉段（昆明—玉溪）、玉磨段（玉溪—磨憨）、磨万段（磨丁—万象南）3 段组成，磨憨、磨丁站分别是中方、老方国境口岸站，采用一体化设计和跨境互联关键技术，设国内和国际列车到发线。项目于 2016 年开工建设，2021 年

12 月 3 日开通运营，中共中央总书记、国家主席习近平同老挝人民革命党中央总书记、国家主席通伦通过视频连线共同出席中老铁路通车仪式，并下达列车首发令。线路开通后，从老挝首都万象到中老边境的车程由 2 天缩短至 3 h。中老铁路线路示意图如图 8-7 所示。

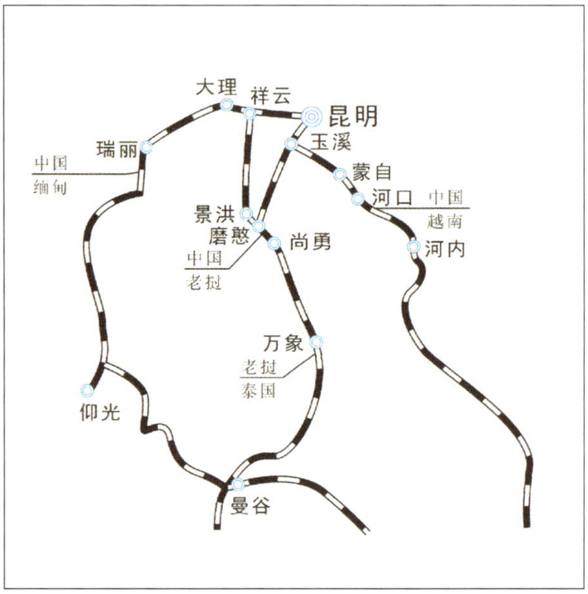

图 8-7 中老铁路线路示意图

中老铁路的开通运营使老挝成为东南亚首个拥有动车组列车的国家，对老挝经济社会发展产生了巨大作用。

畅通客货运输。客运方面，中老铁路于 2023 年 4 月 13 日首开国际旅客列车，使用“复兴号”“澜沧号”动车组开行，最高运行时速 160 km，采取朝发夕至运行模式，每日双向对开各 1 列，全程包括铁路口岸通关时间在内的全程旅行时间均为 10 h 30 min，昆明至万象间可实现当日通达；货运方面，中老铁路积极开行跨境货物列车，创新“中老铁路 + 中欧班列”“中老铁路 + 西部陆海新通道班列”国际运输模式，开行定点、定时、定线、定车次的中老“澜湄快线”国际货物列车，跨境货物运量和品类不断增加。2023 年，中老铁路国内段发送旅客 1 557 万人次，同比增长 106. 4%；国外段发送旅客 259 万人次，同比增长 85. 3%；2023 年，中老铁路完成货运量 1 776 万 t，同比增长 66. 5%；完成跨境货运量 411 万 t，同比增长 88. 4%。中老铁路开通运营以来，客货运量呈现量质齐升态势，国际物流黄金大通道作用日益显现。

带动沿线地区经济发展。中老铁路开通运营后，促进沿线地区旅游经济快速发展，从老挝万象到北部重要旅游城市琅勃拉邦，85% 的游客选择乘坐火车出行，游客普遍热衷于铁路出行；中老铁路开通运营一年以来，推动各类产业扩能升级，老挝铁矿石、木薯粉、橡胶等产量分别新增 180 万 t、200 万 t、100 万 t；促进对外经贸往来，中老铁路跨境货物覆盖泰国、缅甸等共建“一带一路”国家，货物品类由开通初期的化肥、百货等 10 多种扩展至电子、光伏、冷链水果等 1 200 多种，经贸往来不断深化。中老铁路货场如图 8-8 所示。世界银行研究预计到 2030 年，中老铁路走廊途经老挝的过境贸易将会达到 390 万 t/年，其中近 40% 的贸易额将由海运转移到铁路，老挝的旅游业也将获益匪浅，预计每年会有 400 万老挝人和来自周边国家的 1 000 万游客使用中老铁路，给老挝人民带来更多经济机遇。

图 8-8　中老铁路货场

推进区域互联互通。老挝是内陆国，没有海域、出海口，中老铁路的开通深刻改变了老挝交通运输格局，使老挝由“陆锁国”变为“陆联国”，成为中南半岛联通各个国家的枢纽，打开了一条辐射缅甸、泰国、马来西亚等国的发展合作道路，对中国—东盟自由贸易区、大湄公河次区域经济合作产生积极影响，有力强化东盟国家间互联互通。中老铁路在中国和东盟间构建起一条便捷高效的物流通道，东盟国家和地区的农产品、橡胶、钾肥、铁矿石等货物通过中老铁路运往中国，中国的通信设备、日用百货、鲜花蔬菜、饲料等货物也经中老铁路运抵老挝万象，再转运至泰国、柬埔寨等东盟国家和地区。

中老铁路作为中老两国互利合作的旗舰项目和高质量共建“一带一路”的标志性工程，其规划、设计、施工、运营以及设备制造，全部采用中国技术标准体系，是中国铁路“走出去”的成功典范。中国和老挝以中老铁路为依托，实现互联互通，促进两国在经济、政治、文化等多个领域更为紧密地互动交流，对加快建设中老经济走廊、构建中老命运共同体，具有十分重要的意义。中老铁路是推行中国标准、打开区域市场、推动中国高铁“走出去”及共建“一带一路”与欧洲、中亚、中南半岛发展战略对接的纽带，是泛亚铁路网通道的重要组成部分，对进一步促进区域内经贸合作具有重要意义。

（三）匈塞铁路：首次实现与欧盟铁路互联互通技术规范的全方位对接

塞尔维亚素有“欧洲十字路口”之称，是连接欧亚非的陆路必经之国。从匈牙利首都布达佩斯至塞尔维亚首都贝尔格莱德的铁路（匈塞铁路）最早建于1882年，为单线铁路，尽管设计时速为100 km，但因为设备老化等原因，运营时速仅为40 km，全长341.7 km的路程运输时间需要8 h。为改善中东欧国家的交通基础设施条件，促进中国与中东欧国家的交流合作，中国、塞尔维亚和匈牙利三国总理于2013年11月宣布合作对匈牙利首都布达佩斯至塞尔维亚首都贝尔格莱德之间的铁路进行改造升级。

改造升级后的匈塞铁路为双线电气化客货共线高速铁路。塞尔维亚境内183.1 km，设计速度200 km/h，分为贝尔格莱德至旧帕佐瓦段、旧帕佐瓦至诺维萨德段、诺维萨德至苏博蒂察边境段3段，其中贝尔格莱德至旧帕佐瓦段为既有双线铁路改造项目，旧帕佐瓦至诺维萨德、诺维萨德至苏博蒂察边境2个区段为既有单线铁路改造和新增二线项目。匈牙利境内158.6 km，设计速度160 km/h，为既有单线铁路改造和新增二线项目。建成通车后，匈塞两国首都之间的旅行时间将由8 h缩短至3 h。目前，匈塞铁路塞尔维亚段，贝尔格莱德至诺维萨德段（贝诺段）已于2022年3月19日开通运营，诺维萨德—苏博蒂察边境段已于2022年7月1日开工建设。匈塞铁路匈牙利段已于2020年7月开工建设。匈塞铁路线路示意图如图8-9所示。

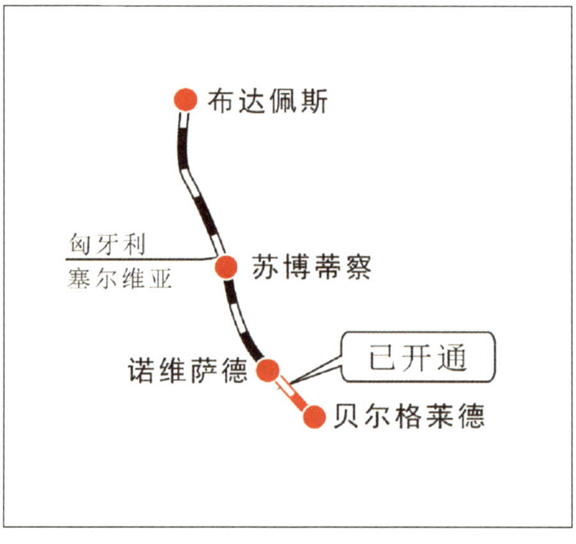

图8-9　匈塞铁路线路示意图

匈塞铁路贝诺段开通运营后，大幅提升了贝尔格莱德和诺维萨德之间的交通运输效率，贝诺段列车最高运行时速由原来的 40～50 km 提升至 200 km，列车运行时间由原来的 90 min 以上压缩至 30 min 左右，大幅缩短了沿线城市间的旅行时间，“同城效应”日益显现，有力促进了沿线经济社会快速发展。截至 2023 年底，开通运营一年半以来，贝诺段累计开行客运列车约 35 262 列、货运列车约 4 072 列，运送旅客超过 590 万人，客货运输取得显著成效。

匈塞铁路是中国与中东欧国家合作的旗舰项目，首次成功实现了中国铁路技术装备与欧盟铁路互联互通技术规范的全方位对接，采用的接触网、牵引变电、通信信号、列控系统等主要产品及设备均来自中国，经认证后均满足欧盟铁路互联互通技术规范（TSI）及塞尔维亚当地规范要求。匈塞铁路改造升级显著增强了匈塞两国的互联互通水平，扩大了经贸合作交流，也对深化中欧互利合作、促进共建“一带一路”倡议与欧洲发展战略对接产生了深远影响。匈塞铁路不仅是中国高铁进入欧洲市场的“敲门砖”，也是中国高铁技术装备“走出去”的里程碑，显著提升了中国高铁的影响力。

（四）拉合尔轨道交通橙线：首个中巴经济走廊基础设施合作项目

巴基斯坦铁路起步较早，但由于体制、资金和管理等原因，铁路建设发展停滞，铁路技术发展落后，设备陈旧、通行速度低、利用率不高，且没有城市轨道交通建设和运营管理的经验。2015 年 4 月，习近平主席访问巴基斯坦，两国领导人确立了“全天候、全方位的战略合作伙伴”关系，开启了中巴经济走廊全面建设战略，中巴经济走廊首个合作的基础设施项目就是拉合尔轨道交通橙线项目。

拉合尔轨道交通橙线位于巴基斯坦旁遮普省的首府拉合尔市，连接阿里镇和德拉古杰兰，设计最高运行速度为 80 km/h，线路全长 25. 58 km，全线设置车站 26 座，其中地下车站6 座，高架车站 20 座。拉合尔轨道交通橙线项目由国铁集团和中国北方工业有限公司联合承建，北方工业由北方国际合作股份有限公司牵头与广州地铁集团、巴基斯坦 DW 公司组建的联营体负责运营。2015 年 9 月项目开工后，中方积极应对疫情、公共安全等外部风险，在巴方土建工程一再延期的情况下，密切与巴方业主、运维团队沟通协作，扎实推进机电工程施工、信号系统调试、车辆运行试验等，2020 年 10 月 25 日拉合尔轨道交通橙线开通运营，自此巴基斯坦进入地铁时代。拉合尔轨道交通橙线线路示意图如图 8-10 所示。

作为中巴经济走廊交通领域早期收获项目，拉合尔轨道交通橙线采用中国标准、中国技术和中国装备，首次实现我国城市轨道交通从设计、制造、建设到运营维护的全产业链完整输出，具有极强的示范意义。项目带动了中车集团、中铁工、中国铁建等 300 多家中国企业“走出去”，涉及机械、电子、电力、建材和铁路工业等行业，为中国创造直接经济效益超过60亿元人民币。此外，项目进一步坚定了两国高质量推进中巴经济走廊建设的决心，进一步推动中巴经济走廊行稳致远，成为中巴友谊的新见证。

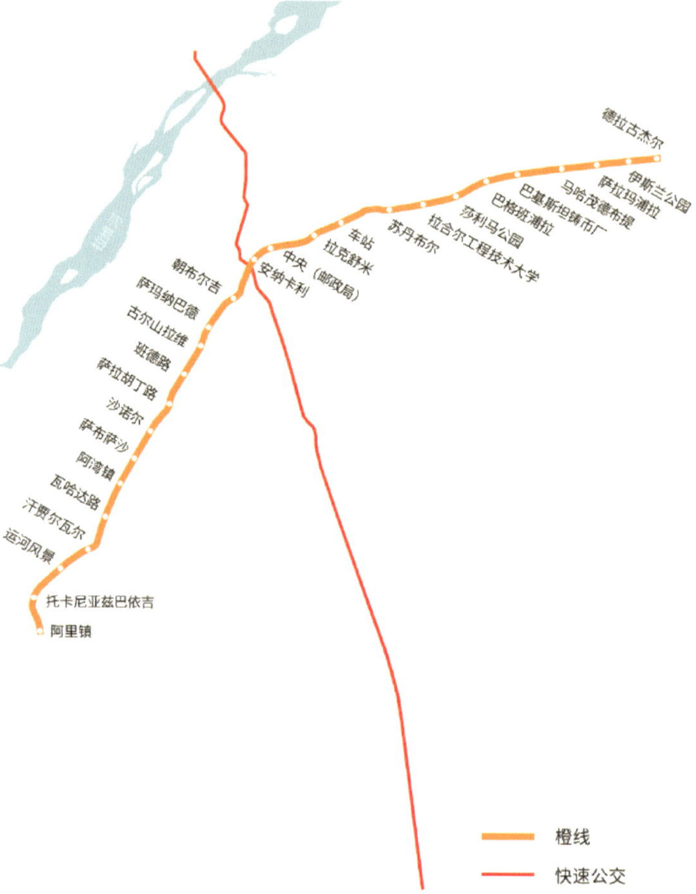

图8-10　拉合尔轨道交通橙线线路示意图

开通运营3年间，拉合尔轨道交通橙线累计运送客流达到1亿人，列车运行图的兑现率和准点率均在99.99%以上，总体运营水平达到了国际运营先进标准。项目的建成和开通运营在便利了当地群众交通出行的同时，也对拉动沿线辐射区域多产业协同发展产生了积极影响，具有重大的经济和社会意义。

拉合尔轨道交通橙线是巴基斯坦的第一条地铁，打通了贯穿城市交通经济的大动脉。项目开通后当地民众享受到了先进、高效、安全、便捷的交通服务，原本驾车需要耗费2.5 h的路程被缩短至45 min左右，极大提升了社会通勤效率。据当地政府部门测算，在节省乘客出行时间方面，拉合尔轨道交通橙线每年可创造直接收益价值约92.9亿卢比（约折合0.89亿美元），节约驾车运行成本约56.2亿卢比（约折合0.54亿美元）。同时，拉合尔轨道交通橙线采用全电能驱动，实现零污染、零排放、年均减少燃油尾气排放约3万t。此外，线路的贯通极大纾解了城区交通主干道路交通拥堵的情况，有力推动了城市绿色可持续发展。

拉合尔轨道交通橙线在建设和运营的全过程中，充分发挥大型基础设施建设项目优势，从带动就业、采购本地化建材和服务、推动物流行业发展等多维度提振了当地经济发展。项目在建设过程中，为当地提供了7 000余个就业机会；在运营过程中，新增了1 300个稳定的工作岗位，带动当地形成2 000多个票务、安保、保洁等服务岗位，极大地拓展了当地管理类、技术类人才的就业空间，为解决当地就业难题作出了贡献。

二、中欧班列成为“一带一路”上的钢铁驼队

随着共建“一带一路”倡议深入实施，我国和“一带一路”合作伙伴经贸往来愈加频繁密切，国际铁路联运获得了前所未有的发展契机，“一带一路”国际铁路联运通道网络逐步形成，中欧班列快速发展。特别是随着兰新、徐兰、京广、京沪、京哈等高速铁路的建成投产，我国境内主要中欧班列通道基本实现四线格局，客货运输能力质量大幅提升，为中欧班列的稳定高质量开行提供有力保障。

（一）成为名副其实的国际公共产品

中欧班列作为贯通于亚欧大陆间的集装箱国际铁路联运班列，已基本实现固定车次、固定线路、固定发车时刻，成为亚欧间便利快捷、安全稳定、绿色经济的新型国际运输组织方式。它的开行不仅给沿线国家送去了“中国制造”“中国机会”，也捎回了“欧洲产品”“欧洲希望”，中外各方对开行中欧班列的需求不断增长。

开行规模和范围持续扩大。中欧班列的开行数量从2011年的80列快速发展到2023年的1.7万列，年均增长率达到80.9%，目前仍保持高位运行态势，月开行千列成为常态。截至2023年6月底，中欧班列累计开行7.4万列，运输近700万标箱，合计货值超3 000亿美元，联通中国境内108个城市，通达欧洲25个国家208个城市。凭借在时效、价格、运能、安全性等方面的比较优势，中欧班列作为“一带一路”国际物流中陆路通道运输的骨干方式，已成为具有强大辐射力、带动力和影响力的国际公共物流品牌。

货物品类不断拓展。随着中欧班列跨境电商专列、邮政专列以及“班列 + 贸易”“班列 + 超市”等新型服务业态的快速发展，中欧班列运送货物品类进一步拓展升级。中国运往欧洲的货物品类从最初的手机、电脑等IT产品，拓展到包括汽车整车、机械设备、家具建材、服装鞋帽、电子产品等53大门类、5万多种商品。同时，欧洲运往中国的货物品类从早期的木材、汽车及零配件等逐步拓展到机电产品、食品、医疗器械、机械设备、酒类等，实现了多样化发展。

质量效益不断提升。不断加强境内外货源组织,中欧班列重箱率实现稳步增长,综合重箱率由2016年的77.2%提升至2021年的98.1%;通过加强回程货源开发,班列往返开行数量更加均衡,回程班列与去程班列的比例由2013年的0提升至2022年的86.5%;通过组织集并运输,推动协调解决宽轨段运输组织等问题,班列运输效率大幅提高,全程运行时间从24天压缩至最短12天。

(二)助力共建国家经济发展

中欧班列的开行,优化了区域开放格局,扩大了共建国家经贸往来,深化了国际产能合作,加速了要素资源跨国流通,促进了共建国家民生改善,中欧班列既有助于外贸降本增效,也带动了共建国家和地区经济发展,成为促进地区间优势互补、互利共赢的桥梁纽带,为共建国家和人民带来了实实在在的"获得感"。

推动了共建国家和地区更好融入开放型世界经济。例如,世界上最大的内陆国哈萨克斯坦借助中欧班列开辟了出海口,将小麦等优势产品经中国发往东南亚市场。成都依托中欧班列成为以整车及零部件、快速消费品、农产品、矿产木材等资源和五金机电为主的进出口商品交易中心,入驻企业从早期的6家发展到超过5万家,2021年进出港货值达到2 000亿元。

密切了共建国家经贸往来。通过中欧班列,中国的消费类电子产品、家电、日用小商品等多种产品,以更快速度、更优价格到达欧洲,同时中欧班列为欧洲生产商和贸易商扩大对华出口开辟了新的运输途径,特别是为众多中小企业和"隐形冠军"的产品进入中国市场提供了经济快捷的运输方式,为俄罗斯、德国、荷兰等国家的木材、粮食、畜牧业产品、水果等特色产品创造了更加广阔的市场空间。

深化了国际产能合作。中欧班列的常态化开行,加速了要素资源跨国流通,提升了跨国企业全球资源配置能力,在优化产业链供应链布局中发挥了重要作用,例如,TCL集团利用中欧班列将零配件运至波兰,在当地组装后再配送至欧洲各地区,实现了境内外生产协同联动,提升了产品国际竞争力;沃尔沃、东风神龙等国内一些汽车制造企业依托中欧班列优化供应链组织模式,更好融入全球产业分工。

改善了共建国家民生环境。中欧班列快速发展,促进了共建国家基础设施条件改善,带动了产业、贸易、投资等领域的繁荣,为共建国家提供了成千上万的就业机会,例如,适应中欧班列的发展需要,波兰罗兹、德国杜伊斯堡、西班牙马德里等节点城市正在积极对当地基础设施进行现代化改造,带动了关联产业快速发展。同时中欧班列为共建国家提供了更加便捷的贸易条件,让沿线人民更加便捷地共享来自世界各地的优质商品,西班牙红酒、荷兰奶酪、波兰水果等越来越多的欧洲产品走进了中国百姓的日常生活，服饰、小商品、医疗物资等一系列“中国制造”也越来越受到欧洲消费者的欢迎。

（三）促进共建国家交流合作

中欧班列的开行，深化了共建国家及其节点城市之间的务实合作和人文交流，越来越多的中欧班列境外节点城市与中国主要开行城市之间建立了国际友城关系，为中欧之间文化传播和交融创造了更多机遇。主要表现在：国际友好城市关系加快发展。以中欧班列开行为纽带，中外交流合作越发紧密，越来越多的中欧班列境外节点城市与中国主要开行城市建立了国际友好城市关系。沿线国家文化交流持续深化。中欧班列为中欧间文化传播和交融带来了更多机遇，法国、荷兰的文艺演出道具与文化展品搭乘中欧班列来到中国，为中国人民带来了欧洲文化盛宴，同时，中国的陶瓷、茶叶、文艺演出道具、文化展品等搭乘中欧班列运往法国、德国、俄罗斯等共建国家，越来越多富有中国元素的商品走出国门向世界展示中国文化。

第三节　提升我国铁路国际影响力

随着我国高速铁路快速发展以及铁路走出去取得重大突破，我国铁路技术标准国际化进程稳步推进，在国际组织中的话语权显著提升，国际影响力实现了跃升，在世界铁路中的地位不断提升。

一、中国标准国际化取得突破

我国积极参与国际标准制修订工作，并利用国际标准组织的良好平台扩大中国铁路影响力。同时依托境外项目，通过资金带技术、技术带标准的模式，扩大中国铁路技术标准的海外应用。经过铁路标准化队伍的不懈努力，我国在铁路标准国际化领域取得了丰硕成果。

（一）参与国际标准制修订更加深入

国际铁路联盟（UIC）、国际标准化组织铁路应用技术委员会（ISO/TC 269）、国际电工委员会轨道交通电气设备与系统技术委员会(IEC/TC 9)是铁路领域三个最主要的国际标准化组织。

作为国际标准化组织下设的铁路应用技术委员会(ISO/TC 269)39 个成员(26 个积极成员和 13 个观察成员)中的积极成员之一,截至 2023 年底,中国主持了 ISO/TC 269 轨道几何质量、钢轨焊接、无砟轨道、机车车辆防撞性等共 12 项(其中 5 项已发布)标准的制定工作。主持工作数量在 ISO/TC 269 成员中仅次于英国的 13 项,排名第 2。同时,参与了全部 30 项在编 ISO/TC 269 国际标准制修订项目,累计参与 ISO/TC 269 国际标准制修订项目达 62 项。

作为国际电工委员会下设的轨道交通电气设备与系统技术委员会(IEC/TC 9)45 个成员(33 个积极成员和 12 个观察成员)中的积极成员之一,截至 2023 年底,中国主持了 IEC/TC 9 电气隐患防护、无线列车骨干网、电连接器等 19 项(其中 12 项已发布)标准的制定工作,参与了全部 41 项在编 IEC/TC 9 国际标准制修订项目,累计参与 IEC/TC 9 国际标准制修订项目达 133 项。

国际铁路联盟(UIC)现有 219 个会员(66 个活跃成员,76 个协作成员,60 个附属会员和 17 个暂停会员资格的会员)。中国积极参与国际铁路联盟(UIC)标准化活动,截至 2023 年底,主持编制 31 项国际铁路联盟(UIC)标准,参与编制 28 项,主持制定的《高速铁路实施》《高速铁路设计》系列 10 项标准,作为国际铁路联盟(UIC)系统级高速铁路标准,已正式发布。这些高铁系统性标准既纳入了中国高铁建设运营成功经验、主要科技创新成果和优势技术,也兼容了其他国家高铁的相关技术和需求。

在铁路三大国际标准组织以外,建筑信息模型(BIM)国际联盟、国际电气电子工程师协会(IEEE)车辆学会等组织在铁路运输、机车车辆、建筑信息模型(BIM)等技术领域也制定了一些规范性的文件,通常也可以被当作铁路国际标准。

在建筑信息模型(BIM)方面,依托铁科院作为秘书处,联合铁路相关单位成立的铁路建筑信息模型(BIM)联盟,2015 年开始参与英国标准协会(BSI)工作。2018 年英国标准协会(BSI)成立了铁路工作组,铁路建筑信息模型(BIM)联盟组织中国专家参与了英国标准协会(BSI)规范转化为 ISO 16739 标准的修订工作,并将中国铁路建筑信息模型(BIM)技术纳入国际标准中。

国际电气电子工程师协会(IEEE)车辆学会下设铁路运输、高速列车和磁浮、通信信号、牵引供电、智能网联车、智能交通等 6 个标准委员。截至 2023 年底,国际电气电子工程师协会(IEEE)车辆学会有标准 65 项(其中铁路相关标准 35 项),在编标准 36 项(其中铁路相关标准 21 项)。中国主持了铁路领域 IEEE 标准 10 项,其中 4 项已发布,累计参与标准 3 项。

通过深入参与国际标准制修订工作，促进中国高速铁路核心技术与国际标准紧密结合，有力将更多中国标准转化为国际标准，并加强其在全球范围内的应用和推广。

（二）中国铁路技术标准海外应用更加广泛

随着我国铁路走出去的不断推进和铁路技术标准国际化工作的不断深入，多个海外铁路项目已采用或决定采用中国铁路技术标准。如“一带一路”标志性工程雅万高铁是我国高铁首次全系统、全要素、全产业链在海外落地的项目，项目全部采用“中国标准”，其中无砟轨道采用我国自主研发、自主知识产权的 CRTSⅢ型板式无砟轨道；列控系统采用中国高铁三大核心技术之一的 CTCS-3。在亚洲，中老铁路按中国铁路Ⅰ级标准设计。在非洲，蒙内铁路、阿卡铁路等现代化铁路项目全部采用中国标准、中国技术建设。在欧洲，匈塞铁路是中国铁路技术装备和欧盟铁路互联互通技术规范对接的首个项目。工程设计、施工装备等一系列中国高铁技术标准已成为中国海外铁路工程成功实施的重要技术支撑。

（三）铁路标准国际化队伍初具规模

标准国际化队伍是我国铁路开展标准国际化工作的重要基础，是推动中国铁路“走出去”的重要力量。我国已形成包括国内技术对口单位、标委会和标准归口单位，以及铁路行业设计、制造、检验检测、运营单位、高等院校和科研院所的铁路标准国际化队伍。其中，国内技术对口单位主要负责对口领域参加国际标准化活动的组织、规划、协调和管理，跟踪、研究、分析对口领域国际标准化的发展趋势和工作动态。铁路行业标准归口单位主要负责组织归口专业领域的铁道国家标准和铁道行业标准外文版翻译，组织研究分析和比对国际标准技术指标并将适用的国际标准转化为中国标准。铁路行业设计、制造、检验检测、运营单位、高等院校和科研院所主要负责相关国际标准的分析、研究、试验，提出国际标准新工作项目提案，派专家主持和参加国际标准制修订、相关国际标准转化为中国标准的编制以及中国标准外文版翻译工作。

我国铁路通过建立国际标准化相关工作制度和工作流程，积极组织铁路行业相关单位开展标准国际化工作，经过 20 多年的摸索尝试、经验积累和不断发展，形成了以专职人员为主、兼职专家为辅，涵盖铁路各专业领域，具有国际标准化知识和专业技术能力的人才队伍。

二、国际组织话语权大幅增强

国际铁路组织是展示我国铁路技术优势，增强与其他国家铁路沟通协作的良好平台。铁路合作组织(OSJD)是政府间联运管理机构,在促进铁路联运方面发挥重要作用;国际标准化组织(ISO)、国际电工委员会(IEC)、国际铁路联盟(UIC)、国际电气电子工程师协会(IEEE)是非政府间组织,在引领国际标准发展、促进铁路运输可持续发展、推动国际技术交流等方面均发挥着十分重要的作用。我国铁路积极承担和参与上述组织的相关工作,参与国际组织活动的力度持续加大,参与国际铁路组织的广度与深度持续提升,我国铁路在国际组织的影响力也稳步增长。

(一)在区域性铁路组织中的作用进一步加强

依托中欧班列及泛亚铁路建设,中国铁路积极推动建立了中欧班列运输联合工作组及大湄公河次区域铁路联盟,并成为中欧班列运输联合工作组主席单位。其中,中欧班列运输联合工作组是历史上首次由中国铁路倡导成立的国际铁路合作机制,该机制下设运输组织和营销、信息协作两个专家工作组,制定联合工作组议事规则,协商解决中欧班列运输过程中的重大问题。中欧班列运输联合工作组、大湄公河次区域铁路联盟等区域性铁路组织的建立,推动中欧班列沿线国家、GMS 区域的铁路基础设施互联互通和技术标准协调对接不断加强,有效促进了跨境客货运输便利化。

(二)在国际组织任职的人员数量及职位大幅提升

我国已成为 ISO/TC 269 中最为活跃和具有影响力的国家。国铁集团有关负责人担任机车车辆分技术委员会主席职位,铁道科院、中国中车多名专家在 ISO/TC 269 中担任基础设施分技术委员会轮值秘书、主席顾问组(CAG)成员、标准制定工作组召集人等职务。截至 2023 年,我国在 ISO/TC 269 中注册专家 524 人次,在各国中居第一位。我国专家荣获 ISO/TC 269 首个 ISO 卓越贡献奖。

我国在 IEC/TC 9 的整体标准贡献率排名为第 5 位,仅次于德国、法国、意大利和日本。截至 2023 年,我国在 IEC/TC 9 中累计注册专家 432 人次,在各国中居第一位。我国专家荣获了 5 次 IEC 1906 大奖。

中国铁路是国际铁路联盟(UIC)创始成员之一,在国际铁路联盟(UIC)有 11 个会员单位,其中国铁集团和国家铁路局为其正式成员,铁科院、经规院、铁路设计集团、北京交通大学、西南交通大学、同济大学、中车青岛四方股份、中车株洲所、通号院为其附属成员。我国专家担任了国际铁路联盟(UIC)亚太区主席,以及国际铁路联盟(UIC)高速与城际委员会主席、国际铁路研究委员会副主席、系统部成员和指导委员、标准化平台核心成员等重要职位。我国还派驻多名专家常驻国际铁路联盟(UIC)负责中国铁路与国际铁路联盟(UIC)的日常联络工作,在合作研究和主持参与标准制修订、参与技术机构工作、承办会议和参与培训等方面，发挥了很好的协调沟通作用。

我国铁路行业多家单位成为国际电气电子工程师协会（IEEE）标准协会的团体会员，我国铁路专家担任了国际电气电子工程师协会（IEEE）企业顾问组（CAG）成员、国际电气电子工程师协会（IEEE）标准管理局（SASB）委员、新标准委员会（NesCom）委员，以及高速列车和磁浮标准委员会主席和秘书长等职务，提升了我国铁路在国际电气电子工程师协会（IEEE）标准协会的国际治理能力。

（三）承办、参与国际交流活动的数量及规格稳步提高

我国于 2015 年成功承办的 ISO/TC 269 第 4 届全体大会，是该组织在发展中国家召开的首次大会；参加 ISO/TC 269 历年全体大会（包括分技术委员会全体大会）、主席顾问组（CAG）会议 36 次；累计处理 2 163 份各类国际标准工作文件，并完成 308 项投票；承办工作组会议 100 余次，组织国内专家参加工作组会议 600 余次（包括线上会议）。

我国分别于 1998 年、2004 年、2010 年和 2016 年成功承办了 4 次 IEC/TC 9 全体会议，参加 IEC/TC 9 全体大会、主席顾问组（CAG）会议 56 次；累计处理 2 955 份各类国际标准化工作文件，并完成 1 146 项投票；承办国际标准工作会议 80 次，组织国内专家参加国际标准工作会议 530 余次。

2010 年，中国铁路与国际铁路联盟（UIC）共同主办第七届世界高速铁路大会；在第十三、十四、十五、十六届铁路装备展期间，与国际铁路联盟（UIC）联合主办了“铁路合作·发展论坛”，并在同期召开了国际铁路联盟（UIC）高速与城际委员会全体大会；2025 年，将再次主办第十二届世界高速铁路大会。

我国累计承办国际电气电子工程师协会（IEEE）高速列车和磁浮标准委员会全体会议 4 次、工作组会议 30 次，参加主席顾问组（CAG）会议、工作组会议等各类重要会议 40 余次。

第四节 推动全球高铁行业发展

我国高铁的成功实践在世界范围内产生积极影响，掀起了高铁建设发展的新浪潮，带动了世界高铁规划建设规模持续扩大，推进全球高铁技术加快创新升级，把高铁发展

提高到一个新的水平，为世界高铁持续健康发展贡献了中国智慧和中国方案。

一、带动世界高铁建设规模持续扩大

我国高速铁路发展的生动案例充分彰显了高铁对经济社会发展的重要意义，引发了世界各国对高速铁路重要价值的重新认识和再思考。许多国家、特别是一些发展中国家纷纷加入规划建设高速铁路的行列中。土耳其、印度、俄罗斯、南非、泰国、法国、美国、越南、澳大利亚等35个国家都将高铁视为未来交通可持续发展的重要方向，编制或修订了高速铁路相关规划，加快推动高速铁路发展。据不完全统计，截至2022年底境外高铁在建总里程已超过6 500 km。依据各国未来的规划，预计到2030年，除中国大陆外全球铁路新建里程将达到9.6万km，其中高铁里程将达到4.5万km。

美国规划了11条总长为1.7万km的高铁线路。欧洲计划投资700亿欧元，建设8条总长为1.2万km的高铁线路，欧洲高铁网里程将接近2万km，拟建高铁主要集中在德、法、英、西班牙等西欧国家，其中英国正在推进176 km的高速铁路2号(HS2)项目，德国将发展高铁作为铁路现代化建设的重点，将对列入计划的联邦铁路基础设施建设予以财政支持。俄罗斯规划建设1.1万km高铁和快速铁路。印度提出打造1万km的“钻石四边形”高铁网，并将对6.5万km既有铁路进行升级改造。土耳其高铁规划总里程超过5 000 km，摩洛哥、埃及和哈萨克斯坦的高铁规划总里程也均超过1 000 km。

我国高速铁路的发展有力带动了世界高铁规划建设规模持续扩大，掀起了世界高铁建设发展的新浪潮。根据美国波士顿咨询集团发布的研究预测显示，2019年全球高铁市场总价值约为1 330亿美元，较2014年增长210亿美元。另根据德国调查报告，分析未来全球铁路市场容量有望以年均3.4%速度增长，高铁市场容量年均增速约为1.3%。

二、推动全球高铁技术加速迭代创新

我国铁路坚定不移走自主创新之路，持续提升科技自立自强能力，顺应高铁技术发展特点和国情路情特殊要求，针对不同技术领域选择了与之相适应的自主创新路线，走出了一条在较短的时间内构建世界先进完备高铁成套技术体系的“中国式”路径。从“追赶”到“领跑”，我国铁路在更高速度、智能化等前沿技术应用方面走到世界前列，部分重点领域高铁技术填补了世界高铁技术及标准体系的空白，总体技术水平迈入世界先进行列，这为其他国家高铁发展提供了一种全新的创新范式和参考，也为激发世界高铁技术不断创新和迭代升级贡献了中国力量。

更高速度等级方面，随着复兴号中国标准动车组成功研制并下线运营，我国成为世界上率先实现高铁时速350 km商业运营的国家，树立起世界高铁建设运营的新标杆，在更高运行速度等级上建立了先发优势，也引起了世界各国对更高速度等级高速列车技术研发的广泛关注。相关国家在高速列车提速方面开展了大量研究和试验。法国AGV高速列车最高设计速度360 km/h；韩国HEMU-430X型高速列车最高设计速度430 km/h，最高运营速度370 km/h；意大利红箭1000型高速列车最高运营速度360 km/h；德国下一代高速列车的目标是在保证安全性、噪声低及舒适性的前提下，将运营速度提高到400 km/h；日本计划将新干线最高运营速度从320 km/h提高至360 km/h，新造400 km/h新干线试验列车“ALFA-X”已经下线并开展试验。

智能高铁方面，伴随着以数字化、信息化、智能化等为代表的新技术革命迅速兴起，2019年底我国首条“智能高铁”——京张高铁开通运营，其智能型复兴号动车组首次采用中国自主研发的北斗卫星导航系统，在世界上首次实现了时速350 km的自动驾驶，这既是中国铁路现代化历史进程中的里程碑，也为世界智能铁路发展翻开了新的篇章。我国京张、京雄智能高铁的成功开通运营推动全球范围内步入“智能高铁”时代，围绕高速列车、列控系统、牵引供电、安全保障装备等铁路装备智能化发展的相关研究和创新加速涌现。高速列车方面，欧盟将智能列车列入《欧盟铁路技术发展战略》，未来各国将积极研发集事物识别、分析判断、自动控制、警戒等功能于一体的计算机系统，以实现列车自动运行；研究具有自检测、自诊断、自决策功能的智能感知系统，利用各种传感器、监测装置及列车信息传输与控制技术，对影响列车运行安全性、服役可靠性的重要部件工作状态进行监测，实现高速列车安全、可靠运行。列控系统方面，国外铁路通过研发智能化列车运行控制系统，实现移动闭塞行车，提高列车运行的速度和密度，最终达到列车运行的自动化、智能化；日本铁道综研所将列车控制智能化作为未来重点项目之一，正在开展研究工作；德国研究应用传感器、数据湖及人工智能等技术，实现列车无人驾驶和运营行驶过程全自动化。牵引供电系统方面，阿尔斯通公司研发了用于直流牵引变电所的Hesop系统，实现了短途铁路智能化供电。安全保障装备方面，德国依托数字化战略提出利用传感器实时监控铁轨、轨旁设施和架空线路等各项指标，同时将利用3D扫描技术高精度地描述基础设施状态；日本提出了“智能维修”概念，通过开发线路自动检测系统，实时检测和分析线路状况和变化趋势，及时作出维修决策。

参 考 文 献

[1] 马克思,恩格斯．马克思恩格斯文集:1-10 卷[M]．中共中央马克思恩格斯列宁斯大林著作编译局,译．北京:人民出版社,2009.

[2] 毛泽东．毛泽东选集:第一卷[M]．北京:人民出版社,1959.

[3] 习近平．高举中国特色社会主义伟大旗帜　为全面建设社会主义现代化国家而团结奋斗:在中国共产党第二十次全国代表大会上的报告[M]．北京:人民出版社,2022.

[4] 中共中央宣传部．习近平新时代中国特色社会主义思想学习纲要:2023 年版[M]．北京:学习出版社,人民出版社,2023.

[5] 中共中央党史和文献研究院,中央学习贯彻习近平新时代中国特色社会主义思想主题教育领导小组办公室.习近平新时代中国特色社会主义思想的世界观和方法论专题摘编[M].北京:党建读物出版社,中央文献出版社,2023.

[6] 习近平．论科技自立自强[M]．北京:中央文献出版社,2023.

[7] 科学技术部编写组．深入学习习近平关于科技创新的重要论述[M]北京:人民出版社,2023.

[8] 刘军．对马克思主义哲学的创新性发展[N]．人民日报,2022-10-24(13).

[9] 徐艳玲．深刻把握习近平新时代中国特色社会主义思想的世界观和方法论[J]．理论导报,2023(2):8-11.

[10] 王志刚．坚持和加强党对科技工作的全面领导[J]．机关党建研究,2019(1): 19-22.

[11] 姚科敏．习近平科技观研究[D]．武汉:武汉理工大学,2020.

[12] 傅家骥,施培公．技术积累与企业技术创新[J]．数量经济技术经济研究,1996(11):70-73.

[13] 蔡跃洲．中国共产党对国家科技创新的领导作用[J]．世界社会主义研究,2019,4(9):29-38.

[14] 钱学森,于景元,戴汝为．一个科学新领域:开放的复杂巨系统及其方法论[J]．自然杂志,1990,13(1):3-10.

[15] 戴汝为,操龙兵．Internet:一个开放的复杂巨系统[J]．中国科学(E 辑),2003,33(4):289-296.

[16] 章红宝．钱学森开放复杂巨系统思想研究[D]．北京:中共中央党校,2005.

[17] 李析．钱学森开放复杂巨系统研究[D]．太原:太原科技大学,2018.

[18] 唐怀坤,陈翔. 城市大脑工程开放复杂巨系统特征与发展分析[J]. 中国工程咨询,2023(5):84-89.

[19] 孙红兵. 城市创新系统的动力、能力和绩效研究[D]. 昆明:昆明理工大学,2011.

[20] 杨剑钊. 高技术产业创新生态系统运行机制及效率研究[D]. 哈尔滨:哈尔滨工程大学,2020.

[21] 李明华. 基于生态系统视角的航天复杂巨系统管理实践[J]. 系统工程,2020,38(5):151-158.

[22] 韩少杰. 核心企业主导的开放式创新生态系统构建机理研究[D]. 大连:大连理工大学,2020.

[23] 褚建勋,王晨阳,王喆. 国家有组织科研:迎接世界三大中心转移的中国创新生态系统探讨[J]. 中国科学院院刊,2023,38(5):708-718.

[24] 中共铁道部党组关于加速铁路科学技术进步的决定[J]. 中国铁路,1996(1): 2-7.

[25] 中共铁道部党组关于加强铁路技术创新的决定[J]. 中国铁路,2000(8): 1-4.

[26] 傅志寰. 关于我国高铁引进与创新的思考[J]. 中国铁路,2016(10):1-4.

[27] 傅志寰. 中国高速铁路创新发展的哲学思考[J]. 工程研究:跨学科视野中的工程,2021,13(3):240-251.

[28] 本项目组. 中国高铁技术创新经验与启示:原铁道部常务副部长孙永福院士访谈录[J]. 石油科技论坛,2015,34(5):2-5.

[29] 卢春房. 中国高速铁路的技术特点[J]. 科技导报,2015,33(18):13-19.

[30] 卢春房,张军. 高速铁路技术创新与工程建设管理[J]. 中国安全生产,2018,13(4):8-10.

[31] 陆东福. 打造中国高铁亮丽名片[J]. 求是,2021(15):53-60.

[32] WHAN Tongjun. The Intelligent Beijing-Zhangjiakou High-Speed Railway[J]. Engineering,2021,7(12):1665-1672.

[33]《面向世界的复兴号》编委会. 面向世界的复兴号[M]. 北京:中国铁道出版社有限公司,2020.

[34] 孙永才. 自主创新造就中国高铁"国家名片"[J]. 求是,2022(16): 36-41.

[35] 中国铁路工程集团有限公司党委. 在现代化铁路建设中勇当开路先锋[J]. 求是,2022(20): 63-67.

[36] 张东岳. 中国高铁:依靠自主创新领跑世界[N]. 工人日报,2010-08-18(5).

[37] 苏民. 中国高铁:自主创新的最佳示范[N]. 经济日报,2010-05-25(13).

[38] 矫阳. 高铁发展的历程及创新成就[N]. 科技日报,2012-12-24(12).

[39] 程国有,胡昱. 自主创新成就的高铁奇迹[J]. 走向世界,2011(2):18-19.

[40] 陈雨薇．中国高铁的政府主导集成创新模式研究[D]．哈尔滨:哈尔滨工业大学,2014.

[41] 林晓言,张爱萍,郝亚平．中国高铁技术创新三螺旋理论研究[J]．北京交通大学学报(社会科学版),2017,16(2):22-33.

[42] 贺俊,吕铁,黄阳华,等．技术赶超的激励结构与能力积累:中国高铁经验及其政策启示[J]．管理世界,2018,34(10):191-207.

[43] 路风．冲破迷雾:揭开中国高铁技术进步之源[J]．管理世界,2019,35(9):164-194.

[44] 吕铁,贺俊．政府干预何以有效:对中国高铁技术赶超的调查研究[J]．管理世界,2019,35(9):152-163.

[45] 严琳希．高铁产业竞争优势形成机理及评价研究[D]．南京:东南大学,2019.

[46] 熊嘉阳,沈志云．中国高速铁路的崛起和今后的发展[J]．交通运输工程学报,2021,21(5):6-29.

[47] 陈向博,丁慧平．中国高铁快速崛起的创新机理[J]．社会科学家,2022(7):89-99.

[48] 张永凯,汤庆园．我国高铁技术创新模式演化路径分析[J]．世界地理研究,2023,32(4):63-71.

[49] 石刚强．季节性冻土地区高铁路基冻胀规律及防治对策研究[J]．路基工程,2019(3):99-103.

[50] 杨志杰．CTCS-3 级列控系统关键设备自主化研究[J]．中国铁路,2018(7):1-6.

[51] 江明,王建敏．自主化 CTCS-3 级列控系统技术创新及装备研制[J]．铁路通信信号工程技术,2018,15(4):1-4.

[52] 江明．CTCS-3 级列控系统发展历程及技术创新[J]．铁路通信信号工程技术,2020,17(1):2-7.

[53] 禹志阳,陈璞,杨宏图．自主化 CTCS-3 级列控系统关键技术研究与试验[J]．中国铁路,2021(6):21-27.

[54] 刘建友,吕刚,赵勇,等．京张高铁新八达岭隧道穿越风景名胜区环境保护技术[J]．隧道建设(中英文),2021,41(8):1361-1366.

[55] 刘婷婷．京张高铁沿线非遗项目保护与发展路径研究[D]．北京:北京交通大学,2022.

[56] 中国国家铁路集团有限公司．打造中国高铁亮丽名片[M]．北京:中国铁道出版社有限公司,2023.

[57] 国家铁路局《高铁经济学导论》编写组．高铁经济学导论[M]．北京:中国铁道出版社,2018.

[58] 孙永福．京九铁路对经济社会发展重大作用研究[M]．北京:经济管理出版社,2008.

[59] 林晓言．高速铁路与经济社会发展新格局[M]．北京:社会科学文献出版社,2015.

[60] 国家发改委,建设部. 建设项目经济评价方法与参数[M].3 版. 北京:中国计划出版社,2006.

[61] 黄苏萍,朱咏. 高铁重塑中国经济地理[M]. 北京:中国社会科学出版社,2016.

[62] 孙永福. 京沪高速铁路对经济社会发展重大作用研究[M]. 北京:中国铁道出版社有限公司,2021.

[63] 郭树东,田亚明,王妍. 京沪高铁对经济社会高质量发展影响研究[J]. 中国铁路,2022(2):15-20.

[64] 俞路,赵佳敏. 京沪高铁对沿线城市地区间溢出效应的研究:基于 2005 ~2013 年地级市面板数据[J]. 世界地理研究,2019,28(1):47-57.

[65] 林仲洪. 高速铁路建设对加速中国城镇化进程的重要作用[J]. 铁道经济研究,2010(6):39-42.

[66] 刘牧涵. 京沪高速铁路对国家重大战略支撑作用研究[J]. 铁道经济研究,2021(3):23-27.

[67] 王妍,唐恩斌,沈瑶. 高铁开通对城市居民生活质量的影响研究:以京沪高铁为例[J]. 铁道经济研究,2022(6):15-19.

[68] 孙永福,吴昊,林晓言,等. 铁路建设项目综合评价指标体系与方法[J]. 铁道学报,2023,45(9):1-11.

[69] 朱文忠,颜颖,聂磊,等. 显性差异特征的铁路客运产品谱系设计研究[J]. 铁道运输与经济,2022,44(1):36-43.

[70] 胡弼丞,聂磊,朱恺,等. 基于客流需求分析的高速铁路谱系化列车产品设计[J]. 铁道运输与经济,2020,42(4):54-60.

[71] 赵翔,武晋飞,单杏花."一日一图"模式下高速列车开行方案与票额分配协同优化方法[J]. 铁道学报,2023,45(8):10-17.

[72] 陆瑶,于剑,刘牧涵. 关于高铁站城交通一体化的对策建议[J]. 铁道经济研究,2021(4):27-31.

[73] 尹璐. 高铁对沿线区域城镇化和产业结构的影响研究:以京广高铁为例[J]. 铁路采购与物流,2023,18(8):20-23.

[74] 王同军. 中国高速铁路创新成就与展望[C]//京沪高铁运营 10 周年学术论文集. 中国国家铁路集团有限公司,2022:11-17.

[75] 赵崧淞."十三五"以来铁路发展对经济社会发展的作用[J]. 铁道经济研究,2019(2):39-43.

[76] 杨桂凤,梁婧,罗阳,等. 我国高铁旅游运输现状、问题、发展模式与建议[J]. 铁道经济研究,2019(1):28-34.

[77] 杨琴,吴卫平. 高铁促进城镇化发展研究[J]. 铁道经济研究,2018(1):39-42.
[78] 刘中亮,张春来. 推动高铁快运高质量发展的对策建议[J]. 铁道经济研究,2023(5):1-7.
[79] 王龙,范丁元,闻克宇,等. 动卧客运与快递货运的高速铁路夜间能力利用模式[J]. 综合运输,2021,43(3):23-31.
[80] 于剑,马波涛,梁栋. 高铁车站选址相关问题研究[J]. 铁道经济研究,2020(6):6-10.

后　　记

全面梳理总结中国高铁技术自主创新的过去、现在和未来，是一项十分庞大的系统工程，涉及高铁不同历史时期、各技术领域、各业务板块的众多参与单位和个人。本书编写过程中，国铁集团和中国工程院精心组织，得到了来自中国铁道科学研究院集团有限公司、中国铁路经济规划研究院有限公司、中国铁路设计集团有限公司、中国铁路信息科技集团有限公司、中国铁路工程集团有限公司、中国铁道建筑集团有限公司、中国中车集团有限公司、中国铁路通信信号集团有限公司、北京交通大学、国家发展和改革委员会综合运输研究所、西南交通大学、中南大学等单位的大力支持，各单位组织精良团队，为本书各个章节的撰写提供了重要帮助，这些同志有：

李永恒、魏峰、谭立刚、刘刚、周亮瑾、霍保世、杨国涛、温宏宇、孙春峰、王云、李小勇、熊礼毅、戈凤良、张亮、王道奇、任广强、张庆华、贺昌寿、杨桉、武新星、张兆程、赵永亮、张克云、江忠贵、张先军、孟葳、杨欣、杨方、郭晓燕、田光荣、尹彦宏、杨兆禹、张佳翠、李佳蒙、史俊玲、刘坦、方奕、闫子权、郭辉、郭小雄、毕宗琦、周游、张文达、王博、施成、万军利、何国华、梁迪、李昂、应志鹏、蒋韵、刘珍珍、赵阳、张淼、韩安平、闫石、盛昭、张惟皎、单杏花、王芳、马小宁、李俊波、靳辰琨、解亚龙、朱广劼、潘佩芬、杨国元、孙鹏、张红斌、范家铭、田雷、朱加发、林枫、周进、宁健、李元平、马莉、赵方、陈香宇、张东升、刘鑫贵、赵林、张济洲、杨晨、姜昕良、李向东、熊龙辉、江波、于冰、陈萌、贾志洋、孙超（铁科院）、吴伟、杨光、彭鹏、吴毅、张关震、戴华明、杨昕澄、王杰、余雷、田四明、许胜、姚涵、孙宗磊、邢存友、欧阳鹏、马波涛、徐翔、周丰、闻克宇、胥振铎、梁栋、王龙、徐涵、蒋函珂、黄悦、颜静远、高策、于剑、袁伟、姚章军、杜宝军、张鹏、肖春光、王炜、古晓东、陶然、董入凯、崔维孝、马广、翟倩、叶少敏、刘宇、陈朋、王一芃、邱磊、赵恬、陈钧、余颜丽、鄢红英、冯涛、李保友、王义、蔡宏、谷婷、黄辉、周应华、赖一雄、李沿宗、幸思佳、王明、赵晓娜、过晴、刘建廷、高柏松、张敏静、魏德豪、丁正全、靖仕元、刘永存、陈裕民、杨莹、黄智勤、谢壁婷、李新颖、任勇、张晓波、樊立龙、白一兵、栾焕强、李文友、刘鹏、李进军、刘桥、纪雪艳、刘慧芳、徐磊、李宏伟、吴胜权、董占武、冯江华、戴碧君、屈斌、晋军、靳国忠、冯勇、王宇、谭绍军、王育权、赵明元、孙帮成、姜茹佳、刘荣耀、邵邦、李兵、王树宾、孟祥萌、曹金、董威、刘辉、张友兵、车惠军、白光禹、王建敏、李正涛、徐昱、尹春雷、程光红、孙超（中国通号）、杨天骄、袁振江、费冬、朱强、张力刚、周恒、于树永、杨萌、祝振北、马成贤、穆智蕊、张铁煊、杨波、杨晓迎、王文静、周敏、马小平、王悉、刘君亮、张广厚、秦山、李名良、唐幸、赵欣苗、张卫华、高仕斌、王平、曾京、金学松、梁习锋、许平、杨明智、余志武、蒋丽忠。

在本书编写和出版过程中，多位铁路资深专家组成的高水平顾问团队和专家组进行了统筹把关，中国铁道出版社有限公司专业编辑团队密切配合、精心打磨书稿，为图书的修改完善提供了宝贵的指导和支持，保证了内容的准确、科学、权威。在此，对为本书撰写付出辛苦努力的上述专家，以及为本书提供宝贵资料的作者，一并表示衷心的感谢！

编辑出版小组

组　长：王　滨　岳　震

副组长：杨新阳

统　筹：赵　静　傅希刚　王明容

编辑组：崔忠文　徐　艳　黄　璐　侯跃文　李润华　王　亮　李小军　曾亚非　黎　琳　王晓阳　袁文东

装帧组：金　锋　崔丽芳

审校组：王风雨　江新锡　石建英　陆　宁　高　峰